图书在版编目（CIP）数据

股票基本面分析清单：精准研判股价的底部与头部 /（美）迈克尔·希恩（Michael Shearn）著；邵倩译.
—北京：中国青年出版社，2019.1
书名原文：The Investment Checklist: The Art of In-Depth Research
ISBN 978-7-5153-5362-3

Ⅰ.①股… Ⅱ.①迈…②邵… Ⅲ.①股票投资－投资分析 Ⅳ.①F830.91
中国版本图书馆CIP数据核字（2018）第244541号

THE INVESTMENT CHECKLIST: The Art of In-Depth Research
Copyright © 2012 by Michael Shearn. All rights reserved.
Published by John Wiley & Sons, Inc., Hoboken, New Jersey.
This translation published under license with the original publisher John Wiley & Sons, Inc.
Simplified Chinese translation copyright © 2019 by China Youth Press.
All rights reserved.

股票基本面分析清单：
精准研判股价的底部与头部

作　　者：	〔美〕迈克尔·希恩
译　　者：	邵　倩
责任编辑：	肖　佳　肖颖慧　庞冰心
特约编辑：	饶玉涵
美术编辑：	张燕楠
出　　版：	中国青年出版社
发　　行：	北京中青文文化传媒有限公司
电　　话：	010-65511270/65516873
公司网址：	www.cyb.com.cn
购书网址：	zqwts.tmall.com　　www.diyijie.com
印　　刷：	大厂回族自治县益利印刷有限公司
版　　次：	2019年1月第1版
印　　次：	2019年1月第1次印刷
开　　本：	787×1092　1/16
字　　数：	297千字
印　　张：	25.5
京权图字：	01-2018-0312
书　　号：	ISBN 978-7-5153-5362-3
定　　价：	69.00元

版权声明

未经出版人事先书面许可，对本出版物的任何部分不得以任何方式或途径复制或传播，包括但不限于复印、录制、录音，或通过任何数据库、在线信息、数字化产品或可检索的系统。

中青版图书，版权所有，盗版必究

THE INVESTMENT CHECKLIST

股票基本面分析清单

精准研判股价的底部与头部

THE ART OF IN-DEPTH RESEARCH

[美] 迈克尔·希恩 Michael Shearn 著

目 录

前言 009

第1章 如何形成投资理念 017

如何创造投资机会 / 019

如何过滤投资理念 / 033

使用电子表格追踪潜在和现有持股 / 039

第2章 了解企业——企业的基本要素 043

1. 你是否愿意花很多时间去了解这家企业 / 046
2. 如果你是首席执行官，你会如何评估企业 / 048
3. 你能用自己的语言描述企业的运作方式吗 / 051
4. 企业如何赚钱 / 053
5. 随着时间的推移，企业将如何发展 / 054
6. 企业在哪些国外市场中运营，有何风险 / 055

第3章 了解企业——从客户的角度　063

7. 企业的核心客户是谁 / 067

8. 客户群是集中化还是多元化的 / 069

9. 劝说客户购买产品或服务的企业，是否具备优势 / 070

10. 企业的客户留存率是多少 / 070

11. 企业以客户为导向的标志是什么 / 072

12. 企业为客户解决了哪些问题 / 075

13. 客户对企业产品或服务的依赖程度如何 / 076

14. 如果某家企业明天消失，会对客户群造成什么影响 / 077

第4章 评估企业和行业的优劣势　079

15. 企业是否具有可持续的竞争优势，其来源是什么 / 082

16. 企业是否具备提高价格却不失去客户的能力 / 097

17. 企业所在的行业是好还是坏 / 102

18. 随着时间的推移，行业将如何发展 / 106

19. 企业的竞争格局是什么样的，竞争有多激烈 / 109

20. 企业与供应商之间建立了怎样的关系 / 120

第5章 衡量企业运营和财务状况　129

21. 企业的基本面是什么 / 132

22. 你需要监控哪些企业的运营指标 / 134

23. 企业面临的主要风险是什么 / 140

24. 通货膨胀会对企业造成什么影响 / 146

25. 企业的资产负债表是强还是弱 / 149

26. 企业的投入资本回报率是多少 / 159

第6章 评估收益分配（现金流） 173

27. 管理层采用保守还是自由的会计标准 / 176

28. 企业产生经常性收益还是一次性交易收益 / 185

29. 企业周期性、反周期性和抗衰退性的程度如何 / 187

30. 经营杠杆影响企业收益的程度如何 / 192

31. 营运资本如何影响企业的现金流 / 202

32. 企业的资本支出需求是高还是低 / 208

第7章 评估管理层素质——背景和类型：他们是谁 215

33. 领导公司的管理者是什么类型 / 220

34. 引进外部管理层会对企业产生哪些影响 / 225

35. 管理者是狮子型管理者，还是鬣狗型管理者 / 228

36. 管理者如何上升到领导整个企业的位置 / 231

37. 高级管理者如何获得报酬和所有权 / 239

38. 管理者是否曾经买入或卖出股票 / 249

第8章 评估管理层素质——能力：管理层如何运营企业 255

39. 首席执行官管理企业时是否惠及所有股东 / 258

40. 管理团队是通过日益改善运作，还是使用战略计划来引领企业 / 261

41. 首席执行官和首席财务官是否就盈利问题发布指导意见 / 268

42. 企业管理层是以集中还是分散的方式进行管理 / 271

43. 管理层是否重视员工 / 274

44. 管理团队是否了解怎样雇用好员工 / 290

45. 管理团队是否关注削减不必要的成本 / 299

46. 首席执行官和首席财务官在制定资本分配决策时是否纪律严明 / 300

47. 首席执行官和首席财务官是否会适时回购股票 / 302

第9章　评估管理层素质——积极和消极特质　307

48. 首席执行官爱钱还是爱企业 / 310

49. 你能否识别管理人员是否诚实 / 319

50. 管理者对股东的言行是否明确和一致 / 323

51. 管理层是否独立思考，并不受同行业者行为的影响 / 330

52. 首席执行官是否会自我推销 / 332

第10章　评估增长机会　337

53. 企业是通过并购（M&A）增长，还是有机增长 / 339

54. 管理团队发展企业的动机是什么 / 341

55. 历史增长是否有利可图，是否会持续下去 / 342

56. 企业未来的增长前景如何 / 342

57. 管理团队是过快还是稳步发展企业 / 355

第 11 章　评估合并与收购　363

　　58. 管理层如何做出并购决定 / 365

　　59. 企业过去的收购是否成功 / 371

附录 1　建立人际情报网络　385

评估信息来源 / 387

如何查找人力资源 / 387

如何联系人力资源并获取想要的信息 / 391

创建你的访谈数据库以备将来参考 / 392

附录 2　如何采访管理团队　395

询问开放式问题 / 397

注意面对面评估管理者的危险 / 398

附录 3　你的投资清单　401

THE INVESTMENT CHECKLIST

前 言

本书可以帮助你真正了解所要投资的企业，从而助你做出更好的投资决策。

如果你像大多数投资者一样，没有下功夫去适当地了解一家企业的价值，便急于投资，那么，你就会犯错误。急于投资，基本上意味着把投资决策建立在赌博是否会成功的基础上，而不是把你的投资决策建立在真正的分析基础上。

大多数投资者购买股票，通常是依赖其他投资者的建议，或是凭借直觉，或是因为听到或看到关于一家企业的利好或利空消息。当你也像大多数投资者那样依靠这些因素做出购买决定，未曾花时间彻底了解所要投资的企业时，便更容易在投资中犯错。这样一来，你的决策会变得危险，因为你不够了解股票的信息，而是依赖他人及其提供的关于特定股票的信息（或错误信息）。

相反，投资行为应该基于对企业价值的理解，深入研究、了解企业的价值，再进行投资购买股票。如果真正了解一家企业的价值，就能帮助你识别投资机会，从而更轻松地做出买卖决定。

投资者不要被深入研究的想法吓倒。本书进行深入研究的目的，是便于投资者管理自身的投资策略。就如同我相信你在花掉辛苦所得的财富之前始终在进行研究，例如，想一想你在生活中所做的任何重大的购买——无论是房子、汽车，还是昂贵的首饰或电子产品。无论你花钱买什么东西，在此之前，你可能花费了一些时间来研究，确保你的钱花得值。如果你买房子，你（或你的房地产经纪人）会研究社区其他房屋的价格，以及其他满足居住需求的便利设施（例如，学校系统，通勤便利，社区公园，游泳池，网球场，购物，等等）。越了解购买的物品，就越容易认识到交易是否划算。购买或出售股票也是如此。你越了解一家企业及其运营者的动态，那么，能认识到这桩交易划算的机会越大。

许多专业的投资者认为，深入研究是浪费时间。对他们来说，伟大的投资决策归结为几个简单的因素，比如极低的股价。我自己也曾赞成这个理论，但是随着时间的推移，我发现我错了。当我意识到一家企业的价值不能被凝练成几个简单的因素来进行投资时，我开始查找一些能教会我如何评估一家企业并且明智地投资股票的书。我需要寻找的是一本实用而不是关注泛泛概念的书。尽管有数百本关于投资主题的书，但老实说，我找不到真正有帮助的一本。

寻找优质投资框架未果后，直觉告诉自己要对潜在投资进行反复研究。我常常翻阅读物，获得关于潜在投资的任何信息。结果，自己陷入信息超载的境地，无法辨别信息的良莠。我也在不断重复投资的错误，比如为一家企业付出过多代价，或是与错误的管理团队合作。

所以我着手建立一个系统化的流程，从而更认真彻底地想清楚我的投资理念，避免重蹈覆辙。在过去的10年里，我开始使用清单，列出我需要回答的问题，做出明智的投资决策。这些问题将引导我了解企业的竞争地位、客户定位和管理实力。为了提出这些问题，我研究了自己曾经犯过的错误，并且阅读了许多关于投资者和管理人员常见错误的书籍。我采访了私募股权经理人、风险投资家、企业家、首席执行官、对冲基金经理、共同基金经理和私人投资者，以帮助我准备更全面的问题清单。尤其是2008年和2009年的股市下滑，暴露了我投资过程中的弱点，所以我对列出的清单进行了重大改进。

随着清单的使用，我发现，如果自己能回答清单上的大部分问题，就可以最大限度地减少我对企业未来前景的假设，从而更轻松地评估一家企业。如果我不能回答清单上的问题（比如"其管理人员是否诚实？"），那么我可以确定自己在投资方面面临的潜在风险，以及我需要花更多时间进行研究的领域。

我的最终目标是，通过评估我能够回答以及无法回答的问题，表明自己对一项投资的了解程度，而这些无法回答的问题往往更为重要。我发现对于一家公司了解得越多，关于该公司如何运作的问题就越多——我意识到，这说明我并不是真正地了解这家公司！例如，在2007年信贷危机爆发之前，我花了很多时间研究抵押贷款保险公司，然而，我花费的时间越多，我的问题就越多，由此能够为企业计算合理估值范围的信息永远不够。我认为，我用假设回答了太多的问题，而不是用证据支持这些假设。因此，我发现我无法评估这些企业，我也没有投资这些企业。这个危险信号替我省了很多钱！

我所有的研究结果都在这本书中，它描述了过去10年里我自己在投资中用过的清单。

■ 本书如何帮助你

本书适用于在任何级别投资股票的任何人——如果你刚刚开始考虑想要投资什么，或者你是否已经拥有了想要优化管理并让资金看涨的任何规模的投资组合（毕竟，没有人想要看他们的投资损失资金，缩水，或完全消失！）。也就是说，这本书不适用于股票交易者（又名日间交易员）或仅为短期收益而投资的人。

相反，本书适合那些想要了解如何评估一家企业并长期投资的人：我写了这本书来帮助你了解你需要了解并正在考虑投资的具体企业，以及帮助你评估这些企业是否值得投资。

在你进一步阅读之前，请考虑以下关于你和你的投资方式的问题（请诚实回答，你的答案不会被任何人知道）：

- 你经常查看股票价格吗？
- 股价下跌会让你寝食难安吗？
- 你能否对自己持股某股票公司的正面或负面消息迅速做出反应？
- 你是否认为自己曾在时间压力下做出买卖决定？
- 你有很高的资产组合周转率吗？你是否经常买卖股票？
- 当他人挑战时，你认为需要保护自己的投资吗？

如果你对上述任何问题都回答"是"，那么，本书可以帮助你做出更好的投资决策，帮助你更有效地进行调查，从而真正了解企业如何运作和管理。当我设计清单时，会创建一个简洁和易于使用的框架，这会有很明显的好处。简而言之，本书可以增加你对企业的了解，从而降低风险。以下是本书所列出的投资清单给你带来的帮助：

- 清单将帮助你滤除噪音，从而将注意力集中在最重要和最相关的信息上。虽然有无数的信息可供利用，但不要像我刚开始投资时一样，陷入信息超载那样的困境。这本书会告诉你真正需要什么信息，以及在哪里可以找到这些信息。
- 大部分问题都可以通过相对容易找到的信息来回答。你可以在公开的美国证券交易委员会（SEC）文件或关于管理层和该企业的文章中，找到大部分信息以回答清单上的问题。

● 这些问题应该帮助你了解这家企业，就好像你是企业所有人，帮助你摆脱股票如纸的想法。清单上的问题迫使你考虑企业运营的基本原理，而不仅仅是担心股票的价格。担心股票价格、担心股市波动等问题是在浪费时间，因为无论如何，这些问题都不在你的控制范围之内。相反，你要能确定驱动企业价值的主要因素，比如企业可能遇到的大部分风险，以及可能出错的事情。

● 清单将帮助你长远眼光看待你的投资。大多数人往往更容易记住近期发生的事件，而该清单要求你使用很长的时间跨度来回答问题，这有助于防止你过分重视最近的信息。长时间研究一家企业，可以让你理性地梳理事情，更好地解读信息。

● 清单可以用于收集与你投资主题背道而驰的信息。重视与你投资主题一致的信息，而轻视与你投资主题相悖的信息，这是人的本性。清单上的问题可帮助你确保接受（或至少认识到）有关企业的不同事实。

● 清单将帮助你改善卖出决策。了解何时出售投资是你必须做出的最困难的决策之一。大多数卖出决策都是基于判断、感觉或本能。该清单帮助你确定企业基础（如企业质量或管理团队）何时开始发生变化，从而帮助你掌握卖出的时机。

■ 本书内容如何编排

最常见的三种投资错误，与你支付的价格、你在投资一家公司时实质上加入的管理团队，以及你是否了解欲投资企业的未来经济状况有关。本书探讨的问题可以帮助你更深入地了解企业的运作方式，从而帮助你最大限度地减少这些错误：

- 第1章概述了一个搜索策略，这将提高你找到值得进一步研究的投资理念的可能性。

- 第2章帮助你了解一家企业的基本要素：它是做什么的，它如何赚钱，它是如何随着时间的推移而发展的，以及它在什么地点赚钱。

- 第3章从客户的角度，而不是你自己的角度，说明了解企业的重要性。这些见解将帮助你了解企业对所服务客户的重要性。

- 第4章帮助你评估企业的优势和劣势。这些优势和劣势将帮助你评估企业是否具有可持续的竞争优势、竞争格局及其运营的行业状况，再决定是否进行操作。

- 第5章帮助你了解企业的运营和财务状况。你会看到企业面临的主要风险，比如通货膨胀如何影响它，以及它的资产负债表是强还是弱。

- 第6章研究企业的收益分配（现金流）。你将学习如何评估公司的会计标准，是保守的还是自由的（这样，你可以避免投资像现在已停业的安然这样的公司），并评估公司产生的收益类型，是始终如一地赚钱还是呈现周期性盈利，以及它能否抵抗经济衰退。

- 第7章是向你展示如何了解管理团队素质的三章内容中的第一章。你会看到管理者的类型、他们如何升迁至领导整个企业、他们如何得到报酬，以及其他背景信息。

- 第8章帮助你深入了解公司高级管理人员的能力。你将了解他们如何处理日常运营事务以及制定长期经营战略，他们如何对待员工，以及他们如何看待成本。

- 第9章通过考察管理者们的积极和消极特质，来帮助你评估公司的管理层：他们如何思考、是否自我推销，以及其他关键因素。请记住，当你购买一家公司的股票时，本质上你是与经营该公司的管理层进行交易，所以你需要尽可能多地了解他们！

- 第10章将展示如何评估企业的未来成长机会。你会看到它是有机地成长还是合并，或收购其他公司，历史成长是否有利可图，成长速度有多快，以及管理层是否以有纪律的方式发展。

- 最后，第11章专门研究并购，以确定过去完成的并购是否成功，以及管理层如何决定合并或收购另一家公司。

每一章都提供了无数个我研究过、考虑投资、实际投资或决定不投资的企业的例子。这些例子会详细地告诉你，清单是如何帮助我做出投资决定的，告诉你如何为自己的投资组合做出更好的投资决策。此外，每章以"要记住的关键点"结尾，因此你可以聚焦每组问题的关键点。

现在，让我们开始学习如何形成投资理念吧！

第 1 章

如何形成投资理念

形成投资理念的方法多种多样，有的是定量的，有的是定性的。定量方法包括查看具体的财务或运营指标，然而，定性方法更多地依赖主观特征，如管理实力、企业文化或竞争优势。无论你是进行复杂的股票筛选，还是仅仅从其他的投资者那里获得想法，所有的方法都有自身的优势、局限性和风险。最终，使你形成投资理念的最佳方法就是能为你提供最多机会的那一个。

本章将探讨股票被低估的原因，如何形成投资理念，如何过滤这些想法，以及如何跟踪这些想法。这些步骤对于创建一种股票投资理念来说，是至关重要的。

■ 如何创造投资机会

你不能制造投资机会，相反，你需要耐心地、有准备地迎接合适的投资机会。在投资市场中，好的投资理念很少，而且股票市场的持续成功也很少见，那些相信自己能够在股市里年复一年赚钱的投资者，往往正在对自己感到失望。

第1章

股市中的大多数投资者过于乐观：他们通常认为，自己已经找到了好点子，但实际上并没有。

相比之下，拥有最佳长期业绩记录的投资者却只用少量的投资理念就赚取了大部分资金，例如，沃伦·巴菲特（Warren Buffett）说过，他的投资成功归功于不到20个投资项目，比如华盛顿邮报、可口可乐和盖可保险。简而言之，你需要提前做好心理准备，那就是在你一生中都不会有很多优秀的投资，你所做的大部分投资都会结果平平，而只有几个可以带来丰硕的成果。

最好的投资机会通常会伴随巨大的波动而来，例如整个市场下滑。这里有几个近期发生的案例：1997年至1998年的亚洲金融危机，2000年结束的互联网泡沫，以及2007年开始的经济衰退。当2008年标准普尔500指数下跌36%的时候，有很多买入机会，但这是由于被迫出售。被迫出售股票为客户赎回提供资金的资金经理人，不分青红皂白地抛售股票，更加剧了股市的抛售状况，即使这些资金经理人知道股票被低估了，但他们别无选择，只能卖出。这种强制抛售创造了人为的低价格，为投资者创造了难得的机会。

其他类型的强制抛售，包括股票由于不再满足指数最低标准而被踢出指数的情况。很多投资经理只投资处于特定指数（例如标准普尔500指数）的股票，一旦该股票被踢出指数范围，他们只能被迫卖出。（母公司剥离子公司的）分拆业务在分拆不符合投资经理的投资标准时会产生类似的情况。可见，强制抛售降低了股票价格——这就创造了机会。

除了大额市场抛售会造成被迫抛售之外，股票市场还有一种放大不同类型业务和全行业风险的方式，会导致企业股价下跌。投资者要了解哪个地区的股市状况最为低迷，就寻找资金紧缺的地区，因为资本短缺造成资产竞争减少，从而降低了价格。反过来，投资者可以问问自己，你正在逃离股市的哪些领域？为什么逃离这些领域？

你可能需要先看看常用指数，并且发现某些行业的价格变化百分比，例如标准普尔综合1500点下的材料、能源或金融子集。例如，2010年4月23日至2010年6月7日的标准普尔综合1500点成分股的价格表现如下：

- 材料下降18%
- 能源下降17%
- 公用事业下降9%

有了这些信息，你就可以开始研究材料行业，寻找价格大幅下跌的股票。理想情况下，你需要确定哪些股票让人们无法全身而退，然后拯救这些人！

而大部分股票价格下跌是由于企业的某种不确定性，这种不确定性具有很多可能出现的原因：

- 诉讼恐惧
- 会计违规
- 欺诈指控
- 健康问题（如猪流感）
- 由于策略有缺陷导致的执行问题
- 管理问题
- 高管离职
- 政府干预或管理
- 客户流失
- 技术变化
- 信用评级下调

● CHAPTER 1 / 第 1 章

- 竞争对手的公告
- 其他原因

在大多数情况下,投资者会主动设想最糟糕的情况,并倾向于先卖出股票,稍后再进行研究。一旦最终的结果不像预期的那样糟糕,那么股票价格就会调整并且通常会上涨。理想情况下,你需要确定那些前景最悲观的领域,并确定悲观来源是暂时的还是永久的。我们来看一个例子。

案例研究:投资者对哈特兰支付系统公司(Heartland Payment Systems)的悲观情绪,经证实是毫无根据的

哈特兰是一家通过信用卡交易帮助中小型商户处理业务的企业,并且为客户提供实体卡机和支付处理服务,使客户能够在零售店使用信用卡和借记卡。2008年,电脑黑客在哈特兰的网络上安装了间谍软件,并且进入了处理维萨卡(Visa)、万事达信用卡(Master Card)、发现卡(Discover)和美国运通卡(American Express)交易的系统。

2009年,哈特兰支付系统发现自己似乎陷入一个灾难性的情况。发现问题后,哈特兰公布了有关系统被破坏的详细信息,包括间谍软件可能采集卡号的月份数以及公司通常处理的交易次数。《纽约时报》称,这有可能是历史上最大的数据泄露,6亿或更多的账户易受攻击,并引用一位数据安全分析师的话说,所有损失和其他费用之和可能高达5亿美元。早期的预期是,哈特兰将不得不为每张万事达或维萨卡支付2美元,以补发每张受影响的卡片,可结果是投资者很快卖出了这只股票,股票价格从2009年1月6日系统宣布遭受破坏前的每股18美元暴跌至2009年3月9日的每股3.78美元。

但是,对该公司和行业有深入研究的其他投资者,了解到一些可以帮助他们利用这些情况解决问题的信息：

- 首先，他们专注于关注哈特兰每月1亿笔交易的交易次数，认识到并非所有这些交易都来自独特的账户，因为人们往往会不止一次地去同一个地方，所以，更为保守的被盗卡量估计在1.4亿张，而不是6亿张。
- 其次，公众可以获得有关涉及零售商麦克斯（TJ Maxx）和马歇尔百货（Marshalls）的类似案件的最新消息。在这种情况下，发卡银行换卡的每个账户平均结算金额约为70美分。

2010年，哈特兰同意向万事达、维萨和美国运通支付1.05亿美元——而不是最初由新闻来源估计的5亿美元。平均每张卡需要支付81美分，这个数字与最近的麦克斯和马歇尔百货的案例相似。更重要的是，对投资者来说，这与第一次潜在的损失估计相差甚远，已经持有哈特兰股票的投资者不应该在新闻出现后，就立即出售股票；相反，若是他们为了降低成本而购买了更多的股票，就会得到回报。另外，那些还没有持有哈特兰股票的投资者，应该在这个时候买入，因为这一次的事件远没有媒体的消息来源那么具有破坏性。投资者意识到违约责任低于他们的预期后，几个月后（截至2010年底）哈特兰的股价回升至每股13美元以上。

总而言之，如果你在哈特兰宣布违约后购买了这只股票，那么你投资的股价就可能增值至原来的3倍。

当心吸引人的时髦新动态

你还必须学会找出股票市场中那些获益于丰富资本来源的领域，因为这些领域会抬高股价，所以你可以谨慎投资。华尔街擅长炒作，投资者往往会为其相信的一个重要新趋势而兴奋不已，然而，许多激动人心的主要趋势变成了基于投机的趋势，而不是基于基本投资因素的趋势。我们来看几个例子。

在20世纪60年代，投资者抬高了通过收购增加收益的某些企业集团的股票。例如詹姆斯·林（James Ling）的林—蒂莫科—沃特公司（Ling-Temco-Vought，LTV）等企业购买了与本企业业务无关的企业，以增加收入来源并使其多样化，此后，公司迅速增长，继续用高昂的股票价格购买其他企业。随着林—蒂莫科—沃特公司收购了一个又一个公司，1965年，林—蒂莫科—沃特公司从最大工业公司排名的第204位，发展到1969年的第14位——仅仅用了4年时间！

然而，到了1970年，在巨大的债务、反垄断威胁和普遍看跌的市场压力下，林—蒂莫科—沃特公司的股价暴跌，从1968年的每股136美元的高位下降到70年代每股7美元的低点，最终林—蒂莫科—沃特公司以清仓价出售了许多收购案。不仅仅是林—蒂莫科—沃特公司，其他几家最近出现大规模增长的企业集团的股票也是如此，股价同样出现暴跌的情况。

20世纪90年代给了我们另一种投机热潮，现在我们称之为互联网泡沫。科技股提供的收益率与它们的实际增长或利润相比较小（如果它们产生利润的话）。例如，计算机制造和服务公司——太阳微系统公司（Sun Microsystems），曾经以每股64美元的价格获得10倍的收入，首席执行官斯科特·麦克尼利（Scott McNealy）回忆说：“10倍的收入，为了给你10年的回报，我必须连续10年用分红来支付你100%的收入。”麦克尼利指出，他的设想中存在一些主要障碍，即如何在不支付任何费用或税收的情况下，获得股东对该计划的批准。此外，麦克尼利指出，太阳微系统公司也不得不维持其收入运行速度，而不在任何研发方面进行投资。麦克尼利问道：“现在，我们这样做了，你们中有人愿意以64美元的价格买我的股票吗？你知道这些基本设想有多荒谬吗？”

如何发现投资泡沫

要了解当前泡沫存在哪里，就需要问："哪里可以快速赚到很多钱？"你可以查看《福布斯》杂志的亿万富翁名单，并研究新的亿万富翁来自哪些行业。例如，在20世纪80年代初，福布斯的亿万富翁名单主要由石油和天然气行业的个人组成。此外，监督进入市场的独立上市公司（IPO），也可能是产生亿万富翁的行业，因为从1998年到2000年，是互联网股票兴盛的技术繁荣时期，那么价格迅速上涨的新股是否也会集中在某个行业呢？

当资金充裕时，某些企业就会通过搜索其他类似的业务来复制成功，比如科技企业的首次公开募股让许多其他科技企业成立并寻求上市。这里有一些泡沫的迹象：

- 大量的可用资本
- 更高的资金杠杆水平
- 由于他们试图获得更高的回报，而不是通过传统的贷款方式和流程，从而在贷款环节中减少了贷方需要遵守的纪律
- 结合高杠杆和宽松的贷款条件，减少借款人的责任

20世纪80年代房地产的繁荣或萧条，给人们的一个教训就是，每个人有一个宽限期，且每个人口袋里都有钱，他们不必担心租户是否会占用这些建筑物，或者关于未来现金流的假设是否正确。建筑物是在投机的基础上建造的，因为贷款人本质上是向开发商投资建造新项目，所以他们并不担心是否有租户租用这些建筑物。最终，房地产供过于求，导致房地产价格下跌，同时，贷款人和开发商发现自己有很多空置的财产，导致在这段时间里有很多贷款人和开发商

破产。这只是表明，资本充裕的地区通常都是进行大量投资的贫瘠的猎场，投资者陷入20世纪80年代房地产热潮或20世纪90年代后期科技泡沫的天花乱坠的宣传，最终失去了大部分资本。

现在你已经对如何在总体上形成投资理念有了更多的了解，本章的以下部分将介绍一些更为正式的方法来形成投资理念。

使用股票筛选工具

股票筛选是投资者使用预选标准过滤股票的工具。例如，如果你是寻找廉价股票的投资者，你可以输入一系列过滤条件，例如："企业价值与税息折旧及摊销前利润的比率（EV/EBITDA）低于5倍，但也超过1亿美元市值的企业。"

这样会生成一家企业列表，符合你刚刚设置的限制条件。

一般来说，有许多不同类型的筛选工具可用。服务范围从免费服务到高端收费服务，功能和覆盖范围会因服务而异，比如，收费较高的服务覆盖了更多的业务，包括微型股和国际股票，它们经常捆绑一系列分析工具，可以帮助你进一步细化搜索，例如"搜索收入超过1亿美元且首席执行官年龄超过60岁的企业"。

股票筛选的主要局限之一是它们使用美国通用会计准则（GAAP）计数，但这很难提供一家企业现实的财务状况。例如，你正在看去年的收益率，如果该公司在前一年报告了巨额亏损，那么，这可能会产生误导。通常情况下，投资者需要调整美国通用会计准则收益以了解企业的实际收益。

例如，在2006年和2007年，零售商99美分店（99 Cent Only Stores）平均12个月的市盈率（P/E）超过了90倍，而接下来的两年中，通过调整99美分店的特殊收益，我了解到调整后的市盈率是接近12倍，而不是报告的90倍。

在标准股票筛选中，我的许多最佳投资的股票都显示出市盈率超过50倍，因为按照美国通用会计准则，重组成本降低了盈利。但在我做出通用会计准则调整后，我发现这些表面上看似拥有很高的市盈率的企业实际上只有5倍的收益，而不是50倍。可见，如果我完全依赖股票筛选，那么，我会错过许多好的投资。

例如，我研究了"9·11"恐怖袭击后价格下跌的四季酒店的股票，其市盈率为收益的85倍。经过深入研究得出，四季酒店刚刚支出了几项重组费用，降低了企业收益，在调整了这些重组费用（这是根据美国通用会计准则的标准，而不是实际现金费用）的业务收入之后，我发现四季酒店的股票市盈率接近收益的10倍。如果我依靠股票筛选工具，将永远不会发现这种在短时间内价格翻倍的投资。

关注新低报价表

报纸和网站可以提供其他的想法来源，如新低报价表。例如，《华尔街日报》的在线网站提供美国股票的每日和历史新低列表——也就是说，在纽约证券交易所、美国证券交易所和纳斯达克股票市场上提供跌至52周低点的股票。

此外，价值链公司（Value Line）还定期发布拥有以下条件的股票列表：

- 账面价值最大的折扣
- 在过去的13周里，价格变动率最大
- 3–5年高价格升值潜力
- 在价值线中处于最低位置的当前市盈率和价值对净营运资本比率

蜂鸟价值基金（微型基金）的经理保罗·松金（Paul Sonkin）使用股票筛选和新低清单，但他认为投资者在99%的时间里都在滥用这些工具。据松金说：

"很多投资者会把低股价净值比或低市盈率的股票放在一起筛选，但通常有90%的公司在筛选中由于正当理由保持低价，而且许多这样的公司一直在这些名单上。"松金认为，使用筛选或新低清单的正确方法是每周进行一次，并寻找名单上出现的新公司，通过这种方式，你可以将那些值得保留的公司与那些只能承受临时问题的公司区分开来。

我在跟踪新低列表中受益。例如，2001年，我错过了一个投资阿波罗集团（Apollo Group）的机会，阿波罗集团（Apollo Group）就是人们熟知的凤凰城大学的营利性高等教育机构，当时股价接近每股20美元，到2001年底，股价涨到了每股30美元以上，到了2004年中期，股价涨到了每股100美元。尽管我错失了在2001年投资的机会，但我仍然通过参加行业会议、听取电话会议以及跟进美国证券交易委员会文件来研究阿波罗集团。5年后，当股价从2006年初的每股60美元降至2006年11月14日的每股35美元时，由于期权回归丑闻，我果断采取行动。我能够发现这个机会，一个原因是因为我一直在监视新低的名单，并看到名单中的阿波罗集团的股价已经下跌。另外，由于我长期以来一直关注这家企业，我知道投资者对丑闻反应过度。到1月初，该股每股交易价格超过40美元，到7月份，股价升值至每股60美元。可见，如果我没有提前做好准备并且监视新低列表，我就会错过进行这项投资的机会。

阅读时事快讯、风险提示、在线建议和媒体建议

正因为有许多出版物吹捧股票，甚至有些时事快讯会在提出整体回报率时，排除他们过往推荐的股票，而只列出表现良好的股票。所以，最好坚持提供以事实为基础的服务，如《破产周》(Bankruptcy Week)或《苦恼公司警示》(Distressed Company Alert)，而不是那些提供有兴趣通过向用户推销高回报率来销售订阅的服务。基于事实的出版物是那些没有附加任何主观想法而把公司事件依次罗列的公司，能够呈现出自私自利的建议和不透明的结果。

使用价值线

价值线是你用来搜集某些企业或行业知识的重要来源，它在单个页面上提供了很多关键信息。一份标准的股票报告能够显示10年的财务信息，包括销售额、营业利润率、折旧、净利润率、所得税率、流动资金、长期债务和股东权益，它还显示历史回报，如总资本回报率、股东权益回报率和普通股回报率，还有关于上一季度重要进展的快速报表以及历史股票图。此外，标准的股票报告每个星期都会发布新的一期，突出显示一个行业内的一组股票，如汽车和卡车、精密仪器、电力设施或医疗用品。

其实，我是从伯克希尔·哈撒韦公司（Berkshire Hathaway）的副主席查理·芒格（Charlie Munger）那里借鉴的这个想法，他在年会上提到，他定期阅读这些报告，以更多地了解不同类型的企业，并发现机会。所以，我从头至尾阅读股票报告，并寻找新的想法，这增加了我对新业务和新行业的理解。但该来源的主要局限性在于出版物仅涵盖3,500种股票，并非在美国公开交易的9,000种股票。

追随其他投资经理

许多投资者（包括专业人士）通过密切追踪知名投资管理人持有高于平均水平的记录，来产生新的想法。其他人追随的似乎是一个热门的投资者群体，但大多数人并没有长期追随，也因为这些知名投资管理人通常是近期成功的投资者，所以媒体不断地报道他们的新股。

追随他人的问题是，这些优秀记录中的大部分都是过去投资产生的，投资者错误地认为现有和未来的投资会产生类似的结果，所以，许多投资者都判断

CHAPTER 1 / 第1章

错误了（例如，当巴菲特在1999年告诉投资者避开高价互联网股票时，投资者开始质疑沃伦·巴菲特的投资智慧）。而追随投资管理人持股的时间，通常是当这些优秀投资者离开你的时候，比如，管理最大金额（即超过1亿美元）的投资者在每个季度都必须在SEC 13-F文件中公开他们的投资，因此追随他们简单易行（尽管略微推迟了些）。

在我的早期职业生涯中，我偶尔会从这些经理那里获得投资意见。当结果出来后，我很高兴地发现，我所钦佩的投资经理已经做出了一些新的投资或者显著提高了他们在一只股票中的地位。如果这是我理解的投资想法，那么这种想法就会转化为更高的信念，有时会让我在自己的研究中走捷径。

追随其他投资经理有几个缺点：

- 最好的投资记录来自有限的投资数量。一个成功的投资经理做出的每十次投资，只有一次能大获全胜，这为投资记录带来巨大回报，而其他投资则会表现平平或表现不佳。
- 你通常不会知道某个投资经理为什么要买入或卖出股票。也许这个投资经理正在遭受投资赎回，他需要出售股票。
- 不管投资经理有多么优秀，他们都会犯错误，你可能会跟着他们犯同样的错误。
- 投资经理会改变他们的策略。你要认识到，投资经理过去所遵循的创造卓越投资记录的策略并不一定是他今天所遵循的策略。

所以，归根结底，要小心遵循其他投资经理的想法。

偶尔阅读商业出版物

你可以通过定期阅读出版物，如《巴伦周刊》《华尔街日报》《金融时报》《福布斯》和《财富》等，从商业媒体中获得想法。也可以考虑订阅你感兴趣的行业的刊物，例如《美国银行家》（如果你对金融服务股票感兴趣）或《拉斯韦加斯评论期刊》（如果你对赌场股票感兴趣）。

阅读文章时，你不仅会将自己置于行业基础知识领域，还会发现一些关于希望投资企业的管理团队的描述。最好的投资理念通常来自那些处于困境的企业，不是把重点放在那些成功的案例上，而是放在关于困境的文章上，这有助于让你更好地找到价格合理的投资。

例如，你是否还记得曼哈顿第一高级常务董事托德·格林（Todd Green），他最初对多元化工业集团泰勒公司（Tyler Corporation）有兴趣。当格林在《福布斯》（1990年）的一篇文章中看到，首席执行官约瑟夫·麦金尼（Joseph McKinney）表示他不会考虑做杠杆收购，因为这会让他处于与股东对立的一面的相关消息时，格林在评论中发现，这个首席执行官对于股东和管理层利益的一致性，持正确的态度。于是，格林于1991年4月26日以每股3.07美元的价格购买了多元化工业集团泰勒公司的股票，并于1998年6月8日以每股9.99美元的价格出售，复合收益率超过18%。

通过购买股份来追踪企业

你可以购买符合你的标准股票中的少数份额，并强制自己追随这家企业。通过小额购入，你可以保证自己不会忘记这家企业，而且你会持续收到关于这家企业的提醒。蜂鸟价值基金的保罗·松金（Paul Sonkin）称这个方法是他的百宝囊，在他的个人账户中，已经购买了300多家企业中的份额，并且每天都会收到一些企业的邮件。通过这种方法,他在收件箱里保存了自己筛选出来的感兴趣的企业的邮件,并且一直追随了这些公司很多年。

例如,松金投资了一个主要控制控股集团(Control Chief Holdings),该集团是一家主要用于铁路行业的无线遥控设备的制造商和营销商,集团股票每股价格为250美元。松金关注了该企业一段时间,并了解到该企业每股净现金份额超过147美元,并估计每股盈利能力为25美元。因此,在每股103美元的企业价值下,松金以4倍标准化净收入的价格购入该股票,这是一个极低的购买价格。

不要忽视你现有的投资组合

不可否认,发现投资组合以外的投资机会更令人兴奋,但它并不一定更有益。许多投资者忽略他们现有的投资组合,但是通常最好的机会就在你面前,因为与你不太了解的股票相比,如果你持有股票的价格下跌,这可能代表着你具有一个最佳的投资机会。

例如,当2008年标准普尔500指数下跌36%时,就有大量的投资机会,但我的公司并没有试图分析许多新的机会,而是决定分析我们自己持有的投资组合,这些股票的交易价格要比几周前或几个月前的价格低得多。一度,我们的核心持股——全食超市(Whole Foods Market)的企业价值是自由现金流的4倍左右,这意味着我们本可以购买整个业务(包括现金支付的净债务)并在4年后有所回报,摆脱现有压低的自由现金流。最终,我们购买了更多的现有持股,如全食超市,这帮助我们创造了远高于标准普尔500指数的净回报。可见,如果我们分析了新的潜在持股,我们可能不会增加我们现有的持股,也不会产生超额回报。

研究即将上市的独立上市公司

你可以定期研究新股,分拆以及正在退出公司的股票,这些都是股票市场上的新领域。你可以订阅各种服务，以提醒你注意这些新的市场进入者，如杰姆芬德公司（Gemfinder）的《分拆和重组报告》。一旦市场中有所波动，你应该阅读和独立上市公司、分拆或股票退出破产一同出现的招股说明书，因为这些资料的信息特别丰富，比标准的10-K报表更有用。追踪这些业务的最大优势是没有公开的价格来影响你，你可以预先为企业计算合理的估值范围，然后将你的估值与企业的交易价格进行比较。

例如，在儿童营养品企业美赞臣营养品（Mead Johnson Nutrition）从母公司百时美施贵宝（Bristol-Myers Squibb）分拆出来之前，我就分析过它。因为没有公开价格影响我，所以我将股价的最高判断标准定在每股40美元，那么，我便可以以低于每股30美元的价格买入。当美赞臣营养品从母公司百时美施贵宝分拆后，其价格在2009年2月定为每股27美元时，我购买了这只股票，到2009年底，股票迅速上涨到了43.70美元。可见，如果我没有提前做好准备，我将错过这个机会。

■ 如何过滤投资理念

到目前为止，本章已经展示了一些可以收集投资理念的方法，而本章其余部分将介绍如何筛选这些结果，并开始评估你可能希望纳入潜在投资集合的候选公司。

标准是一个过滤器

当筛选股票市场在任何特定的时间内提供了众多投资机会时，重要的是你要为正在寻找的业务类型和管理团队建立标准才是最重要的，这些标准可以作为筛选条件，因此你不必查看数千个投资机会，便可以快速拒绝投资想法。比

● CHAPTER 1 / 第1章

如，如果你曾经购买过房屋，那么当你第一次开始寻找房屋时，你可能会被可用房屋的数量所淹没，也就是说，可用房屋的数量大大超过你购买房屋的数量，于是在某个时候，你可能已经开始为你感兴趣的房屋类型和地区建立标准，建立标准有助于缩小潜在候选房屋的名单。所以，对于你制定投资标准来说，也是一样的道理。

你的标准可以像寻找一个拥有巨大市场机会的简化业务一样简单，有一个优秀的管理团队管理，并以低价交易。你还可以设定你不想投资的标准，例如，你可以建立对商品资源具有高度依赖性业务的标准，例如勘探和生产业务，因为油价难以预测。通过明确制定并遵循的严格标准，你可以把成功投资的机会掌握在自己手中。

为了在不同类型的企业之间进行比较，你可能需要考虑使用表1.1（见下页）。你可以列出一个对企业喜好的评判标准，例如：

- 经常性收入流
- 具有高有机增长前景的业务（即不是通过并购或与其他业务合并而实现的增长）
- 在企业长期任职的管理层
- 具有竞争力的保护措施
- 强大的现有或潜在的财务特征，如高自由现金流
- 现有或潜在的资本投资回报
- 有限度竞争
- 低资本支出要求
- 多元化的客户群
- 强劲的资产负债表

表1.1 标准清单示例

公司类别	经常性收入	长远的发展前景	成熟的管理	特许经营	强大的金融潜在控股	高投入回报率	有限度竞争	低资本支出	多元化的客户群	强劲的资产负债表	合计
折扣店,杂货店	√	√	√	—	√	√	√	√	√	√	9
个人理财服务	√	√	—	√	√	√	√	√	√	√	9
教育培训服务	×	—	—	√	√	√	√	√	√	√	7
在线旅游	—	—	×	√	√	√	√	√	√	√	7
资产管理	√	√	√	√	√	√	√	√	√	√	10
体育用品商店	√	√	√	√	—	—	√	—	√	—	6

注释：√ = 具有，× = 不具有，— = 未知

对号标记"（√）"表示该业务具有某种特定属性，如投入资本的高回报率，而叉号标记"（×）"表示它不具有某种特定属性，如成熟的管理。通过不同投资者所拥有的不同的标准，你可以简单地计算出所列业务具有多少个属性。通过这样的评分系统，可以帮助你比较不同行业中的不同业务。

如表1.1，评估这十个领域的业务将帮助你了解投资特定业务时所做的权衡。也许你发现了具有强大竞争优势的投资，但该业务未来的增长前景有限，而使用表1.1中的标准，就能够明确此类业务的优势和劣势，及其潜在的危险。可以说，企业越符合你所建立的严格的标准，你承担的风险就越小，例如，监控一家有限竞争的企业比监控一家竞争激烈的企业更容易。此外，如果一家企业只符合标准中的四项或五项，你通常可以不用考虑这个业务，因为大部分投资错误都是在你放宽标准时犯下的。

一旦一家企业满足你的标准，重要的是要追踪它。你可能希望创建一个类似于表1.2（见下页）示例中的电子表格，并在表格中列出符合你标准的业务。它基本上是一个正式的企业观察清单，表中的特定属性可以从几个到几百个不等。

一旦你将投资的企业添加到列表中，你应该开始了解这家企业及其管理团队，并使用财务指标，例如自由现金流收益率、总企业价值或息税前利润，对企业进行评估，以此提醒自己这家企业的价值是否下降。由于前面提到的美国通用会计准则问题，你可能希望避免使用估值指标，如市盈率。另外，你不需要自己更新这些电子表格；相反，你可以使用各种标准来更新每日数据，例如彭博（Bloomberg）或标准普尔资本智商（S&P Capital IQ）。

估价是另一个过滤器

投资过后你无法改变的一件事就是支付的价格，所以在价格上严守纪律至关重要。你的未来回报率将取决于你为购买某只股票支付的价格，这就是为什

CHAPTER 1 / 如何形成投资理念

表1.2 思路详细目录

公司名称	贴标	TEV/EBIT	TEV/EBITDA	TEV/正常化收益	税前收益率	负债/EBITDA	EBIT/利息支出	FCF收益率占企业价值比例	FCF收益率占市值比例	股息收益率占企业价值比例	最后市场价格	自由现金流评估	目标价格	股价/目标价格
西联国际汇款公司	WU	10.1x	8.9x	18	9.9%	2.2x	8x	6.77%	7.47%	1.30%	18.73美元	1.40美元	20.51美元	91%
全食超市	WFM	19.1x	11.9x	32	5.2%	0.7x	14x	4.14%	4.14%	0.00%	49.71美元	2.06美元	34.76美元	143%
戴尔公司	DELL	6.0x	4.6x	10	16.8%	1.4x	17x	12.92%	9.69%	0.00%	13.41美元	1.30美元	20.09美元	67%
佩恩国民博彩	PENN	13.5x	8.3x	37	7.6%	3.9x	2.5x	6.56%	10.94%	0.00%	34.72美元	3.80美元	25.00美元	139%
晨星公司	MORN	19.9x	15.0x	32	5.0%	0.0x	0.00x	4.62%	4.03%	0.40%	52.64美元	2.12美元	30.00美元	175%
穆迪机构	MCO	9.0x	8.3x	16	11.0%	1.5x	15x	6.13%	6.58%	1.60%	27.35美元	1.80美元	20.00美元	137%
斯特雷耶教育	STRA	9.4x	8.7x	15	10.7%	0.0x	0.00x	4.83%	4.42%	2.70%	158.26美元	7.00美元	160.00美元	99%

资料来源：标准普尔资本智商（S&P Capital IQ），2010年12月14日

注释：TEV=企业总价值，EBIT=息税前利润，EBITDA=税息折旧及摊销前利润，FCF=自由现金流

"x"为倍数

● CHAPTER 1 / 第 1 章

么你只应该考虑那些低价交易的投资。以下案例研究为你举例说明投资经理布拉德·伦纳德（Brad Leonard）如何通过支付低价为投资者带来高回报。

布拉德·伦纳德于2004年创立了BML资本管理公司（BML Capital Management, LLC），2004年至2010年，他的年复合资本的净收益率是26.94%，而标准普尔500指数的净收益率仅为3.87%，他将这一记录归功于他低价支付股票的严谨与优势。他通常为一只股票支付企业价值与税息折旧及摊销前利润比率（EV/EBITDA）的3倍，而且他更愿意购买不需要大量资本支出来维持其业务的企业的股票，以及那些几乎没有债务的企业的股票。2009年，当股市下跌时，伦纳德以1至2倍税息折旧及摊销前利润的价格购买股票，伦纳德说："当你支付1倍或2倍企业价值的税息折旧及摊销前利润时，投资过程中就不需要太多投入。如果企业能够顺利运营下去，那你就赢了，而且只要企业没有停止运营，你就不需要在分析中做出很多宏大的假设。相反，如果我通过5%的收益率（收益除以市值），就能够获得低迷的收益，那么，投资过程就不会很顺利，企业价值也就不会这般便宜。"

例如，伦纳德首先在2007年秋季开始，以每股1.70美元的价格收购柯克兰公司（Kirkland's），一家家居装饰零售商，此后不久，股价下跌至每股0.70美元（当2008年股市下跌超过36%时）。当伦纳德购买柯克兰公司时，该企业的状况不断改善，2007年第四季度在报告这四家商店的销售额为负值后，柯克兰的同店销售在2008年的前两个季度出现积极转变，现金流、可比商店销售额和利润均继续改善，但股价继续下跌。伦纳德在他的收购中变得更加严谨，他说："似乎没人关心柯克兰的业绩在每季度报告中都会改善。而目前，我认为该公司可能会在税息折旧及摊销前利润中补贴约2000万美元，所以实质上，我购买的股票价格是企业价值与税息折旧及摊销前利润的比率（EV/EBITDA）的1到2倍。"到2008年，该股票价格最终恢复到每股约2美元，到2009年，每股交易价格超过

20美元。可见，伦纳德在价格上遵循的严守纪律性的购买行为，获得了很好的回报。

■ 使用电子表格追踪潜在和现有持股

使用电子表格追踪潜在和现有持股具有很多优势。首先，有纪律地把新开发的投资想法放在电子表格中，可以让你的新想法消失，并且它还可以帮助你抵制冲动和购买股票的欲望，你不会认为自己将错过一生的机会，因为你有很多投资选择。很多时候，大多数投资者会寻找便宜的股票，然后研究该企业和资产管理方式，但是当你准备加速研究并准备购买时，机会却没有了。这种情况发生过几次以后，每当你发现一个新的投资想法时，你就会开始产生紧迫感，正因为具有紧迫感，你可能会试图缩短你的研究过程，来保证你不会错过另一个投资机会。

但是，拥有这样的电子表格，就可以让你专注于具有最大上行潜力和最低下行风险的投资机会，并优化时间的分配与使用。所以，与其仓促分析股票市场提供给你的众多的投资机会，不如从电子表格的最佳机会中做出谨慎的选择。

做出现有投资和潜在投资清单的最大优势是能够进行比较。如果你将现有持股与数百个潜在投资机会进行比较，而不是与有限的投资机会进行比较，则可以提高做出正确投资和避免错误投资的可能性。在电子表格中，你进行的比较越多，发现投资想法的可能性就越高。此外，也会在很大程度上增加你对股市和个股的否定认识。你可以逐步构建电子表格或主动构建电子表格，而构建两种表格的方法——我将在本章的最后部分讨论这两种方法。

逐步构建潜在投资的电子表格

面对投资机会，当你没有准备采取行动时，你可以花时间为未来的机会做好准备。当你确定一家企业具有独特性或卓越的管理团队时，无论其当前的估值如何，都将该企业添加到你的想法清单或观察列表中。这是聪明投资的秘诀，因为当一个好机会摆在你面前时，它可以让你果断采取行动，尤其当你第一次有想法或见解时，它可以防止你鲁莽行事。实质上，你是让时间为你服务。

主动构建潜在投资的电子表格

在公开市场投资的最大优势之一，是你可以识别可投资领域的每一家企业。你有能力逐一审查超过9,000个公开交易的企业，你可以寻找符合标准的企业，排除那些你不相信自己可以准确评估的企业，因为这将帮助你以更快的速度完成列表，这也将帮助你将考虑投资的企业数量从9,000个减少到更易于管理的数百个。

一旦你对你正在考虑投资的公司有一些想法，那么，在研究这些企业的基本事实之前，你应该问自己几个先决问题。转到第二章，找到"投资清单"中的前几个问题。

要记住的关键点

- 你的一生中不会有很多卓越的投资。
- 投资机会是在资本短缺时创造的。当发生以下一个或多个事件时资本就会变得短缺：

- 整个市场衰退
- 指数外的股票或被分拆出来的股票被强制抛售
- 导致投资者出售其股票的企业存在某种不确定性

● 如果你使用股票筛选来识别投资理念,请理解你可能错失许多的投资机会,因为大多数筛选条件均基于美国通用会计准则(GAAP)计数,这可能会低估或夸大企业的收益。

● 要谨慎追随投资经理的投资理念。

● 使用特定标准筛选出你不喜欢的投资想法。

● 创建一个想法清单,持续追踪符合标准的潜在投资,为未来的机会做好准备。

THE INVESTMENT
CHECKLIST

第 2 章

了解企业——
企业的基本要素

一旦你对一家特定的企业产生兴趣并准备开始研究，那么，你应该采取结构化的方法来评估这家企业。本章将告诉你，如何确认在分析新企业时遇到的最基本的问题。比如：它主要的业务是什么，它如何赚钱？有时候了解这些问题很容易，但有时你会感到惊讶。如果你对企业的主要业务或者是研究领域有深刻的理解，并且可以简单地解释，那么当你更深入分析时，就不太可能在无关的问题上浪费时间。

从本质上讲，如果你想通过观察企业的发展来了解企业，那么，你可以先研究企业的发展历史，我相信企业的发展历史是企业成功的核心，你可以通过关注以下这两个问题，来收集企业的基本信息：它真的运转良好吗？还是真的很幸运？

在收集企业的基本信息后，我们将把注意力转移到评估企业在国外市场取得成功的特殊情况。对于大多数企业来说，全球化创造了相互关联的市场，也为你带来了新的研究任务，即使你正在研究的企业目前是国内运营商，你仍可以评估企业的盈利能力和对国外市场的投入。

但是你首先需要考虑的问题就是，你是否有兴趣去了解某个具体的企业，然后想象自己成为该企业首席执行官的做法。接下来，让我们仔细看看这些问题。

1. 你是否愿意花很多时间去了解这家企业

在开始分析一家企业之前，问问自己是否有兴趣去了解更多信息。如果你没有足够的兴趣去做深入的研究，那么，你可能会做出一个无知的投资决定，即便是研究了几个星期，你也无法真正地了解一家企业。要真正了解企业如何运作并确定管理团队的能力和完整性，需要很长的研究时间，在大多数情况下需要几年时间，这是一个持续的过程，如果你的兴趣在几个星期内就开始衰落，那么，你将不会有耐心继续长期了解该企业。

如果你刚刚开始投资，最好花费很长时间去分析一家企业。通常情况下，即使是专业分析师，也会花费时间去分析众多企业，因为他们也不具备充分理解企业价值能力的天分（或者说，他们看不到企业的整体框架）。

例如，在我投资生涯的开始阶段，我花了6个月的时间分析电视收视率公司——尼尔森媒体研究公司，并花时间采访了尼尔森媒体研究公司超过80%的客户群，对企业进行了深入的了解，因此，我很重视这家企业。

当你开始阅读有关企业的业务信息时，问问自己，你要了解一家特定企业的学习曲线有多么陡峭。如果一开始你就发现评估企业非常困难或者你根本没有兴趣，那么，这可能是你想要放弃投资的一个信号。如果我们拥有足够多的时间，那么，我们大多数人可以从头到尾地去了解一家复杂的企业，但这种了解可能最终还是如蜻蜓点水一般肤浅。我们还需要注意的是，在了解企业的过程中，不要过度研究收益较低的业务，而应尝试深入了解你真正关心的业务。

很多投资公司将投资想法分配给分析师，而不考虑这些分析师是否喜欢研究该企业或行业。如果分析师不想了解该企业，那么，他可能永远不会发现有用的见解。在不感兴趣的研究上难以有独到的见解，也就是说你不太可能在你不感兴趣的事情上取得成功，这是常识，但是，市场中的投资者往往却强迫自己去研究这些企业。

例如，我记得我研究过一家银行，这是一个长期成功投资银行股票的投资者推荐给我的。当我通读10-K报表时，我很快发现我并不喜欢去了解这家银行，虽然我强迫自己继续阅读关于该银行的信息，但我发现自己正在分心，正是缺乏兴趣，导致我在分析中失去动力，但是为了继续研究，我尝试挖掘继续阅读的动力，虽然有时候也会产生短暂的动力。因为我对该企业不感兴趣，导致我最终无法进行彻底的分析。

相比之下，零售商行业或者企业会在瞬间让我着迷，即使有一个术语我不明白，我也会花时间去研究它的含义或它的计算方式。我搜索了关于如何识别高效零售商的文章和书籍，参加业务课程以了解更多关于零售业务的信息，并开始参加行业会议。因为彻底的参与和激励，我发现很少有事情能让我分心，甚至我记得我会缩短电话交谈的时间，来继续了解更多关于零售业务的信息。我对零售业企业的热情，给予我不断深入了解这个行业的动力，并使我能够更好地评估这个行业的机会。

然而，这种热情有一个风险因素：个人喜欢某种产品或服务，可能会导致你相信其他人也会喜欢它。例如，当你很喜欢一家餐厅，但是因为你身边的人不喜欢这家餐厅，那么面对这家餐厅的负面消息，你便很难客观地衡量你最喜欢的餐厅的负面消息，这是因为你自己的经历已经不同了，你甚至可以忽视负面报道。就如同我个人对零售行业的热情，使得我有时会失去客观的思考和判断，因为我忽视了消极的方面，而是专注于积极的方面。无论是积极还是消极，请注意，你的个人偏好可能会对你的投资决策产生负面影响。

2.如果你是首席执行官，你会如何评估企业

任何长期投资者的投资前提应该是对企业的基本经济状况有最全面的了解，并且知其如何改变。理想情况下，你应该研究这家企业，就好像你将在未来几个月担任首席执行官一样接管业务。这正是斯特雷耶教育（Strayer Education）的首席执行官罗伯特·西尔贝曼（Robert Silberman）所做的事。

我在得克萨斯州奥斯汀市的斯特雷耶大学校园采访了西尔贝曼，当西尔贝曼的一位朋友鲍勃·格伦斯基（Bob Grusky）打电话给西尔贝曼并告诉他，他建立的这家私人股权公司——新山，已经将斯特雷耶确定为一家他们想投资的公司时，他有机会接任斯特雷耶的首席执行官。新山正在收购即将退休的前斯特雷耶首席执行官的全部产权，格伦斯基和他的合伙人需要有人来担任首席执行官，并要求西尔贝曼加入该公司。

西尔贝曼的第一反应是，"你怎么能拥有一所大学？"他在这次通话之前从未听说过这种商业模式，当时，西尔贝曼是卡尔能源（Cal Energy）的首席运营官（COO），该公司由伯克希尔·哈撒韦公司所属。正式接受这一职位之前，西尔贝曼在接下来的5个月中完成了对营利性教育行业和斯特雷耶教育的深入研究。

从2000年3月到7月，西尔贝曼研究了美国的营利教育和教育部门的历史，特别是，他想了解私人资本在这个领域的作用。

西尔贝曼告诉我："经营一家国际能源公司的优势之一就是你会经常坐飞机，所有的这些航班中，我坐过13个小时的航班。在航班上，经过几个小时的睡眠，便可以完成我的其他工作，我真的能够不间断地投入。越是把这看作是一种生意，我就越兴奋。我从事的可再生能源业务具有令人难以置信的资本要求，非

常低的资本回报，以及诸如技术风险、政治风险和货币风险等各种外部风险。而这个国家的教育领域在高等教育阶段完全相反，它的资本要求低，需求量非常高，供应量非常有限，如果你真的拥有一所具备良好声誉的大学，这就是最大的竞争优势。"

西尔贝曼阅读了大量的美国高等教育史，然后专注于营利领域，他的分析包括宏观经济因素和行业层面的数据，随后，他确定并研究了业内公开交易的其他公司，最后，他研究了斯特雷耶。

西尔贝曼通过研究该行业的历史，来了解营利性教育行业如何发展，并分析了过去20至25年里推动行业加速增长的因素。为了研究这些上市公司，他阅读了来自阿波罗集团（Apollo Group）、戴维瑞公司（DeVry）和ITT（ITT教育服务公司）等竞争性教育公司的10-K和10-Q报表、年度报告和分析报告。同时，西尔贝曼又分析了大量有关营利性客户的统计数据，因为他想知道谁去了营利性大学，谁没有去。他通过分析具有大学学历者的收入潜力数据来考察客户的产出。

西尔贝曼了解到，从事基础制造业的人具备高中学历和有限的技术培训，就足以支持中产阶级的生活。随着美国经济从基础制造业转移，大学毕业生的收入潜力很高，并且在不断增长。同时，随着美国走向以知识和服务为基础的经济，只有高中学历就享受中产阶级生活变得更加艰难，受教育者和未受教育者之间的收入差距越来越大，很多人对高等教育产生了强烈的需求，但社会中的教育供应基本固定。

作为他尽职调查的一部分，西尔贝曼访问了华盛顿特区的斯特雷耶校区，他走进教室，假装自己是一名学生，当他看到教授和在职成人学生互动时，他感觉到学生想要完成学位的意愿有多强烈。他看到一个人的受教育程度和经历是可以改变生活的。

西尔贝曼解释说:"比如说,一个35岁,只有高中学历,工作了15年的粉领、蓝领或未充分利用的白领(员工),他们的收入能力和保持中产阶级生活方式的能力变得更加困难。但当他们上了大学,这一切绝对会发生改变。"

西尔贝曼回忆说,一次他飞到华盛顿去参加星期一晚上的课(该课每周仅仅有一堂,课程通常从下午5:30持续到晚上10点),曾令他印象深刻,正值秋天,那天晚上华盛顿红人队正在打球。正因在华盛顿特区长大,他了解观看红人队比赛的重要性。晚上9点左右,教授开始收拾东西,并告诉学生当天晚上给他们一次"红人休息时间",但学生几乎要开始抗议。西尔贝曼想到自己上大学,教授提前下课时内心的激动,与这样的场景形成了鲜明的对比。然而,在斯特雷耶,很多学生都在自掏腰包完成自己的教育,他们知道自己需要教育,他们不想回家看足球,他们想要完成课程。

西尔贝曼的研究使他在整体上对营利性教育行业感到兴奋,尤其对斯特雷耶教育感到兴奋。这是一个已经拥有100多年历史的优秀平台,并且已经获得了区域认证。他也看到了良好的财务特征:积极的客户群和巨大的市场。到了2000年夏季中旬,西尔贝曼告诉他的卡尔能源公司老板,他要离开,去运营斯特雷耶。

快进到2009年:西尔贝曼深入了解过后,曾经在斯特雷耶教育付出的努力已经取得回报。自从西尔贝曼在2001年担任斯特雷耶的管理职位以来,截至2009年底,斯特雷耶的税收收入、营业收入和每股收益,分别以24%、23%和22%的复合增长率增长。在西尔贝曼的领导下,斯特雷耶教育一直是一台真正的复利机器,公司股价也从2001年3月初的每股30美元增长到2009年底的每股215美元。

实质上,西尔贝曼经历了回答清单关键问题的过程。西尔贝曼对营利性教育行业如何发展产生了自己的理解;对通常注册营利性大学的客户类型以及这些客户获得的收益产生了自己的理解;他参观校园,第一时间了解教育对学生的价值。投资者也应该使用与西尔贝曼同样的流程,来全面地分析一家企业。

3. 你能用自己的语言描述企业的运作方式吗

要了解企业如何运作,请阅读10-K报表中的业务描述。10-K报表中的第1项提供了企业概览和以下所有内容的详细说明:

- 每个业务部门
- 分销渠道
- 市场营销策略
- 制造业活动
- 监管要求
- 对企业面临的战略和风险进行广泛的管理讨论
- 行业规模和趋势
- 洞察竞争环境

仔细阅读本节后,请用自己的话写下企业业务的运作方式,企业如何制造产品或提供服务?企业如何将这些商品和服务销售给客户?尝试想象产品或服务的交付方式。

接下来,请访问企业网站以更好地了解企业的产品或服务,你的目标是能够向业务知识有限的朋友解释企业运作方式。比起阅读文本和标记重点,用自己的话写出来,可以获得对企业运作方式、企业产品和服务更深入的理解。

例如,在阅读了10页长的安泰克公司(VCA Antech)的10-K报表中的第1项后,我对该公司的业务描述总结如下:

- 安泰克公司在40个州经营471家动物医院，提供宠物体检、牙齿护理、绝育和各项专业手术，这些医院的总收入占2008年收入的75%。截至2006年底，这个行业拥有22,000家正在运营的动物医院。
- 每家医院雇用10至30名全职员工，其中通常包括行政和技术支持人员，3至5名兽医，以及1位医院经理。
- 客户根据自身的时间和朋友的建议选择动物医院。
- 此外，安泰克公司运营44个兽医诊断实验室，其总收入占2008年收入的21%，其中16,000个客户把血液、组织和尿样送到这里进行检测。
- 1999年，该公司经营着194家动物医院和13家实验室，主要通过收购实现增长：
  - 2004年，该公司收购67家动物医院；
  - 2005年，该公司收购46家动物医院；
  - 2007年，该公司收购44家动物医院。
- 主要行业协会调查显示，美国63%的家庭至少拥有一只宠物。
- 增长的原因，是因为人类医疗保健部门转移到了兽医实践，因此使得宠物具有更多的治疗选择。
- 99%的来访顾客以现金支付。
- 该公司通过发送关于宠物具体健康问题的目标受众邮件，来进行市场营销。
- 2008年，该公司雇用了9,000名全职员工。

以上是我基于10页长的安泰克公司的10-K报表中的第1项，对该公司进行的业务总结，你也可以通过这样的方法分析企业。

如果你在了解企业方面遇到困难，那么，你可以反过来试想，即在没有产品或服务的情况下，客户的世界会是什么样子。例如，如果你正在分析互联网媒体传送公司——阿卡迈科技（Akamai），却找不到简单的方式来总结企业运作方式，那就提问自己："如果没有阿卡迈科技，互联网世界会是什么样子？"在没有阿卡迈科技的世界中，将视频下载到电脑需要更长的时间。内容提供商如电影租赁公司——Netflix（网飞公司）将不可信赖，并且该公司也不得不通过收取更多费用来发布电影。

你可以使用另一种简化业务描述的方法，找到最能解释企业运作方式的类比。例如，阿卡迈科技与空中交通管制塔相似，阿卡迈科技的软件将来自其客户（例如在线视频网站YouTube）的数据传送到阿卡迈网络上最近的服务器。控制塔向生产者（YouTube）收取费用，并且使飞机（视频）更快地到达目的地。

■ 4. 企业如何赚钱

乍看之下，这好像是一个简单的问题，但其实不简单，总结企业如何创造收益，对你来说至关重要，如果你无法理解企业如何赚钱，那么你就不应该投资。

许多投资者陷入投资企业的陷阱，他们不明白企业如何创造收益。例如，如果你向保险公司美国国际集团（AIG）的大多数投资者询问该公司如何创造收益，他们会给你提供模糊的答案，即使是企业的高层管理者也很难理解每个不同的业务部分，以及它们对公司总收入的贡献。随着美国国际集团从核心保险业务转变为深奥的金融工具（如信用违约掉期），它变得更加不透明，几乎无法看到其未来收益。其新业务，如国际租赁融资和金融产品组合，了解起来并不容易。大多数投资者都基于美国国际集团过去的声誉及其历史业绩进行购买，但并不了解这些新业务线如何为企业收入和风险做出贡献。后来，由于这些新的业务线遭受损失，美国国际集团陷入破产，投资者也陷入了陷阱。

想要总结企业如何赚钱，就像斯特雷耶教育首席执行官罗伯特·西尔贝曼在他2001年的致股东信中所写的那样：

斯特雷耶教育的收入来自斯特雷耶大学学生支付的，或为了斯特雷耶大学学生而支付的学费和费用。这种收入基本上有三种形式：大约一半通过银行的联邦保险学生贷款支付，大约20%由企业或机构代表斯特雷耶的员工直接支付给斯特雷耶教育，其余部分由学生通过自己的信贷来源支付。斯特雷耶的支出包括支付给执行教学任务的大学教师的工资，支付管理校园和招收学生的行政、招生人员的工资，以及支付给管理公司事务的公司职员的工资。费用还包括租赁校园建筑物的租金和我们拥有的校园建筑物的折旧费用，以及用于吸引潜在学生到斯特雷耶的广告和营销成本。最后，我们的费用还包括用于支付教育过程所需的书籍、纸张、铅笔、课桌、椅子和电脑等用品。根据美国通用会计准则，部分家具和电子设备在我们的资产负债表上被资本化，由于设备在预计使用期限内不断摊销，该费用也会记录下来。通过对斯特雷耶教育收入和支出的分析，我们便可以了解斯特雷耶教育是如何赚钱的。

■ 5.随着时间的推移，企业将如何发展

从历史的视角审视一家企业，既能深入了解其竞争优势，又能实用性地洞察其竞争优势，通过这一点，你可以更好地了解企业的成功是由于卓越的管理，还是仅仅出于巧合。尤其是如果你正在研究的企业具有特别复杂的历史或者进行了多次收购，那么，从历史的角度查看企业的发展这个问题便尤其有用。

审视企业的首要途径是企业网站。大多数企业的网站上都包括企业发展时

间表或企业发展历史，为了全面了解企业，你可以用自己的话写一份企业历史的简短摘要。另一个重要资源通常可以在图书馆中找到，就是由盖尔公司（Gale®）发布的公司历史国际目录，该目录中介绍了8,500多家公司，且每个条目通常只有几页长，并引用新闻和杂志报道，以供后续阅读。该目录会给你提供一家公司的完整背景和历史，包括一直以来的并购事件及其关键日期。

如果这两个研究方式对你的启发有限，那么收集并阅读至少10年的10-K报表对企业的描述，可能会有用。首先可以打印企业第一年的业务概况，并进行阅读和描述，了解企业历年的收购和新产品开发，可以用你自己的话总结一下，这家企业是如何发展的。然后，你也可以阅读关于这家企业过去10年的文章，帮助你填补企业发展过程中的空白知识。

■ 6. 企业在哪些国外市场中运营，有何风险

过去的几十年以来，全球经济变得更加相互关联。很难相信在第二次世界大战之前，美国是世界上最大的经济体，中国和印度在世界经济中所占的比例只是很小的一部分。如今，美国企业将更多的产品和服务出售给其他国家，并且这些销售额在其中许多国家的收入中所占比例更大。因此，了解更多关于企业如何在国外市场运营中获利的市场信息，变得越来越重要。

当企业首次进入国外市场时，收入可能会迅速增长，这向投资者表明企业的产品或服务取得了成功，大多数管理团队将在年度报告或其他财务报告中突出显示这一收入增长。然而，用这些高初始增长率预测企业的未来发展状况是危险的，因为新市场的增长必然会在某个时刻稳定下来。

要确定企业是否会在国外市场取得成功，必须确定管理团队在国外市场的成长程度。许多管理团队高估了新兴海外市场的潜力，在他们遭受损失后，就减

少了对这些市场的投入,这说明该企业无法复制其在国内市场的成功。你需要了解管理团队是否准备投入足够的资源来维持其在特定市场的增长,就像在国内市场一样,越多的顾客对现有产品或服务感到舒适和熟悉,就越难说服他们改变自己的品牌意识。为了树立品牌意识,企业必须致力于持续存在并长期投资。

例如,雀巢(Nestlé)首席执行官彼得·布拉贝克(Peter Brabeck)说,为了获得可持续的利润,他必须愿意长期投资,即使这对短期利润有负面影响。他指出,"金融界"往往存在6个月至1年的时间周期,所以我很难向他们解释在韩国、中国或俄罗斯建立企业的真正意图,因为这需要5到10年的时间才能达到盈利。布拉贝克回忆起他在俄罗斯金融危机期间留在俄罗斯的决定,他说如果他只想到短期利润,雀巢就会"像其他人所想的一样"撤回在俄罗斯建立企业的决定。他说:"这显然影响到我的利润率,在18个月后,我们的糖果市场份额翻了一番。"

为了了解高管们为国外市场的增长投入了多少,你需要回答接下来讨论的几个问题:

- 企业在国外市场运营了多久?
- 企业是否进行过研发投资,以使其产品适应国外市场客户的特定口味?
- 管理团队是否为新兴市场指定了区域经理?
- 收入增长是否转化为利润增长?
- 企业的海外收益有什么风险?

企业在国外市场运营了多久

查看新闻档案中的历史新闻稿和文章,了解企业业务何时扩展到每个国外市场以及扩张背后的原因。例如，如果一家企业声称其在欧洲运营，你可以找出它在欧洲哪些国家运营，并确定企业为什么选择这些特定国家。另外，企业在欧洲进行交易运营时，所处的交易环境并不是一个有凝聚力的市场，因为每个欧洲国家都可以被视为一组独特的客户，都可以单独分析企业的运营模式。

企业是否进行过研发投资，以使其产品适应国外市场客户的特定口味

很少有产品具有很好的全球吸引力，以至于企业可以在全球范围内销售它，并得到全球的接受。微软（Microsoft Corporation）的Windows 7这样的产品是个例外：在向100多个国家出售软件之前，微软只对其软件进行了微小的调整。波音公司（The Boeing Company）的飞机在没有设计变更的情况下也能顺利运行，2010年波音公司商用飞机的销售额中有近80%来自国际客户。但这些都是例外，大多数企业很难将同一个没有进行适当调整的产品或服务从一个市场推销到所有市场。

城市旅行者（Urban Outfitters）品牌，是女性服装店安斯洛布罗基（Anthropologie）的所有者，该品牌首先在伦敦设立了一个本地设计的经销店，以便能够根据欧洲人的品位定制产品，从而开始了其欧洲业务。这增加了该品牌在欧洲的管理费用，延迟了盈利，但它帮助城市旅行者成功扩展到整个欧洲，现在，这些欧洲店面的收入占总收入的10%以上，并且与美国店面的营业利润率接近。

同样，为了更好地熟悉当地市场，诺基亚（Nokia）在中国和印度建立了研发中心。因此，诺基亚制造了一款专门针对印度客户需求的手机：它内置手电筒、闹钟和收音机，所有这些都可以在停电期间帮助客户。诺基亚还了解到其较贫穷的客户共用手机，因此它设计了具有多个地址簿的手机。

相反，当沃尔玛（Wal-Mart）扩展到德国和韩国时，它没有根据当地的风俗和品位来调整其商店，导致沃尔玛于2006年退出这两个国家以遏制其损失。

管理团队是否为新兴市场指定了区域经理

当区域经理共同监督新兴市场和成熟市场时,这是一个危险信号,因为这是两个不同的市场,需要不同的策略和监督。

例如,在其历史上大部分的时候,雀巢公司都指派一名负责新兴市场的经理,而不是由一名经理同时监督成熟市场和新兴市场,这有助于雀巢在新兴市场取得成功:截至2010年,雀巢公司32%的销售额来自这些新兴市场。

收入增长是否转化为利润增长

你需要确定收入增长是否能够在海外市场长期转化为利润增长。国际市场收入和营业利润的披露数量因公司而异,在10-K报表的脚注中,大多数企业按地理区域划分收入和资产,但很少有企业会披露足够的信息,以评估企业是否在提高其在国外市场的盈利能力。如果企业没有提供足够的信息,例如从某些地理区域获得的营业利润,那么,请谨慎,这意味着管理层可能不会在这些国外市场上创造超额利润。

例如,西联汇款公司,即国际汇款公司(Western Union)的简称,在其2009年的10-K报表中,拆分了美国、墨西哥和国际市场之间的收入。国际市场部分不会进一步细分为不同的国家或地区,因此很难了解西联汇款在不同具体地区的运营利润。

相比之下,可口可乐公司(The Coca-Cola Company)按照大洲细分了销售收入和营业收入:欧亚大陆和非洲,欧洲,拉丁美洲,北美和太平洋地区。它还将这些地区的资本支出和可识别资产分开,从而允许你计算财务指标,如投资资本回报。

如果企业没有按地区划分营业收入,有时可以通过比较企业在扩展到国外市场之前的历史财务报表和最近的财务报表,来确定国际扩张是否有利可图,通过检查扩张前和扩张后的财务利润率,来判断这段时间的营业利润率是增加还是减少了。你需要假设核心的国内业务在此期间没有恶化或改善,或者如果发生了变化,你需要进行适当的调整。请记住,当一家企业进入一个新市场时,它通常会有更高的成本结构,在新地理区域内的收益要低于更成熟的市场。你还可以阅读新闻稿和文章,并与企业的投资者关系部门进行交流,以帮助你获得关于此方面更多的见解。

企业的海外收益有什么风险

外汇收入受许多因素影响,这些因素往往不受企业的控制,这些影响因素包括国家风险(政治和社会环境以及当地海关和监管)和货币风险。换句话说,由于外部因素,企业有可能在国外市场上蒙受损失。这里,让我们仔细看看每一种风险。

国家风险 你需要了解企业在收入超过10%的各个国家开展业务的风险。例如,巴西有复杂的税法和古老的就业法规(除了基本工资之外,雇用某人的成本通常是该人每月基本工资的100%)。苹果公司(Apple Inc.)在巴西没有任何商店,尽管巴西是世界上增长最快的消费市场之一。当首席执行官史蒂夫·乔布斯(Steve Jobs)被问及为什么他不在巴西经营时,他说:"'疯狂的、超高的税收政策'让公司不堪重负。"

根据一家企业在国外市场曾经取得的成功,来推断企业未来是否成功,需要小心谨慎。更加需要考虑的是,政府的外商投资政策很容易改变,在中国经营的许多外国企业在该市场具有很高的收入增长,但这一状况将会发生改变,比如,中国刚开始对外开放经济时,需要外资,鼓励跨国公司在中国开展业务,并提供很多的优惠和利益,但随着中国对外资的依赖度下降,开始逐渐对跨国公司实施更严格的规定。一些企业高管认为，中国政府正在重新评估其长期以来对外开放经济的重点，并转而倾向于国有企业，通过对跨国公司制定更严格的政府政策和规定，中国政府正在加强国内竞争。

例如，中国官方媒体报道称，政府计划到2015年将国内汽车制造商的市场份额从2009年的44%提高到乘用车辆的50%以上，这将伤害非国内汽车制造商，如大众汽车（Volkswagen AG）和通用汽车（General Motors），它们受益于中国汽车需求的增长，并且在过去报道过高收入增长率。

中国保护主义的另一个例子是风力涡轮机行业，虽然国外风力涡轮机技术优越，但中国风力涡轮机的国外市场份额已从2004年的75%下降到2009年的14%，自2005年以来没有外国涡轮机制造商赢得过全国招标项目。

为了能够了解得更加详细，我们可以使用许多资源来了解在特定国外市场开展业务的困难，也可以通过世界银行了解更多关于在特定国家经营风险的信息，世界银行出版了《营商环境报告》（Doing Business Report），该报告根据在其中开展业务的难易程度对各国进行排名。例如，巴西在2009年的183个国家中排名第127位。

也可以使用国际商业观察（BMI）的《国家风险报告》（Country Risk Reports）等资源了解特定国家的商业环境。这些通常涵盖了每个国家的政治和宏观经济问题以及行业和运营风险。

货币风险　国际收益的一个风险是汇率的变化。例如，如果你在加拿大有一家生产产品的工厂，并将其出售给美国，则该工厂的成本为加元，销售额为美元。如果美元兑加元贬值，企业的利润率就会下降，因为现在每兑换一个加拿大货币，每一美元的价值都会降低。

基于汇率的风险，大多数企业通过对冲的方式，来保护他们对货币变化的风险敞口，这允许企业锁定预定的外汇价格，以用于支付未来的成本或收入，比如远期合约（公司可以提前锁定汇率）是用于减少货币波动影响的最常见工具。基于像远期合约之类的金融工具，你需要确定企业如何保护自己免受货币变化及其对冲的影响，一般来说，财务报告的注释通常会揭示企业如何对冲货币。除此之外，你还可以阅读关于企业如何对冲货币的文章，通过了解更多企业如何对冲货币的信息，衡量其对货币波动的风险量。

例如，通过阅读一篇文章，我的公司了解到林肯电气（Lincoln Electric，一家全球焊接和切割产品的制造商和经销商）制定了一项政策，即一旦风险敞口超过预定阈值，它就会将其至少一半的风险对冲于另一种货币。

此外，很多时候，企业都会披露它对各种货币的风险敞口，例如，路易·威登-酩悦·轩尼诗集团（LVMH，生产和销售奢侈品和烈酒）在其2009年年度报告中披露了以外币计价的收入来源：

- 欧元30%
- 美元27%
- 其他货币28%
- 日元10%
- 港元5%

尽管路易·威登-酩悦·轩尼诗集团对冲大部分货币风险，但这些信息可能会为你提供更多的见解。

大多数企业会在其公开文件中报告货币变化的影响，而大多数时候，对冲产生的影响很小。例如，制表商斯沃琪（Swatch）集团2009年年报显示，外汇对瑞士法郎销售额（1.05亿瑞士法郎或-1.8%）的负面影响主要在2009年下半年。

如果一家企业将其在外国赚取的收入再投资于相同货币，那么它就不需要进行对冲，这通常被称为自然对冲。例如，布鲁克菲尔德资产管理公司（Brookfield Asset Management，一家专注于房地产、可再生能源和基础设施资产的全球资产管理公司）并不对冲货币风险，因为它通常将其从外国赚取的资金再投资到同一个国家，这就减少了货币波动对它产生的风险。

要记住的关键点

了解企业如何赚钱

- 如果不了解企业如何赚钱，就不应该投资它。

- 如果你了解企业如何随着时间的推移而发展，你将会对企业有更深入的了解。

- 如果你在了解一家企业时遇到困难，请思考一个问题：在没有其产品或服务的情况下，客户的世界会是什么样子。

- 为了简化业务描述，找一个最能解释企业运作方式的案例进行类比。

评估当前和潜在的国外市场

- 当一家企业首次进入国外市场，其初始收入增长率往往很高。用这种增长推理未来的情况通常是一个错误，因为新兴市场必然会在某个时候稳定下来。

- 一个致力于国外市场的管理团队会进行长期投资，通过投资研发来适应其市场的特定口味，并为新兴市场指定一个区域经理。

- 管理团队需要做好准备，投入足够的资源以维持国外市场的增长。

THE INVESTMENT
CHECKLIST

第 3 章

了解企业——
从客户的角度

客户是企业的命脉，事实上，企业的质量取决于其客户的质量，他们是决定企业命运的利益相关者。如果客户对一家企业不满意，他们最终会找到替代品，如果不存在替代品，企业家则会创造一个替代品。从客户的角度来看，越是能够了解一家企业，就越有能力评估该企业，因为满意的客户是企业未来收益的最佳预测指标。正如美元商店零售商99美分店的联合创始人戴夫（Dave）和雪莉·戈尔德（Sherry Gold）经常说的，"顾客就是首席执行官"。

了解了客户对于企业的重要性之后，你就要客观地研究企业，但研究企业的一个主要误区是从你自己的角度来看企业，而不是从客户的角度来看企业，这是投资者犯下最多错误的一个方面。大多数投资者允许个人好恶影响他们对企业的分析。例如，如果你真的很喜欢耐克（Nike）的网球鞋，那么你会以更赞赏的眼光看待耐克的业务。但这里请你试着忽视你对企业的感受：你个人喜欢的东西与投资无关。

起初，你需要像客户一样思考，并了解他们如何与产品或服务进行日常互动，你需要采访真正的客户。你需要确定他们为什么会购买其产品或使用其服

● CHAPTER 3 / 第3章

务，最重要的是，需要确定他们是否会继续从该企业购买产品和服务。

例如，当我第一次研究99美分店时，我支付了50多个客户购买的商品，以便征求他们为什么在该商店购物的反馈。99美分店的商品种类繁多，但它实际上更像一家杂货店，它通常销售带有折扣价格的品牌产品，因为制造商会停止制造某些产品，更换标签或进行其他更改，来淘汰旧版本的产品，例如，他们可能会出售带有电影广告或相关广告的糖块：糖块仍然不错，但电影已经下线。我的目标是了解顾客如何决定在99美分店购物，而不是试图猜测他们为什么在商店购物。

作为我研究的一部分，我访问了150家商店中的120家，大约花了4个月的时间，每天在加利福尼亚州、内华达州、得克萨斯州和亚利桑那州参观大约10家商店，因为这些商店往往相距很近，所以走访这么多地方相当容易。尽管没有在每一家到访的商店采访客户，但我确实每天花费时间和5到10个顾客聊天。

首先，我挑选了代表不同种族和经济群体的商店位置，以确保我正在采访一个多元化的完整客户群。一旦进入商店，我寻找购买超过20件商品的人，因为这表明他们经常在商店购物，然后我走上前去，告诉他们我正在研究顾客为何在99美分店购物，如果他们同意就为何购物接受进行一次简短的采访，那么我会为他们购买10件商品。同时，我也在寻找他们在该商店的购物原因和购物频率是否有模式可循，并询问什么会改变他们对在99美分店购物的看法。

我了解到，大多数顾客在商店购物是因为他们可以购买较小的包装尺寸，从而增加了他们购买杂货的种类。这些顾客的预算紧张，所以如果他们经常在杂货店或其他零售商那里购物，他们将被迫购买更少的物品来满足预算，而在99美分店购物，他们能够节省预算。这些信息有助于我了解99美分店的真正竞争优势，一旦了解了它的竞争优势，我就可以仔细监控这种竞争优势是否存在其他威胁，例如是否存在提供更小包装尺寸的竞争对手或提供更少品种公司的竞争对手。

有趣的是，华尔街分析师很少花时间从客户的角度来审视企业，他们花费更多的时间来构建详细的财务模型并与管理团队交谈，而不是试图从客户的角度了解企业。这主要是因为定位和采访客户需要花费很多时间，而对华尔街分析师来说，采访大多数管理团队才是轻而易举的事情。

■ 7. 企业的核心客户是谁

你需要确定企业的核心客户是谁。很多时候，小部分客户将代表企业的大部分收入，例如，全食超市的管理团队曾经透露，他们认为75%的购物行为是由25%专门在商店购物的顾客做出的。我的公司在与客户、供应商、客户人口统计信息服务人员和竞争对手交谈后，进行了尽职调查，因为我们知道这样做将有利于我们识别企业的核心客户。正是这些信息帮助我们在2007年经济陷入衰退时继续购买更多的全食超市股票，而股价从2008年初的每股37美元降至2008年11月的每股8美元。

当时，许多其他投资者认为全食超市是一家高价杂货店，它的客户会为了寻找更低价格的商店放弃它。然而，由于我的公司花时间了解了该企业的核心客户，我们相信这些只在全食超市购物的忠实顾客不会转向其竞争对手，但是他们可能会减少购买的商品数量。在一年之内，我们得到了确认，因为全食超市公开说，销售额没有像投资者预期的那样下降，所以股票价格恢复到每股30美元以上。通过识别企业的核心客户，你能够深入了解企业，并且能够仔细监控客户的趋势。

随着更全面地去了解企业的核心客户，你需要了解企业如何迎合核心客户或者是否尝试迎合更多类型的客户。例如，电子产品零售商百思买（Best Buy）

CHAPTER 3 / 第3章

试图找出哪些客户花了最多的钱购买其产品,然后将其细分,它为每种类型的客户命名,例如富有的科技爱好者"巴里"(Barry),以及年轻的小玩家"巴兹"(Buzz)。通过将客户细分成不同的类别,百思买能够根据该地区客户类型的构成,将其库存分配设定到特定位置,例如,为了吸引巴里,百思买为家庭影院系统创建了一个独立的部门,专家们可以回答关于产品的大多数问题。百思买还培训其员工认识这些客户,以便员工可以鼓励他们在商店消费更多,或者成为频繁购买的回头客。

帕卡公司(Paccar Inc.)是一家重型卡车制造商,它是一个围绕核心客户——自营业主,而组建产品的成功例子。自营业主购买他们驾驶的卡车时,会把大部分时间都花费在车上,因为他们为自己工作——直接与托运人签订合同或与大型卡车公司分包,所以,自营业主首先关心卡车质量,并希望具备便利设施,如带豪华床上用品和内饰的隔音休息空间,他们也希望卡车外形出众。了解了客户的需求后,帕卡则让它的彼得比尔特(Peterbilt)和肯沃斯(Kenworth)品牌卡车具有外观特征,以取悦这些顾客,帕卡公司还通过诸如路边援助和快速备件网络等服务功能为驾驶员提供支持。由于自营业主想要帕卡公司提供的这种质量和服务水平,以至于他们对价格不敏感,即他们将为这些品牌多支付10%的费用。

相比之下,帕卡的竞争对手,出售的对象是大型卡车租赁公司或经营大型车队的客户。由于这些客户想要大量购买,他们便可以进行谈判,以较低的价格进行购买。通过选择更加分散和明智的客户群,帕卡避免了以较低的价格出售其卡车,从而使其与竞争对手相比获得更高的利润。

8. 客户群是集中化还是多元化的

与拥有集中客户群的企业相比，从多元化的客户群中获得收益的企业风险较小。如果企业依赖于少数客户，那么这些客户可以影响企业对商品或服务收取的价格，而一个客户的损失可能会产生严重的财务后果。

例如，市场中有成千上万的汽车供应商，但只有几十个巨型汽车制造商，因此，即使是最多元化的汽车供应商也会损失一些汽车制造商的客户，那么汽车供应商在其他地方构建这项业务也很困难，因为只有几十个巨型汽车制造商，最终汽车供应商可能破产或失去大量收入。

如果一家企业来自一个客户的收入超过了总收入的10%，那么来自这个客户的收入数额和客户名称一定会在10-K报表中披露。例如，柜子制造商美国伍德马克（Woodmark）在2010年6月30日的10-K报表中指出：

在上个财政年度，美国伍德马克公司有两个主要客户，家得宝（Home Depot）和劳氏公司（Lowe's Companies, Inc.），截至2010年4月30日，它们在财政年度总计中占公司销售额的大约71%，而损失任何一个客户都会对本公司有重大的不利影响。

如果一家企业拥有更多元化的客户群，那么这家企业可能甚至不会将此称为风险。相反，它可能会说自己的企业不依赖于少数的客户。

此外，你需要注意客户集中度的趋势。例如，由于许多百货公司倒闭，服装制造商丽资克莱本（Liz Claiborne）与特定零售商的接触更加紧密，这增加了丽资克莱本对少数客户的依赖，比如梅西百货（Macy's），它现在占有丽资克莱本的大部分销售额。

9. 劝说客户购买产品或服务的企业，是否具备优势

一些企业会考虑采用激进的销售策略（如时间压力）来销售其产品或服务，比如你会经常看到这样的商业广告，"现在注册，否则就会失去一生的机会"。如果一家企业需要依靠这些激进的销售策略，那么该产品或服务不会基于企业优势而出售，而是在于销售人员的聪明才智。依靠高压销售策略销售其产品或服务的企业通常没有可持续的商业模式，并且通常对客户不利。

10. 企业的客户留存率是多少

我们还可以通过研究一家企业是否能够留住其客户，或者客户是否经常转移，来深入了解企业。客户被企业留住的时间越长，企业就越有利可图，一个原因是我们中的大多数人都承认，获得新客户比保留重要客户更昂贵；另一个原因是忠诚的客户群会产生更多可预测的销售额，从而提高利润。同时，客户还会经常担任业务的倡导者，从而带来新客户和更多销售额。从长远来看，花费时间培养与客户长期关系的企业更有可能取得成功。

客户留存率是跟踪客户寿命的最常用指标，它通常以百分比的形式提供，告诉你企业从一段时间到另一段时间的客户数量。不幸的是，你只能计算或追踪某些类型的企业客户留存率，例如，金融研究解决方案提供商FactSet研究系统（FactSet Research Systems）公司在2010年8月31日发布的10-K报表中，披露其客户留存率为90%，而上一年同期为87%。

此外，如果通过订阅模式赚取收入的企业不公开其客户留存率，那么，这应该成为一种危险信号，这可能表明他们的客户留存率较低，使其成为劣质投资。

当然，你可以使用一种方法来估算客户留存率，即监控注册忠诚计划的客

户数量。如果一家企业有忠诚计划，它通常会在10-K报表中公布注册忠诚计划的客户数量，而注册忠诚计划的客户通常是回头客。

例如，西联汇款在2009年12月31日10-K报表中表示，其金卡忠诚计划中有超过1300万活跃持卡人，比2003年推出计划时增加了10倍。此外，你也要观察忠诚计划数字的下滑，因为这可以作为客户留存率下降的指标。

你还应该了解企业是否会为保留客户而进行投资，你可以常向企业相关部门咨询这个问题，或者通过阅读关于企业的历史文章来获得见解。例如，当我研究乐购（Tesco）这家领先的英国食品杂货商时，我阅读了许多关于乐购（Tesco）致力于保留客户的案例，比如，为了更多地了解客户，乐购（Tesco）开始发行会员卡，乐购（Tesco）发行的会员卡与大多数卡一样，用于追踪顾客行为，包括去过的店铺、购买的产品，甚至是付款方式。随后，乐购（Tesco）将其分析结果用于产品开发和选择，这有助于当它进入新区域时满足当地的口味。

通过采访企业的销售人员，来了解是否存在保留现有客户的动机，也很有帮助，但采访中你不需要与许多销售人员交谈，因为你的目标仅仅是了解他们的激励结构与客户保留的关系。找到大多数销售人员很容易，因为他们的联系方式通常在网站上可以找到，给他们打电话或发邮件告诉他们你想要他们花上几分钟的时间，并且很乐意与他们分享你的研究成果。同样，你也可以致电或发送电子邮件给投资者关系部门，并向他们提出这个问题。

采访销售人员时，可以了解到你想要的信息，比如销售人员是否因留住客户而获得奖励？或者他们在进行销售和与客户续订时是否收到佣金？或者他们是否只有在进行销售时才收到佣金？你都可以在此询问，例如，每当客户与现有保险承保人更新保险单时，保险代理商通常会获得佣金，因此，保险代理商有保留客户的动机。如果保险代理商在向顾客出售保险单时才获得佣金，你认为接下来会发生什么？他们需要走出去，不断寻找新客户，他们所有的时间和精力将专注于这一目标。这就是为什么保险公司在客户购买保单时以及更新保单时支付佣金，其最终目的是为代理商留住客户提供激励。

评估客户留存率时要考虑的最后一个因素是，企业是否有选择性地考虑与其开展业务的客户类型。如果他们有选择性，那么这是一个好的现象，如果因为某些客户更容易吸引或更容易留住而获利更多，请寻找专注于这些更有利可图的客户的高质量企业。

例如，FactSet研究系统公司倾向于将其服务出售给多重经理人资产管理公司，而不是单一经理人资产管理公司。FactSet研究系统公司认为，向同一屋檐下的相关客户销售自然比向全新的潜在客户销售要容易，潜在客户不太了解公司产品的质量和其为用户提供的支持水平。通过向多重经理人公司销售产品，FactSet研究系统公司可以向相关客户销售更多产品，而不必进行难度更大的单一用户销售。

■ 11. 企业以客户为导向的标志是什么

企业与客户交互越频繁，保持客户满意度就越重要。如果一家企业与客户的交流较少，那么客户满意度就没那么重要了，例如，企业问客户"你多久更换一次洗碗机？"客户回复"可能不经常换"，所以糟糕的客户体验可能不如洗碗机的长期性能重要。

仔细想想，企业做生意是否容易，或者想想你在不同企业的经历，你可以问问自己，你难道不喜欢经常与那些易于开展业务的企业合作吗？我想你的答案是：当然喜欢！例如，如果你在好市多（Costco）购买电视机却无法使用，不需要多考虑，你就可以轻松地将其退回。你不必联系主管来解释你为什么要退回该物品，或花费大量时间处理冗长的文书工作。

相反，想想当你购买产品或服务时公司给你提供折扣的情况，完成收取折扣所需的许多步骤，可能会降低节省这笔资金的乐趣或满意度。或者想一下你最后一次在自动电话系统中花费5分钟时间试图找出如何联系人工客服的情况。

你需要确定一家企业是否具有面向客户服务的文化，这很重要，因为客户不会忠于那些客户服务质量差的企业。最近的一项研究发现，40%有糟糕经历的客户不再与所合作的公司开展业务。

了解企业能否快速轻松地解决客户的问题，你可以通过企业是否为其客户服务代理提供足够的权力来解决客户问题，或客户是否必须通过死板的管理制度来解决问题，以及企业是雇用有知识的员工，还是将其客户服务中心外包给其他国家等方面进行了解。

除此之外，你需要寻找关于企业或客户访谈的文章，来证明企业是以客户为导向的。例如：

- 好市多的做法是拒绝将任何产品的价格上调超过15%。事实上，当许多商品的价格开始下跌时，好市多迅速降价，而其他零售商则利用这种情况，保持高价。首席执行官吉姆·辛内加尔（Jim Sinegal）说："提价很容易，它会让你今天受益，但明天就会伤害你，这种利用客户的做法最终会让他们渐行渐远。"

- 美国西南航空公司（Southwest Airlines）不向客户收取托运两件行李的费用，而其他航空公司则采取行李收取费用的手段来弥补收入的减少。这项政策帮助西南航空公司增加了顾客量和每个座位收入，因为客户已经离开其他航空公司，转而投入西南航空的怀抱。

另外两大优势资源是美国密歇根大学国家质量研究中心开发的J. D. 鲍尔（J.

D. Power & Associates）客户满意度排名和美国顾客满意度指数（ACSI）。ACSI评估客户对40多个行业的约200家公司以及一些公共组织购买的商品和服务的满意度，它基于每年采访65,000多名美国消费者的数据，涵盖了大部分生产和进口商品和服务。事实上，密歇根大学国家质量研究中心估计，其研究的组织贡献了美国国内生产总值（GDP）的43%。

他们对16年以上数据进行分析后，有了一些发现，即客户满意度是公司财务业绩的领先指标，许多客户满意度高的公司，其股票收益率高于标准普尔500指数。此外，他们还发现，客户服务评价较高的企业的现金流比其他企业的现金流波动更小。

管理层如何与客户保持紧密的联系

可以通过观察管理层如何保持与客户的联系，来评估企业如何以客户为导向。一般来说，管理层距离客户对企业的需求越远，企业失败的可能性就越大。

阅读委托书的档案部分，可以确定首席执行官或高级管理人员为特定客户群服务的时间长度。例如，思科首席执行官约翰·钱伯斯（John Chambers）通过公司在面向客户服务功能方面的排名而晋升，因此，他了解客户体验的重要性。相反，如果他通过金融、工程或制造部门晋升，那么他很可能不会将重点放在客户体验上。

全食超市的创始人兼联合首席执行官约翰·麦基（John Mackey）以及99美分店的联合创始人戴夫和雪莉·戈尔德都是他们各自企业的自然客户。麦基创立了一家有机食品杂货店，因为他喜欢吃有机食品；戴夫和雪莉·戈尔德共同创办了一家折扣零售商店，因为他们总是喜欢寻找便宜货。

除了以上的案例，这里还有一些首席执行官如何贴近客户的例子，你可以从正在分析的企业中寻找类似的例子：

狩猎和户外连锁店卡贝拉（Cabelas）的联合创始人吉姆·卡贝拉（Jim Cabela）通过亲自阅读从每家商店发送到总部的所有客户评论卡片来拉近与顾客的距离，然后，他让店内合适的经理或员工追踪顾客的意见。

霍华德·莱斯特（Howard Lester）是另一位阅读每一封客户信函和评论卡片的首席执行官，于1978年购买威廉姆斯-索诺玛（Williams-Sonoma，一家高档家庭用品和家具零售商），莱斯特并没有仅仅根据库存周转等指标来衡量业务的成功，而是根据客户指标来衡量，例如"我们昨天没能让多少客户满意"。

最后，这里举几个例子说明企业如何与客户保持密切联系，并尝试从客户的角度来看产品。你经常会看到有关企业如何贴近客户的文章，而以下是你可以在案例研究或其他文章中找到的一些详细信息的示例：

在宝洁（Procter & Gamble）公司，负责蜜丝佛陀（Max Factor）和封面女郎（Cover Girl）品牌的经理花了一周时间按照低收入消费者的预算生活，这个方式让管理人员洞察了这些客户的生活，特别是他们在购买个人物品时如何预算。

税务筹划软件公司财捷（Intuit）经常研究在家或工作中实际使用他们产品的客户，来更多地了解客户究竟怎样使用他们的产品。

■ 12. 企业为客户解决了哪些问题

风险投资家向潜在的初创企业提出的最常见的一个问题就是："你的企业为客户减轻了哪些痛苦？"因为风险投资家想要了解企业家正在解决哪些问题以及企业填补了哪些客户需求，如果企业没有满足需求或解决客户的问题，那么它就会失败。以下是解决特定客户问题的两家公司的例子：

- 斯泰瑞赛科（Stericycle）是一家医疗废物处理公司，可帮助医生和其他医疗机构避免处置医疗注射器和其他医疗废物带来的潜在责任。
- ADP（Automatic Data Processing, Inc）是一家薪资和人力资源管理提供商，可以无须聘用内部员工来处理工资管理问题。

正如这些企业帮助客户解决问题一样，你需要确定你分析的企业正在解决的问题。

13. 客户对企业产品或服务的依赖程度如何

要回答这个问题，你就要确定产品或服务对客户来说是否"需要"或"可以拥有"，客户越是需要一个产品或服务，企业的收入波动就会越小，而产品或服务被需要的随意性越高，企业的收益波动就越大。

如果一家企业拥具有依赖于其产品或服务的客户，它就具备显著的优势。考虑下面一连串客户需求程度递减的内容：

- 需要。一个极端是由美敦力（Medtronic）生产的产品，其创建了人们没有就无法生活的医疗设备，例如植入式心脏起搏器。
- 需要，但不急切。中间可延期，但有时需要购买的产品或服务，例如汽车维护。毕竟，如果你不换车里的机油，最终电机会罢工。
- 可以拥有，但不重要。另一个极端是可选产品和服务，客户的依赖性较低。这些物品是消费者可以长期推迟购买（甚至可能根本不购买）的产品或服务，例如珠宝、新车、新房或旅行。

但是，不要假设一个随意性强的企业或行业在艰难时期总会失去生意。例如，人们认为许多奢侈品零售商［如路易威登（Louis Vuitton），或拥有卡地亚（Cartier）、万宝龙（Montblanc）、登喜路（Alfred Dunhill）和梵克雅宝（Van Cleef & Arpels）的瑞士历峰集团（Richemont）］对商业周期敏感，并且当2007年经济衰退时股价下跌。然而，这两家公司的股价在下降之后，迅速反弹，因为他们的超级富豪核心客户维持了他们的消费习惯，销售额没有像预期的那样下降。

■ 14. 如果某家企业明天消失，会对客户群造成什么影响

要了解客户对企业的依赖程度，你可以试问，如果明天有一家企业消失，它的客户会做什么。试想一下，如果你最喜欢的零售商消失了，你会怎么做，你会很容易地找到替代品吗？

例如，当我采访评级机构穆迪和标准普尔的客户时，我曾与保险债券部门和对冲基金等客户进行了会谈，我问他们如果明天评级机构消失，他们会怎么做。大多数人回答说，他们将很难购买新债券，这会严重破坏他们的日常生活。换句话说，大多数客户都依赖这些评级公司提供的服务。

要记住的关键点

- 企业的质量取决于客户的质量。
- 研究企业的主要误区之一在于从你自己的角度看企业，而不是从客户的角度看企业。

- 从多元化客户群中获得收入的企业比拥有集中客户群的企业风险更小。

- 企业与客户互动越频繁,客户满意度就越高。你可以通过J. D. Power & Associates或美国顾客满意度指数(ACSI)的研究,了解企业是否具有以客户为导向的文化。

- 如果企业与客户脱节,或者未能满足他们的需求或解决他们的问题,企业最终会失败。

- 客户越需要一个产品或服务,企业的收益波动就会越小。要了解客户对企业的依赖程度,就思考这个问题:如果明天这家企业消失了,客户会做什么。

THE INVESTMENT
CHECKLIST

第 4 章

评估企业和行业的优劣势

除了从客户的角度了解企业之外，在竞争环境的背景下，分析企业的优势和劣势也非常重要。企业的竞争地位越强，它能够维持目前的收益以及在未来增长的可能性就越高。毕竟，竞争优势代表了公司能够长期保护自己，以免于竞争对手的冲击。这就像摔跤比赛一样，当你比对手重50磅时，也就不怕对手了。

一旦你确定公司是否具有竞争优势，你就会想去了解这个行业是否是一个好的行业。在一些行业中，企业获得良好的投资回报相对容易，但在其他行业中，历史回报率为负值。如果这个行业运营很困难或无利可图，那么即使你从这个行业的几十个或几百个公司中挑选出最好的公司，你也会发现投资赚钱更困难。

最后，你可以去了解行业供应链的运作方式。良好的供应商关系可以提高货物源的效率和可靠性，所以我会引导你了解如何评估供应商关系、供应链效率和供应链风险源。

让我们从评估一家企业是否具有可持续的竞争优势开始。

15. 企业是否具有可持续的竞争优势，其来源是什么

确定企业是否具有长期保护自己免于竞争对手冲击的能力，也称为确定企业是否具有可持续的竞争优势，这是至关重要的。对于企业获得长期成功和发展良好并保持盈利的能力而言，关键在于这种能力或优势是否可以持续，比如企业受到政府监管保护的时候。如果你无法确定企业是否具有可持续的竞争优势，那么你很难致力于对一家企业进行长期投资。

如果你确实找到了具有优势的企业，确定其竞争优势的能力和持续力，对你而言至关重要。因此，当你分析一家企业时，你总是应该问这两个问题：

- 其他人复制或取代这一优势的难度如何？
- 他们多快能做到这一点？

公司的优势越是可持续的，公司就越有价值，因为公司可以在更长的时间内保护其盈利能力。晨星公司前研究部主任，《巴菲特的护城河》（*The Little Book that Builds Wealth*）的作者帕特·多尔西（Pat Dorsey）说：

> 我认为护城河（竞争优势）与内在价值之间的联系是，护城河能够使在护城河内有大量再投资机会的企业增值。一个拥有大量"护城河内的"投资机会的企业比没有竞争优势和再投资机会的企业具有更高的内在价值，因为前者复合现金流的效率很高，而后者则被迫在次优机会下使用现金。
>
> 例如，微软公司的护城河可能会给投资者一定程度的信心，投资者会认为微软核心业务的资本回报率将保持不变，但由于公司核心业务已经

成熟，生成的现金只存在于资产负债表或投资到"护城河外的"搜索领域（如"必应"），它的增值效果甚微。相比之下，像在分散行业中运作的快扣（Fastenal）或C. H. 罗宾逊等企业的护城河，增加了巨大的内在价值，因为现金可以以非常高的收益增长率再投资于核心业务。增长、护城河和内在价值之间的这种关系是理解何时真正值得为企业付出代价的关键。

本节将帮助你确定竞争优势的来源，并为你提供现实社会中正在扩大或退化的竞争优势案例。让我们从确定竞争优势的共同来源开始。

竞争优势的共同来源

为了帮助你确定竞争优势的来源，我借鉴了晨星公司的几个概念，该公司将这些概念作为其股票分析的基础。帕特·多尔西将竞争优势的来源分为四类（多尔西将品牌忠诚度、专利和监管许可统称为无形资产），我将其分为六类：

1. 网络经济
2. 品牌忠诚度
3. 专利
4. 监管许可
5. 转换成本
6. 由于规模、位置或独特资产而产生的成本优势

让我们详细看看每个来源。

来源#1：网络经济　企业最强竞争优势的来源之一是网络经济。如果更多的客户使用它，其产品或服务就会变得更有价值，那么企业将从网络经济中受

益。当电话首次出现时，并不是每个人都有电话，但随着更多的人获得和使用电话，网络变得更有价值。客户成为了服务本身的一部分（网络上的另一个节点），这意味着能够连接更多人。

脸书（Facebook）的情况也是如此：当只为大学生服务时，它的价值对于非学生来说较低。后来由于它的客户已经发展到非学生，甚至已经变得对中老年人更有价值，那么更多的客户会再次创造更多的连接和访问，以及更多的价值。

分时度假交换公司Interval Leisure是受益于网络经济的另一个公司。当一个人购买分时度假时，他通常希望能够在其他时间和地点交易他特定的一星期假期。分时度假交换公司为这些交易的分时度假客户提供了一个网络。客户支付预付费就可以加入分时，可以访问网络中的所有其他分时度假交易商，那么，更多的客户就意味着存在更多的地点和时间可供选择。分时的网络优势对另一个客户——分时度假开发商也很重要，他们知道，如果自己是网络的一部分，出售分时度假并保留自己的客户要容易得多。

想要把握住网络优势，你需要密切关注用户的数量和质量。即便你看到用户数量在不断增加，但更有价值的用户转移到了另一个网络，那么，这可能意味着优势正在退化。

优势扩大的案例 货币转账企业西联汇款一直在增加其网点的数量。2002年，西联汇款有151,000个营业网点，但到2009年底，已增至410,000个。重要的不是网点的数量，而是其质量。西联汇款已经能够与世界上一些最优秀的代理商（如超市、便利店连锁店、邮政系统或银行）签署独家五年协议，当然，最优秀的代理商是那些产生最多通信量的代理商。这使得西联汇款网络对于想要汇款或收款的顾客来说，更具有价值，因为他们拥有更多的网点可以收汇款。同时，西联汇款的客户越多，西联汇款对其代理商就越有价值，因为西联汇款与其竞争对手相比，能够为代理商提供更多的客户。

相比之下，西联汇款（Western Union）最近的竞争对手是速汇金国际有限公司（MoneyGram International Inc.），该公司拥有200,000个网点［不到西联汇款（Western Union）公司410,000个网点的一半］，仅处理西联汇款（Western Union）客户总金额的四分之一。它的网络较弱，因为它为代理商提供的客户资金少，并且为客户提供的优质地点也更少。

优势退化的案例　网络效应并不总是可持续的。你能猜到美国第一个第三方的收费卡是哪一个吗？大多数人会回答美国运通、发现、维萨或万事达卡，它们共同占据了当前信用卡消费的大部分。然而，正确的答案是大莱卡（Diners Club），它在20世纪50年代推出第三方签账卡业务时催生了一个新行业，并且拥有最多数量的商家和用户；事实上，它非常成功，以至于美国运通一度甚至考虑将其签账卡业务出售给大莱卡！

然而，在接下来的几十年中，竞争对手的涌入把大莱卡挤到市场的小角落里。大莱卡的竞争对手通过签约新的商家和客户，成功地建立了自己的网络。虽然大莱卡坚持将签账卡作为其传统业务，但信用卡则为人们提供了更多的吸引力和实用性。竞争对手通过增加客户数量（为他们提供免费卡）抓住了机会，然后让他们吸引最好的商家。如果你一直密切关注竞争对手与大莱卡对抗过程中的持卡人数量、商家和交易量，就能看到大莱卡网络早在其第一大竞争对手跳出来之后几年就开始衰落。

其他网络退化的例子，可能还有社交网站"我的空间"（MySpace），虽然它是美国最受欢迎的社交网站，但它很快就被新来的脸书所超越。在2008年12月，脸书的用户不到6000万，而"我的空间（MySpace）"的用户接近8000万。然而仅在一年后的2009年12月，脸书拥有超过1亿用户（增加4000万），而"我的空间（MySpace）"的用户接近6000万（下降2000万）。

来源#2：品牌忠诚度 当客户忠诚于品牌并且企业可以为品牌收取溢价时，品牌可以为企业战胜竞争对手带来巨大的优势。这通常涉及企业的定价能力。品牌实力导致竞争优势会因产品或服务的类型而异。例如，浴缸和淋浴配件的品牌忠诚度就低于饮料。

首先询问客户这个品牌代表什么意思。某些品牌名称就暗示了用户体验，例如：

- 四季酒店（Four Seasons Hotel）的品牌意味着客户将获得至高无上的服务。因此，它可以为酒店收取更高的费用。
- 诺德斯特姆公司（Nordstrom）以其周到的客户服务而闻名，例如退货政策，周到的服务可让客户退回所购买的任何商店里的任何物品。
- 星巴克（Starbucks）因在温馨的氛围中供应优质咖啡而闻名。

要打造品牌，企业必须不断加深消费者心中的品牌印象。一旦企业停止对消费者心中的品牌进行投资，那么，品牌价值可能会下降。当管理层开始削减开发、营销和促销费用以节省开支时，就可以看到这一点。这导致品牌以短期节省的代价遭受长期身份的损失。

在其他情况下，管理层会通过对产品的价格进行打折，来销售多余的库存，但这可能会导致品牌价值在顾客心中慢慢降低。例如，与竞争对手古驰（Gucci）相比，奢侈手袋制造商路易威登能够连续以更高的价格出售手袋，因为路易威登通过避免超支的状况来提高产品价格，打造品牌，而不是通过打折销售的方式。相比之下，古驰则更频繁地进行存货打折。路易威登首席执行官圣·卡斯利（Yves Carcelle）说："我们从不廉价出售，就算其他品牌都打折了，我们也绝不会这样做。因为当客户购买我们任意一种产品时，他们不希望在3周后看到这件产品打折，所以我们不这样做。"

汤米·希尔费格（Tommy Hilfiger，美国服装品牌）是另一家在削弱其品牌时受到影响的公司。多年来，汤米·希尔费格利用其红白蓝三色旗帜和商标，制作了高档的图像。但是，当该公司广泛接触中产阶级消费者时（之前，他们偶尔进入该市场），该品牌影响力度就会被削弱。这导致它失去了作为一个大品牌的地位。于是，汤米·希尔费格开始从传统的校园风格转变为嘻哈形象，虽然这有助于汤米·希尔费格将销售额从1998年的8.47亿美元增加到2000年的19亿美元，但最终疏远了许多客户。随着销售额的增加，汤米·希尔费格的股票价格在1999年7月达到顶峰，每股40美元，但随着客户的流失，在该公司于2006年5月10日被私人收购时，股价跌至每股16.60美元。

最近，私人标签产品（PLs）已被证明对曾经的杂货、家庭用品和非处方药品领域强大的民族品牌，构成了巨大威胁。根据自有品牌制造商协会的统计，"在美国的超市、药品连锁店和大规模商品销售商中，私人品牌现在几乎占了每四件产品中的一件。"在美国和其他许多国家，产品的品牌可以用来轻松比较某些物品，如食物和药物。对于这些具有私人品牌的产品来说，生产、营销和促销的成本通常较低，而零售商则因其销售利润率较高而受益。在某些情况下，全国性品牌不得不降低价格以保持竞争力。

许多私人标签的产品不仅仅更便宜，而且质量更差。随着私人标签的产品在多个价格点和质量水平（特别是优质水平）的出现，这些多层次的产品已经获得了可观的市场份额：事实上，2010年，尼尔森的一项研究显示，私人品牌已经占据了17%的市场份额。相比较高露洁（Colgate），私人标签品牌售卖出了更多的漱口水和洗碗皂，而食品包装和垃圾袋的出售，也比高乐士（Clorox）更高，这个结果令人欣喜。但是，也有一些产品受到的影响较少，2010年尼尔森研究也发现，私人标签品牌的市场份额从乳制品的40%到酒精饮料的不到1%不等。

来源#3：专利 专利可以成为保护品牌的方式之一，因为它们在17到20年内从法律上保护了产品或服务免于竞争对手的冲击。确定专利是否会为企业带来价值的最好方法，是了解它是否具有任何产品或许可收入能够证明自身的商业价值。毫不奇怪，制药公司拥有极其宝贵的专利：例如，辉瑞制药（Pfizer）的立普妥（Lipitor）药品系列专利，是辉瑞制药四分之一销售额的基础，约为110亿美元。2009年，芯片组设计公司高通（Qualcomm）的109亿美元收入几乎都与其在码分多址（CDMA）和3G手机网络技术方面的专利有关。

研究和了解制药行业的专利很容易，因为专利中有很多关于药物潜在市场规模的信息，也就是说制药行业的专利信息，大部分在流通于市场的药物中。而基于技术的专利，便难以评估。例如，特信华科技（Tessera Technologies）已获得专利技术，使笔记本电脑和手机等设备能够在产品中含有更多硅，我们很难分析将来该公司会制造多少此类产品，以及哪些产品将采用特信华的专利技术。

尽管它们提供了保护专利的方式，但专利的使用寿命有限，需要加以注意，不要为其分配太多的价值。奥本大学商学院院长保罗·波勃罗夫斯基（Paul Bobrowski）曾开玩笑说，专利与他的黑漆皮鞋一样有价值。《公司》杂志（*Inc.*）的记者大卫·弗里德曼（David Freedman）解释说："问题在于对长期的专利加以保护并不实用，因为新技术将取而代之。因此，一个行业中存在的创新或技术变革越多，专利作为可持续的竞争优势保护来源的价值越低。"

来源#4：监管许可 监管许可和批准还可以通过限制竞争来创造可持续的竞争优势。例如，西联汇款受益于旨在禁止洗钱的法律制度。

如果优势的来源是监管，那么，你可以花时间密切监控来自监管实体的立法威胁，无论是在华盛顿还是在州或当地政府办公室。密切监控影响立法的说客，可以访问整体上支持或反对某行业团体的网站，或阅读关于新法律或立法变更对行业产生的影响的文章。

首先，确定许可或批准是否由州、地方或联邦政府颁布，还是两者联合管理的。接下来，确定每个监管实体对企业施加的权力类型，以及对商品服务价格或企业可以出售的产品量的管控能力。竞争优势的力度取决于监管实体对企业产品定价具有多少权力。如果监管实体对企业向客户收取的价格进行控制，则竞争优势较弱。多尔西使用的是一个公用事业公司的例子，多尔西比较了一家公用事业公司与一家制药公司，前者向客户的收费受到直接监管，而这家药企，虽然FDA对其安全性表示担忧，但并不控制售价。

区域性赌场佩恩国民博彩（Penn National Gaming）在其经营赌场的各州都受监管，为了评估佩恩国民博彩的竞争威胁，你需要查看各州立法情况。州立法机关通常会批准每个州内的博彩业务，然后每个州通过博彩委员会（例如俄亥俄州赛马委员会，宾夕法尼亚州博彩控制委员会或缅因州博彩控制委员会）对赌场的许可进行监控。这些委员会批准在该州的某个地理区域内允许的老虎机或桌游的总数。委员会还设置了赢钱比例（即允许从客户那里赢得的金额）：例如，老虎机操作盈利6%到10%。该州还规定了赌场收取的博彩收入税率。例如，马里兰州对博彩行业收入征收67%的税，而内华达州征收6.5%的税。如果该州决定减少赢钱比例或提高税率，这将降低佩恩国民博彩的盈利能力。

另一方面，如果某个州批准增加现有赌场的新老虎机或桌游，那么，盈利能力可能会增加，正如西弗吉尼亚州允许佩恩国民博彩向其赌场增加桌游时所做的那样。如果某个州正在考虑增加税率或允许更多的博彩行业，这些信息可以在监管委员会中找到。所以，你需要密切关注这些州颁布的许可实体，以及许可实体的任何更改，以了解这些更改会对盈利产生何种影响，无论是正面影响还是负面影响。

受联邦级监管的企业还有一个更大的风险，那就是单一许可制度的变化会影响整个企业盈利，但大多数本地或州监管的企业，只会有一定比例的业务受到每次许可制度变化的影响。

例如，营利性教育行业由联邦政府通过美国教育部（ED）进行管理。教育部制定了这个行业需要遵循的标准，但是单一许可制度的改变可能会对该行业未来的盈利能力产生灾难性影响。例如，教育部正在制定营利性机构学生获得联邦学生贷款所须满足的标准，而这会影响这些机构超过70%的收入。在2009年，教育部认为如果他们未能达到这些标准，就不会向营利性大学提供贷款。可见，这些许可制度的变化可能会对一些营利性大学造成灾难性影响。

来源#5：转换成本　为什么你不会购买同等质量下价格更低的产品，或是相同价格下质量更好的产品呢？答案是，更换产品可能会产生额外的成本，或者你坚持获得的收益会减少。这些通常被称为转换成本，就像你在更换手机供应商时所引发的成本一样。

转换成本的强度等级，取决于产品或服务渗透到客户的需求程度或使用它所需的培训量，培训量也就是客户花费在产品上的培训程度，想想你在学习新软件时要面临多少培训，如果企业在更换产品时不得不重新培训自己或员工，则会出现转换成本。

例如，高端金融和交易信息提供商彭博（Bloomberg）通过大量培训将其服务渗透到客户，因此这些客户改变并花时间学习其他产品是没有意义的。对企业来说，额外的培训时间比转换成低价竞争所节省的成本还重要。此外，由于其许多客户都是交易商，与其交易规模相比，每年可节省数千美元的较低成本服务，所带来的好处很少。最后，当客户学习任何新系统时，也有可能出现错误。

为了解转换成本提供的优势是否在减少或改善，需要密切关注公司的客户留存率。例如，布莱克伯德公司（Blackboard）是向教育机构提供软件应用程序和服务的领先供应商。该公司的软件能够让学生在传统课堂环境之外，与老师、同学以及课程材料进行交流互动,增强了学习体验。布莱克伯德公司的产品每天由学生、家长和管理员使用,并且该软件深深植入学校的其他信息系统中,例如,教授可以在班级网站上发布数字材料。而布莱克伯德公司的高客户留存率,也反映了企业与客户之间的嵌入性或黏性。对于其超过90%的产品而言,布莱克伯德公司的客户留存率大约是最接近该公司的竞争对手的5倍,但是,如果这一留存率开始下降,这可能表明布莱克伯德公司的竞争优势正在遭到威胁。

来源#6:成本优势 成本优势包括诸如规模经济和有利位置等因素。成本优势越结构化,就越具有可持续性。例如,通过将呼叫中心转移到印度来降低成本,这将提高企业的发展优势,但大多数竞争对手也可以通过同样的做法来缩小这一优势。

规模经济是一种更具结构性的优势。随着已投入固定成本的企业在持续增长,其单位成本也在下降。这样,与竞争对手相比,它可以为其产品或服务收取较低的价格。这就扩大了竞争优势并使其更具可持续性。

企业根据规模经济创造优势的方式多种多样,其中包括通过整合分散的行业等方式来提高效率。

通过行业整合获得成本优势 在大型且分散的市场中,尤其是那些已经商品化的市场中,经常可以看到具有低成本优势的企业获得市场份额。市场份额越高,客户的选择越有限,这使得市场中优势企业更具有优势。

例如,实验室公司(LabCorp)和奎斯特(Quest)在实验室测试业务的整合中都扮演着重要角色。在20世纪90年代初期,有七八个国家实验室公司都进行了相同类型的测试。随着实验室测试补偿逐渐落入健康维护组织(HMO),健康维护组织要求降低价格。实验室公司和奎斯特收购了其他业务以实现规模经济,并与健康维护组织签约以提供较低的定价。虽然最终客户可以选择使用其他实验室，但是实验室公司和奎斯特已经达到的规模，使其竞争对手难以对产品的定价进行匹配。其他实验室很快发现，他们的现有客户不希望为非合同测试支付更高的共同支付费用，从而导致其他实验室竞争失败。

通过良好的地理位置获得成本优势 只要企业具有竞争对手无法轻松复制的地理位置，就可以为企业带来成本优势。例如，美国某些地区的水泥厂在住房和公共建设对当地水泥需求增加的情况下就能获利。因为建造新的近距离的水泥厂很困难，而且由于重量因素，远距离输送水泥的效率较低，所以这些水泥厂的价格能够比大多数竞争对手的价格还要低。

最佳的可持续竞争优势是结构性的

当客户在很长时间内可以选择使用的产品或服务很有限时，竞争优势很可能是结构性的。结构性竞争优势可能是监管、优质地理位置或更好的分销网络的结果。例如，想想你的小区里具备便捷通道、可见度和良好位置的房地产，那么，这个位置通常将能够向零售商收取更高的租金，因为它位于众多顾客前来购物的好地段。

识别结构性竞争优势的最好方法是从客户选择的角度来看它：可供客户选择的产品或服务是否有限，还是客户有多种选择？例如，如果你要购买婴儿配方奶粉，则仅限于两种主要产品：美赞臣和雅培奶粉。相比之下，在选择餐厅时，你有无数的选择。

结构性的优势通常是最可持续的优势。基于结构特征的竞争优势越多，企业对管理执行等因素的依赖程度越低。例如，债券评级公司穆迪和标准普尔都具有强大的结构性竞争优势，因为政府限制了通过监管发布评级的公司数量，因此他们更少依靠良好的管理。相比之下，一家餐厅（零售业，从整体上来说）在管理水平上有很大的依赖性，因此他们的结构性优势更少。

为什么很难找到具有持续竞争优势的企业

对于大多数企业来说，竞争优势在很长一段时间内是不可持续的。竞争优势总会到期。即使企业看起来很优秀，并且创造了最强大的财务指标，它也可能处于失败的边缘。如果一家企业不能成功创新和自我保护，那么竞争对手总会存在并且威胁你。

例如，索尼（Sony）了解到，当它创造一种新产品时，其他消费电子产品制造商在不到一两年的时间里就可以仿制该产品。因此，当管理团队决定如何进行产品定价时，他们将其定价在18至24个月内能够收回投资的水平。

大多数优势都是暂时的，例如，当企业推出优于竞争对手产品的新产品时，许多优势会随着时间推移而下降。例如，微芯片制造商英特尔（Intel）在推出新芯片后，曾长期获取超额利润。其原因是，过去英特尔在芯片制造方面面临的竞争较少。计算机制造商愿意向英特尔支付额外费用，以拥有最新的微处理器，使自己脱颖而出。然而，随着越来越多的竞争对手进入这个行业，英特尔在新芯片上获得高于平均水平的利润空间更小了，竞争优势也会下降。

寻找具有竞争优势的企业越来越难，原因如下：

- 消费者对产品或品牌的忠诚度较低。从私人标签产品如何继续从品牌产品中获得市场份额就可以看出。
- 加剧的全球竞争降低了大多数行业（如制造业）新进入者的标准。例如，全球竞争几乎已经让美国的鞋类制造业关门大吉，这些制造商的产量从1999年的1.21亿双鞋降至2007年的仅3100万双。
- 技术进步缩短了许多竞争优势的生命周期，让我们仔细看看这个原因。

当竞争优势受到技术变化或快速发展的新兴行业的影响时，竞争优势的可持续性较差。技术变革在扩大客户选择时威胁到竞争优势，无论是通过更低的价格提供相同的产品，还是通过以相同或更低价格提供更高的利益。在这里举几个例子：

- 图书零售商巴诺（Barnes & Noble）收取书籍溢价的历史能力，被在线零售商亚马逊网站（Amazon.com）削弱，该网站能够以较低的价格销售图书，因为它没有因商店租赁形式而产生的较高开销。
- 互联网降低了许多企业具有竞争优势的可持续性。例如，与低成本网站相比，报纸失去了绝大多数的分类广告客户以及大部分利润。
- 某些企业的其他业务正在终端下滑，因为他们的产品和服务正在被来自竞争对手的新产品和改进产品取代，这些产品和服务超出了他们所提供的范围。例如，拨号上网服务美国在线（AOL）的竞争优势已经被高速提供商大幅度削弱。

在所有这些例子中，无论是因为成本较低还是收益较大，客户选择的变化都是由于技术的变革。

当心仅凭巧合取胜的企业

通常，当投资者问及企业为什么具有竞争优势，以及是否存在创造竞争优势的某些条件时，他们通过竞争优势来看待企业过去的成功。但许多企业过去的成功可能只是得益于巧合而已。

例如，当计算机的价格下降，更多的消费者可以购买个人电脑时，戴尔能够在价格上击败竞争对手，因为它是所有电脑制造商中成本结构最低的。相比之下，其他计算机制造商被困在分销协议中，这增加了计算机的成本。然而，随着时间的推移，戴尔的竞争优势已经受到削弱，因为竞争对手现在以较低或相同的价格制造电脑。

大部分投资收益是在企业创造竞争优势时完成的，而不是在其之后

在你了解竞争优势的来源时，重要的是要记住，股票的最大收益通常是在企业正在研究和创造其竞争优势时形成的，而不是在它已经开发起来之后。例如，我们都知道沃尔玛具有竞争优势，但当沃尔玛开始成长并开始创造竞争优势时，投资者才获得了最大的股票投资收益。

最好的情况是，你希望找到那些处于建立竞争优势的早期阶段的企业，但企业创造其竞争优势可能需要数年甚至数十年的时间，并且很难看到竞争优势的建立，因为在大多数情况下，企业在这段时间内正在亏损。例如，在线零售商亚马逊在利用其资本快速扩张客户基础并开拓市场以达到更有效率的运营与实现盈利之前，亏损了8年的资金。区分企业是正在建立竞争优势还是浪费资金的最好方法，是监控企业所服务的客户数量。亚马逊网站的投资增加了其服务的客户数量。相比之下，失败的企业是那些不断花钱但不增加其服务客户数量的企业。

寻找那些通过投资研发或明智地投入市场营销成本，来提高产品认知度，使用卓越的价值主张或独特吸引力，继续推动产品或服务创新的企业。例如，即使收入下降33%，苹果（Apple）仍然致力于其研发计划。如2001年的10-K报表所述，苹果在2001年将其研发资金的支出增加了13%，其研发费用占销售额的比例从2000年的5%增加到2001年的8%。在此期间，许多股东质疑为什么苹果会继续增加开支，尽管其收入在下降。但是，正是由于在研发方面的支出，苹果在2003年推出了iTunes音乐商店，并在2004年推出了iPod，这一阶段苹果在飞速发展。

要小心那些只模仿创新的企业。例如，沃尔玛一直拥有用于零售的尖端信息技术系统，它是第一批投资条形码扫描仪以提高效率的零售商之一（很难想象，但当时条形码扫描仪被认为是革命性的成果）。几年后，凯马特（Kmart）添加了条形码扫描仪，对其产生了帮助，但到那时，沃尔玛已经在使用下一代IT工具——私有卫星网络。

在信息技术和其他领域，凯马特对沃尔玛的模仿并不像沃尔玛的创新那样有效，因而凯马特的技术落后于沃尔玛。

什么不是可持续的竞争优势

将企业的竞争优势与可持续的竞争优势区分开来非常重要。如果一家企业拥有良好的客户服务、高质量的产品和知识丰富的员工队伍，那么这些都是优势，但这些优势往往可以复制。例如，一个小时内回电话的企业优于第二天回电话的企业，但竞争对手可以轻松地复制这一点，来增强客户服务。但有些优势比其他优势更难开发，比如拥有非常博学的员工、优秀的企业文化或高效的生产流程。

例如，在营利性教育行业，有一些优势很容易复制，有些则很难复制，如表4.1所示。

因此，可持续的竞争优势包括难以复制的因素，如认证；而易于复制的竞争优势包括诸如易于浏览的网站等因素。

表4.1 比较教育领域的竞争优势：容易还是难以复制

易于复制的竞争优势	难以复制的竞争优势
快速批准学生贷款申请	认证
学生按照自己的时间表进行学习的能力	优质师资
在家学习	资源
易于浏览的网站	教育质量

■ 16. 企业是否具备提高价格却不失去客户的能力

竞争优势的最佳指标是企业在不损失客户的情况下提高价格的能力。例如，以下公司（当然还有其他公司）都具有定价能力：

- 血液检测设备制造商易缪可（Immucor）
- 奢侈品制造商路易威登
- 全球金融信息提供商FactSet研究系统公司和彭博
- 盐生产商指南针矿产国际（Compass Minerals International）
- 哈根达斯冰激凌（由雀巢公司持有）

比如，哈根达斯冰激凌能够以远高于生产成本的价格销售其产品，因此展示了定价能力。相比之下，像钢铁生产商这样的大宗商品型企业没有定价权，在大多数情况下，这些类型的企业必须通过降低价格来刺激需求，但价格通常由生产成本来决定，而不是产品提供给购买者的价值。

具备定价能力的企业的共同特征

具备定价能力的企业通常具有以下共同点：

- 高客户留存率
- 低价格敏感度
- 客户拥有盈利的商业模式
- 高质量的产品或服务

我们分别看一下这些特征。

高客户留存率 重视为客户服务的企业，它的服务通常具有定价权。例如，从2002年到2008年，金融服务信息提供商FactSet研究系统的客户留存率大于90%。由于客户留存率较高，FactSet能够在续约时提高价格。相比之下，总是在寻找客户的企业肯定无法提高价格，它通常必须降低价格以吸引新客户。

低价格敏感度 要确定客户对价格的敏感程度，请查明客户花费在产品或服务上的预算是多少。客户花费在产品或服务上的预算百分比越高，客户越有可能对价格敏感，这可能会阻碍企业提高价格的能力。例如，医疗实验室测试企业具有定价能力，因为它们的客户成本占总体医疗支出的3%，但它们对确定绝大多数治疗方法至关重要。这使得实验室测试客户对价格的敏感度较低。

客户拥有盈利的商业模式 如果客户拥有大量资金，或者他们的企业盈利能力很强，那么，他们对定价的敏感度就会降低，只要产品不占整体预算的很大一部分就可以。例如，彭博的客户大多是操盘手，他们的业务利润很高。彭博金融终端的成本只占客户总体利润的一小部分，因此价格并不是首要考虑因素。如果客户的利润较低，那么他们很可能面临降低采购成本的压力，就像服装制造商一样。

高质量的产品或服务　有时候，产品的质量对于购买者来说比价格更重要。例如，精密铸件公司（Precision Castparts）是高质量铸件、锻件和紧固件的领先制造商。喷气飞机发动机制造商（如劳斯莱斯，Rolls-Royce）使用精密铸件公司的零件来构造发动机。这些发动机运转平稳，组件完美工作，以确保发动机在飞机飞行中不发生故障，这是至关重要的。此外，许多精密铸件公司的产品使用寿命比竞争对手的产品长5倍。这意味着买家愿意为精密铸件公司的产品支付额外费用，因为产品的质量对于客户而言比价格更重要。

同样，快扣是一家工业零件供应商，确保能够立即向制造商供应各种各样的零件。由快扣生产的一个小小的螺栓仅占制造商预算的一小部分，但对于操作至关重要。在这种情况下，服务速度和服务质量对客户来说比价格更重要，因为停机的时间成本明显高于使制造工厂再次运转的螺栓的价格。

定价优势是可持续的，而不是暂时的吗

确定价格上涨不仅仅取决于临时条件。例如，一些商品类型的公司，如磁盘驱动器制造商，当需求超过供应时，能够提高其产品的价格，但这些价格上涨往往是短暂的，因为供应最终会赶上需求。一个例子是在2008年经济衰退期间，由于许多小型运营商停止运营，货运能力显著缩小。由于市场容量有限，其余运营商对托运人的定价权有所提高。2010年，前50家运营商中的大多数运营价格上升了3%至9%，平板运营商享受到了范围内的最高价。但是，这种定价权力是暂时的，因为随着新的运营商进入市场，市场中产品的价格将下降，市场容量将增大。

在哪里可以找到关于定价能力的信息

在以下来源查找定价能力信息：

- 10-K报表的管理层讨论与分析（MD&A）部分
- 历史运营指标
- 投资者报告、电话会议等

留意重要的定价能力指标，例如：

- 多年的增长率
- 不仅是抵消成本的提价（参见每名客户带来的运营利润与运营性收入增长）
- 高于竞争对手的定价

要确定企业是否可以提高价格，首先查看10-K报表中的管理层讨论和分析（MD&A）部分，并阅读管理层对毛利率变化的阐述。至少阅读5到10年来10-K报表的这部分内容。

例如，盐矿生产商指南针矿产国际在其2004年的10-K报表中称："毛利润的增长，主要反映在提高价格和扩大成交量（分别为800万美元和1530万美元）两方面的影响。"

5年后，在2009年的10-K报表中，该公司表示："盐的部分毛利润抵消了毛利率的下降，由于价格的变化，导致贡献了约4000万美元的增长。"

盐矿生产商指南针矿产国际可以提高价格，并通过提高价格来获得额外收入。

接下来，我们需要确定价格是否能持久上涨。通过进一步阅读指南针矿产国际的10-K报表和其他文件，我们了解到，指南针矿产国际的涨幅正在持续，因为他们在过去5年一直能够持续提价。

最后，看看这些产品价格的上涨是否能够转化为营业收入的增长，还是用来抵消增加的费用。为此，将毛利率与1至5年期间的营业利润率进行比较，如果营业利润率随着毛利率的上升而下降，那么费用支出的上涨速度可能会快于价格上涨。

识别定价能力的另一种方法是计算历史营业利润指标。例如，西联汇款在10-K报表中报告了其消费者部门的交易总额和营业利润。你可以用消费者部分的营业利润来除以消费者的交易笔数，这样可以得到每笔消费者交易带来的营业利润。2003年，单笔消费者交易的营业利润为9.44美元，到2008年，降至6.51美元。单笔消费者交易的营业利润下降趋势表明定价能力正在下降。实际上，西联汇款在其2009年的10-K报表中披露，它将其收入的1%至3%重新进行投入，促使价格下降，以增加客户流量。

确定定价能力的其他有用来源是公司投资者演示、电话会议或年度报告。这些来源可能会提供其他定价能力指标，例如企业是否能够比竞争对手收费更多。例如，在历史年度报告中，四季酒店披露了其与竞争对手相比实现的每日房价溢价（称为RevPAR溢价）。历史上，四季酒店的定价溢价比其最接近的竞争对手丽思卡尔顿（Ritz Carlton）高出50%。

在大多数情况下，如果一家企业拥有定价权力，它就会公之于众。如果企业没有公布价格上涨，那么该企业极有可能没有定价权。根据其他定价能力指标，寻找价格上涨：每名客户带来的人均利润趋势，超越成本增长的定价，不仅是抵消成本增加的定价，以及持续多年的价格上涨。

定价能力是从整个业务中检查，还是仅从业务部门中检查

确定企业的定价能力，是在保护企业的所有收入还是其中的一部分收入。一些企业在某些产品或服务中拥有定价权，但并不在其提供的大多数产品或服务中拥有定价权。例如，航空公司通过他们在某条航线上的竞争程度，而不是距离来设定他们的价格，因此，他们对某些航线而不是所有航线拥有定价权。从得克萨斯州奥斯汀到得克萨斯州科珀斯克里斯蒂（200英里）的飞机票价可能比从纽约到洛杉矶（3,000英里）的票价更高，因为纽约到洛杉矶航线的竞争更激烈。如果一家航空公司拥有更多类似于纽约到洛杉矶的航线，那么该航空公司的整体定价能力，将低于拥有更多类似奥斯汀到科珀斯克里斯蒂航线的航空公司。

技术决定价格的透明度

技术变革影响了企业提高价格的能力。特别是互联网企业，更加有助于将价格透明化。过去，一些企业之所以能够维持较高的定价，是因为客户比较难比价。例如，思考一下酒店房间价格透明度的变化，过去，客户依赖旅行社或不得不打电话给多家酒店来比较定价。相反，现在他们使用在线旅游网站，例如艾派迪（Expedia）和速旅（Travelocity），就可以轻松查看酒店定价，因此，他们对价格变得更加敏感。而更高的可见度降低了酒店可以收取更高房费的可能性。

■ 17. 企业所在的行业是好还是坏

投资正确的行业非常重要，因为大部分潜在回报率往往归因于你投资的行

业,而不是你投资的特定公司。在你评估整个行业时,要问清楚这个行业赚钱的难易程度。如果容易赚钱,那将是一个好行业,而且拥有更好的投资盈利的机会。

计算投入资本的行业回报范围

要开始评估一个行业,可以比较投入资本回报率(ROIC,第5章的第26个话题会更详细地讨论该问题,包括如何计算它)的分布。如果一个行业很容易赚钱,你会发现该行业内的大多数公司都做得很好,而且投入资本回报率的分布范围也不广泛。如果一个行业的投入资本回报率的范围广泛,且有些公司经营得好,有些经营得不好,那么,这就是一个比较难以经营的行业。

例如,制药行业的投入资本回报率一直很高,过去十年的投入资本回报率在13%到21%之间。在投入资本回报率方面,制药行业的企业差别不大。相比之下,在过去的10年中,大多数石油公司的投入资本回报率介于3%至15%之间。而投入资本回报率的范围越来越广,就表明在这个行业中赚钱更加困难。

为了更深入地了解某个行业是好还是坏,请将行业内最好的公司与最差的公司进行比较,通过对一个行业的极端情况进行比较,你可以确定行业好坏的原因。如果你决定投资该行业,这些信息还将帮助你评估其他公司。

帝国资本公司的史蒂夫·李斯特(Steve Lister)的独特分析法

为了让你更深入地判断和选择一个优秀的行业,我提出了一个案例研究,该案例研究是多伦多私人股本公司帝国资本的共同创始人之一史蒂夫·李斯特的行业研究方法,多年来,该公司一直在选择优质行业的公司。李斯特的案例研究说明了几种可以用来了解整个行业是否合适的方法。

李斯特的公司在识别、评估和投资一些利润较高的行业方面有着丰富的经验，例如区域电话簿出版商和冷藏仓库。李斯特认为找到正确的行业是最重要的，像很多人一样，选择一个好的投资机会更多地取决于行业而不是单个的公司，他指出，如果一个行业每年增长5%到8%，即使你没有确定最好的单个公司，那么，你能够发现该行业，也是你的能力。此外，李斯特发现，随着时间的推移，企业的盈利能力最终将趋向于行业平均水平，因为任何企业很难长期超越行业水平。

李斯特的公司已经开发了一个有100种不同项目的记分卡系统，来帮助他评估一个行业的经济状况。正如李斯特所说：

> 我们每次对行业的100项内容进行评分时，在深入了解客户需求波动、利润率、定价能力和进入壁垒等方面存在很多争议。我们浏览所有这些项目后，对它们进行评分，并创建一种索引。也许我们在5%到10%的项目上是错误的，但结束时，我们会更加重视相对分数，即如果一个行业参与100个项目的评分时，只有50个项目获得正面评价，我们将舍弃该行业；但如果一个行业参与100个项目的评分时，获得了60到75个之间的分数，我们将寻找该行业内的一家企业进行投资。

帝国资本记分卡上的一些项目包括：

- 推动行业发展的是什么？
- 人们如何在行业内竞争？
- 更大的宏观蓝图是怎样的？
- 行业趋势是怎样的？
- 该行业的平均现金循环周期是多长时间？

CHAPTER 4 / 评估企业和行业的优劣势

- 周期性市场对行业的影响是什么？
- 该行业是否有能力推动产品价格上涨？
- 客户需求的波动率是高还是低？

一旦帝国资本的分析师缩小了他们将考虑投资的行业范围，他们就会更深入地研究行业，以了解需求趋势和需求驱动因素。李斯特指出，这种趋势可能是积极的，也可能是消极的，可能是结构性的，也可能是暂时性的，这些能够帮助他判断该趋势是否可持续。

例如，当李斯特和他的团队对医疗保健行业进行评估时，他们首先考虑了超过100个医疗保健领域，以及他眼中的利基市场。他们分析了每个领域的增长率、盈利能力、企业数量和报销风险，然后根据这项基础研究了每个不同医疗卫生领域的排名。一旦他们将排名缩小到12个高于平均盈利率的利基市场时，他们开始寻找医疗从业人员，帮助他们回答记分卡中的问题，并进一步缩小可投资行业的范围。这些医疗保健从业者曾是或现任企业的首席执行官，这意味着他们已经长期在这个行业工作。正如李斯特所说："了解一个行业核心的唯一办法就是与处于并了解行业核心的人为伍，与他们合作。"为了找到这些首席执行官，作为合作伙伴，李斯特和他的团队参加了行业会议，并利用他们建立起来的行业联系网络。

李斯特公司投资的一家企业是冷藏仓储公司联合冰柜公司（Associated Freezers Corporation），因为它符合帝国资本投资的大部分标准（符合100个项目中的75个）。此外，联合冰柜公司也具有吸引李斯特和他的团队的几个因素，其中包括：

- 潜在需求强劲。随着妇女进入劳动力市场，冷冻食品占人们饮食的很大一部分。超市证明了这种需求的增加,因为它们增加了冷冻食品通道的数量。

- 冷冻食品的质量得到改善。旧式冷冻快餐被更受欢迎的多样化选择和更高质量的食材所取代。

- 价格不是主要决定因素。客户(冷冻食品制造商)基于服务、实时链接到库存、良好的温度控制、质量和按时交货来选择仓库,而不是价格。

- 有进入障碍。由于非常大的制冷设备存在很大的危险,因此行业监管迫使冷藏仓库归主管高级工程师管理。但由于建造冷藏仓库需要大量的费用和专业知识,会耗费大量的资本,限制了客户(投资者)投资。

- 具有财务方面的优势。一旦建立了冷藏仓库,税息折旧及摊销前利润率超过了36%,维护资本支出甚微。这使得投资者可以获得超额的自由现金流。

- 最后,平均现金循环周期为120天,所以冷藏仓库可以不需要大量投入现金就实现增长。

正是因为李斯特和他的公司已经找到了一个好的行业,使得李斯特和他的投资伙伴在这项投资中非常成功。

■ 18. 随着时间的推移,行业将如何发展

了解一个行业是如何发展的,将有助于你评估企业在竞争环境、运营环境以及其他因素上的发展。当你研究一个行业时,你会发现这与研究一家企业具有不同的因素。为了更好地了解行业,我们需要研究它过往一段时间的历史(比

如，超过10年的历史），并随着时间推移，看到这期间发生的变化，将帮助你找到在一个时期内，出现的各种不明显的因素和主要影响。

例如，当我有兴趣投资一家大型广告公司时，我不仅研究了个人代理机构，还研究了整个行业，直到看到影响该行业的所有因素，随着时间的推移而发生了变化，我才能够完全了解这些影响因素。

历史上，广告公司的主要服务之一就是为客户提供广告位置。几十年来，广告公司根据账单收费：换句话说，广告公司支付了其客户为了播放广告，而支付给电视台、报纸、杂志等的广告费用的一部分，因此如果一个客户为策划一个广告活动花费2亿美元，那么，广告公司的佣金可能是10%，或者说2000万美元。显然，这对大型广告公司来说非常有利，而事实上，广告业的营业利润率曾超过20%。

随着行业的整合，假设这些稳定的利润率将无限期地持续下去，企业就会利用资产负债表收购其他机构。这里，有两种情况改变了广告代理行业的利润率，首先，公司开始意识到，向广告公司支付其一定比例的广告费用对自己来说并不合适，因为他们开始看到他们的销售成果与他们支付的金额无关，而是取决于其他几个因素，包括广告质量、投入的研究，以及潜在客户的数量。其次，随着互联网广告行业的不断发展，希望参与大众市场或全国广告活动的公司，不再以主流电视网络和有限的印刷媒体作为与客户合作的唯一途径。相反，现在有数百个网站可以向全国观众发布广告，大众市场变得支离破碎，大型机构的代理权利明显减少，使得大型广告公司不得不采取较低的定价模式，而营业利润率也开始降低。

有趣的是，大型广告公司开始继续收购其他广告公司。对此我感到好奇，于是我问大型广告公司的管理人员："在市场更加分散的时代，对一个广告公司来说，扩大规模的好处是什么？"大型广告公司的管理层解释说，他们继续进行收购的原因是客户可以从收购中获益,从而利用一个广告公司来开展全球业务:例如,耐克无须雇用10个单独的广告公司,就能够开展全球活动。这些经理声称他们已经通过合并公司创造了协同效应:在一个屋檐下拥有更多分销权,他们相信他们会从成本方面获得效益。

但是,由于我研究了过去广告代理行业整合的方式,我知道整合不会产生具有大型凝聚力,并能够提供无缝全球广告活动的公司;我也知道整合并没有提高效率。事实上,随着大型公司进行收购,被收购的公司未被大型公司吸收;相反,它经常与其他公司在同一个保护伞或企业集团中竞争,而集团内的每个机构都有自己的损益表,并且没有与同一屋檐下的其他机构合作的激励。我随后进行了更多的研究,发现该行业仍以类似的方式运作,所以即使收购导致纸面上的收入增加,但他们也不会创造成本效益或协同效应。

随着对广告行业进行的研究,我得出结论,广告公司整合的效果不同于其他行业的整合,若是利润率在这种新环境下不会增长,我就不会进行投资。通过了解整个行业的发展情况,我能够看到管理层口中成本协同效应和更好的客户服务的谬误,并且让我避开了一个糟糕的投资机会。

收集标准普尔的行业调查,是帮助你了解某个行业如何发展的重要资料。标准普尔出版了许多行业的调查报告,包括房地产投资信托(REITs)、化学品、出版业、餐馆和住宅建筑,等等。报告通常分为行业运行情况、行业趋势、主要行业比率和统计数据,以及"如何分析"特定行业(如房地产投资信托基金)等部分。还有一个关于行业参考的部分,它可以为贸易期刊、行业协会和其他来源提供有价值的线索。附录中有一个类似于对公司的分析内容,它会给你提供有用的竞争对手信息和行业内其他公司的名单,你可以通过大学或当地图书馆访问这些报告。

19. 企业的竞争格局是什么样的，竞争有多激烈

通过回答以下问题，你可以更好地了解企业的竞争格局：

- 企业的竞争是否有限？
- 行业会经常变化吗？
- 竞争对手如何在行业内进行竞争，这会带来怎样的变化？
- 企业竞争有多激烈？
- 替代产品给企业带来的风险是什么？
- 低成本国家的竞争能否影响企业？
- 哪个竞争对手设定了行业标准？
- 竞争对手为什么会在一个行业中失败？

让我们仔细看看每一个问题。

企业的竞争是否有限

竞争不会增加企业的价值，一般来说，更多的竞争意味着更多的客户选择和更少的收益。另外，竞争有限的企业比拥有很多竞争对手的企业更容易分析。

例如，想想超市通道中的竞争。名牌和私人标签产品竞争的每个通道有限的货架空间。如果你正在分析一家名牌食品公司，你可以通过监控各个国家超市的货架空间，轻松评估某个食品品牌对私人品牌或其他品牌的做法。此外，还有许多市场研究机构可以为你提供有关市场份额的宝贵信息，例如全球信息和测量公司AC尼尔森（A. C. Nielsen）。相比之下，要了解诸如支票兑现商店这样的企业的竞争地位要困难得多，因为它有成千上万个直接和间接的竞争对手。

要开始评估，请查看10-K报表中的竞争部分。如果一家企业按名称列出竞争对手，那么该公司竞争有限。例如，债券评级机构穆迪2009年10-K报表列出了以下竞争对手：

- 标准普尔公司（Standard & Poor's）
- 惠誉国际（Fitch）
- 加拿大道明债券评级服务公司（Dominion Bond Rating Service Ltd.）
- 贝氏评级有限公司（A. M. Best Company Inc.）
- 日本评级机构代理有限公司（Japan Credit Rating Agency Ltd.）
- 日本格付投资情报公司（Rating and Investment Information Inc.）
- 伊根琼斯评级公司（Egan-Jones Ratings Company）
- 雷斯金融公司（LACE Financial Corp.）
- 实点评级公司（Realpoint LLC）

相比之下，在银行业、住宅建设或餐馆等企业中，公司不会列出其竞争对手的清单，只会透露其拥有众多竞争对手。例如，支票兑现业务和消费贷款供应商——美元金融（Dollar Financial）于2010年6月30日发布的10-K报表表示：

在美国，我们的行业高度分散。根据美国金融服务中心的统计，大约有7,000个社区支票兑现商店，据斯蒂芬斯公司（Stephens Inc.）公布的股票研究估计，大约有22,000个短期贷款商店。

行业会经常变化吗

如果这个行业是一个不断变化的行业，那么评估一家企业的竞争地位就更难了。例如，如果你在技术行业单独评估竞争对手，那么在你分析大多数这些公司时，技术可能会发生变化，这当然会为你从未考虑过的新竞争对手敞开大门。

因此，要评估快速变化的行业中的竞争对手，要从客户的角度来看待它们，你需要找到客户并保持与客户的密切联系，以了解他们是否转换到其他产品和服务。

例如，当我2001年第一次开始分析在线旅游行业时，这个行业还处于起步阶段，我参加了几次在线旅游行业会议，如福克斯赖特会议（The PhoCusWright Conference），以寻找潜在的投资。我知道在线旅游是一个不断增长的行业，但我不知道要投资哪些企业，因为大多数行业参与者，如艾派迪（Expedia）、速旅（Travelocity）和普利斯林（priceline.com），以及其他许多不再存在的企业，都在其发展的早期阶段。由于行业变化如此之快，我搜索了使用这些服务的客户和旅游供应商（即酒店，航空公司）。我想知道他们喜欢哪些服务以及喜欢的原因。

当我第一次研究普利斯林时，我个人不喜欢它的商业模式，因为客户只能选择对具有某个星级评价的酒店进行投标，而且他们不能选择他们将要入住的特定酒店。我认为这个商业模式的潜力有限，许多竞争对手都同意这个看法，然而，客户和旅游供应商却一直告诉我，由于普利斯林是一项差异化服务，它可能代表着巨大的投资。旅游供应商和酒店也都喜欢这种商业模式，因为他们不必宣传可能会损害其定价能力的打折房价。

客户和旅游供应商最终选择了这个行业的最佳投资：普利斯林一直是在线旅游行业收益率最高的股票之一，从2000年底的每股8美元增加到2010年底的每股超过400美元。可见，如果我没有从客户的角度看待竞争对手，我就会对"哪个企业最成功"这个问题得出错误的结论。

竞争对手如何在行业内进行竞争，这会带来怎样的变化

竞争可能会基于资本、服务或价格，我们需要确定竞争动态是否会发生变化，然后根据这些动态变化为业务构建不同的负面情况。我们分别看一下这些因素：

资本竞争 如果企业以资本为基础进行竞争，那么优势将永远存在于资金充足的竞争对手身上。例如，全球资源和矿业公司——必和必拓（BHP Billiton）比小型矿业公司具有优势，因为它拥有更多的资金用于开发大型矿山，而资本较少的竞争对手所能开发的矿种有限。

服务竞争 如果公司以服务为基础进行竞争，那么拥有更强大、更根深蒂固的客户服务文化的公司将具有优势。因此，你应该重点了解一家企业的客户服务优于另一家企业的原因，以及这种情况是否会发生变化。例如，如果一个新的管理团队接管了一家缺乏客户服务的公司，并且他们进行了改进，使得他们可能能够从占主导地位的竞争对手中获得市场份额。

价格竞争 你需要确定一个行业内的竞争对手是否必须经常以价格为基础进行比较，如果是这样，那么，企业可能难以增加利润或盈利，因为利润增长需要越来越难以实现的成本削减。

复制竞争 谨慎投资那些管理团队试图复制竞争对手突破性产品或盈利业务线的成功的企业。如果竞争对手试图通过进入竞争对手有优势的同一业务线迎接竞争对手，则会存在风险。

例如，前美林证券公司（Merrill Lynch）的首席执行官斯坦利·奥尼尔（Stanley O'Neal）对他的竞争对手感兴趣，并优先考虑衍生品交易，这众所周知，因为它为包括高盛在内的竞争对手创造了众多的利润。奥尼尔的目标是通过这些奇特的产品来增加利润，然而，他并不了解该做法涉及的风险，最终使

得美林证券走向失败。

相比之下,电动机制造商——保德电机集团(Baldor Electric Company)的首席执行官约翰·麦克法兰(John McFarland)曾告诉我,他不担心他的竞争对手,也没有试图追踪或复制它们,相反,他会关注他的顾客喜欢哪种产品。他对此进行了解释,即如果他花时间追踪竞争对手,他可能会试图将他们的一些变化纳入他的电机设计,但是后来得知客户不重视这些变化,所以,最好是让客户的需求推动他做决策,而不是通过观察竞争对手进行决策。

企业竞争有多激烈

竞争程度或竞争对手竞争的激烈程度,可能取决于竞争对手的规模是否大致相同,或行业处于正在成长还是已经成熟阶段等因素。如果竞争对手众多,且规模大致相同,那么它将是一个竞争激烈的行业,例如支票兑现行业。在这样的竞争环境下,通常没有行业领导者。

相比之下,对于只有少数强势企业控制市场的行业来说,这些市场领导者仅仅是因为它们的规模而占据优势。例如:

- 家得宝(Home Depot)可以为客户提供更低的产品价格,因为更低的产品价格带来的销售额,通常占供应商销售额的很大一部分。
- 万宝路卷烟制造商(Marlboro cigarettes)菲利普·莫里斯(Philip Morris)能够比竞争对手获得更多的货架空间。
- 可口可乐公司(Coca-Cola Company)可以投放更多的广告来提高品牌知名度。
- 亚马逊(Amazon.com)有足够用于投资更高效的配置和网页设计的资源。

通常情况下，发展中的行业的竞争不会非常激烈。而在发展成熟的行业中，尤其是当行业增长放缓时，竞争对手开始争夺市场份额，并在某些情况下会改变他们的竞争方式。这样的例子很多，其中，有两大主要竞争对手进入价格战的例子。

例如，当罗杰·恩里科（Roger Enrico）于1996年成为百事可乐公司的首席执行官时，他开始与可口可乐公司进行价格战，价格战持续到1998年。当他试图提高销量并增加市场份额时，一瓶2升的可口可乐或百事可乐售价仅为59美分，而价格战之前的价格为1美元。可口可乐和百事可乐不是基于市场营销，而是以价格为基础进行竞争，当价格战结束时，两家公司的销量都下降了，因为习惯于较低价格的消费者减少了消费。

有时候竞争对手会以不合理的方式相互竞争，甚至会采取为获得市场份额而不惜亏损的战略，你需要确定这种战略是暂时现象还是长期趋势。但如果你发现企业竞争方式所发生的改变仅是临时性的，通常来说，你就可以获利。

例如，2007年，百视达（Blockbuster）推出了全流程服务（TA）DVD邮寄计划，以与其竞争对手网飞公司（Netflix）进行竞争。百视达决定每月将其计划价格降低几美元，以削弱网飞的定价，计划实施后，百视达迅速积累了超过220万客户，而网飞则损失了50,000名用户，导致网飞的股价跌至每股17美元以下，这接近其5年前，即2002年，每股15美元的上市价格。

但是，如果你花了一些时间审查百视达的财务报表，你会发现它有很多债务，而且商店正在亏损，技术援助项目也在亏损，因为它旨在获取市场份额而不是创造利润。你应该知道百视达的战略是不可持续的，并且在某种程度上，它不得不停止比网飞还低的定价。当百视达被迫提高价格时，它很快就失去了应对网飞的优势。截至2010年底，网飞的股价上涨至每股175美元以上（价格战开始时每股价格为17美元），而百视达的股价从2007年的每股6美元降至2010年底的每股0.16美元。

除了财务报表，还可以通过监控一些财务指标，以了解某个行业是否变得更具竞争力。这会提醒你未来的收入可能会下降，从而降低你正在分析的业务价值。你可以用总成本除以客户数、交易次数或其他指标，来追踪每个客户的运营成本或每笔交易的运营成本产生的比率。而行业中的大多数竞争对手的比率是在减少还是在增加？答案是，随着市场变得更具竞争力，竞争成本往往会增加。

例如，随着越来越多的竞争对手进入市场，现有竞争对手试图增加市场份额，无线电信业务的客户购买成本在过去几年中逐渐增加。结果，许多这样的无线电信运营商不得不在客户支持、营销和增加的佣金方面进行投资，来签署新客户，并留住现有客户。因此，如果你已经监控了无线电信行业竞争对手的客户购买成本，那么你会发现无线电信行业正在变得更具竞争力。

要更深入了解盈利能力差异的原因，请阅读有关该行业的文章，或者使用诸如"汽车行业盈利能力"等搜索词来搜索文章，以找到关于某个行业或某些企业的利润随着时间的推移如何发生变化的文章，更重要的是，找到发生这些变化的原因。

替代产品给企业带来的风险是什么

要小心，不要只考虑直接竞争对手而把竞争定义得过于狭隘，除此之外，你还必须考虑采用替代产品存在的风险。虽然替代产品或服务执行与企业当前产品或服务相同的功能，但采用的方式却不同，例如，塑料是铝的替代品，电子邮件是快递邮件的替代品。有时，替代产品可能执行与现有产品或服务极为不同的功能，例如，对于父亲节礼物，电动工具可以作为领带的替代品。如果替代产品能够为客户提供具有吸引力的价格，或与当前行业产品或服务进行性能折中，那么替代产品就会产生很高的威胁。这里有一些例子：

- 低成本的、基于因特网服务的Skype网络电话进入市场时，国际电话卡受到了损失。
- 数字摄影的进步取代了柯达和富士所拥有的传统胶片的双头垄断，柯达和富士花了很长时间才能过渡到新的数字媒介，因此失去了巨大的市场份额。

但有某些类型的企业，目前能够免于受到替代产品的竞争威胁。例如，对于水泥来说，就没有任何具有成本效益的替代产品，你可以用钢材建造房屋，但与使用水泥相比，这不具成本效益。

也有某些类型的产品和服务可以长时间免受替代产品的侵害，而其他产品和服务可以在短时间内免受替代产品的侵害。例如，美国邮政服务在美国数十年间主导了邮件传输，但电子邮件逐渐演变成为替代产品，可见，美国邮政服务这些企业的免疫期较短。通常情况下，一家企业的资产密集程度越高，替代产品的威胁就越小：例如，飞机制造商波音、陶氏化学公司和水泥生产商西麦斯（CEMEX），尽管可以在任何行业开发替代品，但这些企业的免疫期较长。

低成本国家的竞争能否影响企业

随着经济变得更加相互关联，企业面临着来自国外竞争对手的更多竞争。你需要确定一家企业是否受到国外竞争的威胁，一般来说，不能长途运输的物品不受国外竞争的影响。

例如，汽车的塑料零件不能长途运输，因为它们容易划伤，所以国外竞争较少。采石场很少面临或根本没有来自外国企业的竞争，因为在海外运输集料是非常昂贵的，但劳动力是产品成本很大组成部分的制造企业面临着来自国外竞争的威胁。

例如，枕头、棉被和毛巾制造商普罗泰科斯（Pillowtex）在1995年的销售额为5亿美元。1994年，美国开始逐步取消进口配额，其竞争对手知道他们将面临来自国外市场的极度价格竞争，他们便立即开始将其制造业务外包给发展中国家。然而，普罗泰科斯收购了更多的企业，希望通过规模经济获得成本优势；事实上，普罗泰科斯在其1998年的10-K报表中称其在美国工厂的新机器投入了2.4亿美元。到2003年，普罗泰科斯因国外竞争对手破坏了该行业的定价而被破产清算。我们能够看出，投资者在破产前已经有8年时间退出在普罗泰科斯的投资。他们应该看到普罗泰科斯无法与劳动力成本较低的国家竞争。

哪个竞争对手设定了行业标准

进行比较是帮助你了解竞争对手差异的重要工具。通过寻找具有最高的营业利润率、最高的资本回报率和最低的现金循环周期的企业，最终尝试找到行业中的最佳企业。我们可以创建一个电子表格，比较各种公开上市交易的竞争对手的财务和运营指标，这将有助于指导你进一步进行分析。如果一家企业是另一家企业的子公司，你可能只能在10-K报表的细分市场部分获得该业务的收入和营业利润信息。此外，虽然你无法从非公开交易上市的竞争对手处获得信息，但你通常可以转向行业贸易协会，它可能会为行业编制一系列利润率，你需要关注竞争对手之间财务指标的差异，你可以在10-K报表中的"管理层讨论和分析"部分了解更多关于这些差异的原因。

例如，表4.2比较了各货运公司的净利率。

表4.2 几家货运公司的净利率比较

	12/31/2005	12/31/2006	12/31/2007	12/31/2008	12/31/2009	12/31/2010
康捷国际物流	4.90%	5.10%	5.10%	5.30%	5.90%	5.80%
C. H. 罗宾逊全球物流（C. H. Robinson Worldwide）	3.57%	4.07%	4.43%	4.19%	4.76%	4.17%
莱·帝土地星系统公司（Landstar System）	4.59%	4.49%	4.40%	4.19%	3.50%	3.64%
优特埃国际物流	1.93%	2.92%	2.26%	−0.10%	1.15%	1.54%

资料来源：1月31日的年底标准普尔资本智商

如表4.2所示，自2005年以来，优特埃国际物流（UTi Worldwide）的平均净利率为2%。相比之下，康捷国际物流（Expeditors International）自2005年以来的净利率为4%至5%。通过阅读这两个竞争对手的"管理层讨论和分析"部分，你将了解到导致利润率差异的主要原因是由于优特埃通过收购模式来实现历史增长，而康捷更有效地实施有机增长或建立新办事处。于是，你可以得出结论：在货运代理行业内有机增长将比收购竞争对手创造更多增长价值。

随着你对每个竞争对手的长处和短处的深入了解，你可以开始利用每个竞争对手的优势构建理想的企业。然后，你可以使用这个理想的企业进行比较，以帮助你了解你正在分析的企业与理想企业之间的差异。例如，当我的公司正在研究炼油企业时，我们确定了三个因素，它们共同创造了这个理想的炼油企业：

1. 首先，受保护的批发和零售市场非常重要，因为它们确保精炼产品的需求将继续超过供应。在高需求/低供应的批发市场，更容易传递成本，保护利润。一般来说，在美国东海岸竞争激烈，相比之下，西海岸对供给的需求更大，其中一个原因是加州的炼油厂受严格的环保政策保护，这些政策限制了新炼油厂的建成。这意味着与东海岸相比，西海岸的天然气价格往往会更高。

2. 其次，生产汽油、取暖油或成品油的最大成本部分是原油成本。拥有处理多种原油的能力通常会降低成本，可以比较不同炼油厂每桶原油的平均价格，以确定原油成本较低的炼油厂。

3. 最后，工厂规模非常重要，因为炼油厂规模越大，其固定成本分摊得越多。劳动力基本上是炼油厂的固定成本，因为炼油厂只需要几个员工，而且一般来说，无论工厂规模大小，或者以最小或最优的产能运行，你都需要相同数量的员工，因此，炼油厂规模越大，盈利能力就越强。

一旦建立了理想的炼油厂，你就可以将你正在评估的炼油厂与理想的炼油厂进行比较，并了解其优势和劣势所在。例如，它可能会突出你感兴趣的炼油厂无法处理多种类型的原油，因此你就知道这对炼油厂来说处于竞争劣势。

竞争对手为什么会在一个行业中失败

搜索关于竞争对手在行业中失败的文章，你将对有问题的策略或操作失误获得很好的见解。

例如，2005年，英国石油公司（BP）拥有的炼油厂发生爆炸，造成15名工人死亡，170多人受伤。根据联邦机构化学品安全与危害调查委员会发布的报告，成本削减和安全文化松散是得克萨斯城发生爆炸的原因，董事会前董事长卡罗琳·梅里特（Carolyn Merritt）说："我想我从未见过如此糟糕的事情。"此外，英国石油公司在阿拉斯加州的北坡油田也发生了石油泄漏，这次石油泄漏发生在英国石油公司的管道，这付出了数十亿美元的利润代价。

几年时间很快过去，英国石油公司再次卷入事故，这是墨西哥湾其中一个海上油井史上最大的海上石油泄漏事件，由于英国石油公司不断降低成本，不遵守环境和安全法规，发生新的事故是迟早的事情。通过研究石油行业的失败情况，你会发现石油和天然气公司面临的最大风险之一就是安全标准松懈。

20. 企业与供应商之间建立了怎样的关系

你需要确定企业与供应商的关系类型。企业与供应商是否存在敌对关系，在这种关系中，企业是否不断寻找以较低价格支付供应商商品或服务的方法？还是企业与供应商之间有良好的关系，企业可以帮助供应商创造新产品和服务，从而为企业的客户带来利益？

投资者常常认为，企业需要不断与供应商谈判，通过降低价格以增加收益，投资者没有认识到，如果这些企业不断压榨他们的供应商，供应商最终会倒闭，然后，企业需要寻找新的供应商，打乱供应链，最终导致收益下降。相反，如果供应商与企业之间存在信任关系，那么这往往是一种竞争力，因为良好的供应商关系有利于货物流通。

彭尼公司（J. C. Penney）认为长期的供应商和谈判合同条款有利于自身和供应商，《华尔街日报》引用彭尼公司的达尔西·布雷萨特（Darcie Brossart）的话，"我们并不认为压榨供应商来保护自己的最低利益是一个可行的长期战略。"在同一篇文章中，来自梅西百货（Macy's）和迪拉德百货（Dillard's）的代表不想评论他们与供应商的交易，似乎如果梅西和迪拉德有良好的供应商关系，他们很可能会公开地谈到这一点，以鼓励更多的供应商与他们合作。

同样，美元店零售商99美分店与其供应商保持良好关系，因为管理层认为这有利于业务发展，零售商迅速向供应商付款，并且从未取消公司历史上的采购订单。99美分店对待供应商就好像他们的角色被扭转了一样，99美分店就像是供应商，通过公平地对待供应商，零售商能够与供应商建立良好的商誉，因此，产品制造商更倾向于将超额库存出售给99美分店，而不是其他零售商，这使99美分店有竞争优势，并允许它以较低的价格出售产品。

以下问题应该有助于你了解更多关于企业供应商，以及企业是否具有良好供应商关系的信息。

- 企业是否具有可靠的供应来源？
- 企业是如何进行供应链管理的？
- 企业是否能够通过客户反馈，为供应商的创新提供帮助？
- 企业是否只依赖少数供应商？
- 企业是否依赖商品资源以及依赖的程度如何？

企业是否具有可靠的供应来源

如果一家企业没有可靠的供应来源，那么它将产生很多不稳定的收益，所以，你需要确定企业如何创造可靠的供应来源，以及这些来源的风险。

雀巢集团增长最快的子公司之一是奈斯派索（Nespresso），该公司自2000年以来，每年增长30%。奈斯派索系统将一次性咖啡胶囊与意式浓缩咖啡机相结合，使得特种咖啡容易准备。但雀巢遇到的最大问题是获得可靠的咖啡来源，因为大多数咖啡都是贫困农村地区的小农户种植的。为确保不可靠来源成为稳定供应来源，雀巢公司与这些小农户合作，为他们提供工具和建议（例如农业实践，帮助他们获得杀虫剂和肥料），帮助他们生产更多的优质作物。随着这些小农的生产质量得到提高，这增加了雀巢特种咖啡豆的可靠供应。

企业是如何进行供应链管理的

供应链管理是将产品需求与供应相匹配的过程，这包括确定要运送的库存量、处理产品退货和分配产品。如果你正在评估一家企业，例如时尚或在线零售商（例如亚马逊网站），你必须了解其如何管理其供应链，这就需要你确定供应来源是否稳定以及质量是否一致。例如，在2000年到2009年的后期，出现了几个与供应商产品的安全性和质量相关的重大玩具召回事件。

理想情况下，你想知道供应链需要多长时间才能适应企业条件发生的变化，例如，如果供应商用完了产品怎么办？企业如何应对？你可以在贸易杂志上找到关于供应链的文章或关于供应链管理者的采访，例如，以下是一些针对运营和物流管理专业人员的贸易出版物：

- 《直流速度》（DC Velocity）
- 《商务载体期刊》（Commercial Carrier Journal）
- 《供需链执行》（Supply & Demand Chain Executive）
- 《供应链文摘》（Supply Chain Digest）
- 《世界贸易物流杂志》（World Trade Logistics Journal）
- 《今日物流》（Logistics Today）
- 《供应链管理评论》（Supply Chain Management Review）
- 《物流管理》（Logistics Management）

这些出版物中有很多关于利丰（Li & Fung）、丰田（Toyota）、星巴克、耐克和沃尔玛等企业，具有强大的供应链的文章。

在你研究企业的供应链时，请考虑它的供应效率，方法是计算库存周转率，即衡量一年内库存销售的次数。要计算它，请拿出已售货物的成本，并将其除以当年的平均库存。

例如，从1995年到2010年，沃尔玛的库存周转次数从5.23次增加到8次，这意味着它能够更快地调整库存。相比之下，其竞争对手西尔斯控股（Sears Holdings）的存货周转次数从1995年的3.2次下降到2010年的2.9次，这表明其库存周转率和供应链能力恶化。

企业是否能够通过客户反馈，为供应商的创新提供帮助

在20世纪90年代，通用汽车（General Motors'）的保修成本高于利润，其中一个原因是，通用汽车更关注降低成本，而不是寻求供应商的改进。相比之下，克莱斯勒（Chrysler）向其供应商提供了客户反馈，以帮助他们开发需要更少修理和更少更换次数零件的新功能。通过供应链寻求新的创新，克莱斯勒能够从通用汽车获得市场份额。

为了获取更多的消息，你可以通过搜索与供应商关系相关的文章，通过结合"供应商"和"你感兴趣的公司名称"等搜索词来查找此类信息。

企业是否只依赖少数供应商

如果企业只依赖少数供应商，你需要确定企业的潜在风险，如果供应商占企业净销售额的10%以上，那么该公司通常会在10-K报表中披露此风险。

例如，2010年宠物市场（PetSmart）在10-K报表中公布，其两家最大的供应商的销售额约占2009年净销售额的22.4%，那么，你就需要跟踪分析这两家供应商，以了解他们是否容易受到供应中断的影响。你可以通过阅读历史文章，来了解有关这两家供应商的更多信息，并跟踪分析关于这些企业的文章，了解他们是否存在任何问题，这会提醒你，如果宠物市场存在难以获得库存的潜在风

险，销售额可能会下降。

通过从历史文章中寻找的信息，可以帮助你进行深入判断，例如一家供应商若是从中国采购大部分原材料，那么，你需要了解是否存在无法获得这些材料的风险。

企业是否依赖商品资源以及依赖的程度如何

如果一家企业依赖某些商品来生产其产品，那么你需要跟踪分析这些商品价格，这将帮助你了解商品价格上涨是否会迫使企业提高价格，如果企业无法将价格上涨传递给客户，这可能会降低利润。另外，如果供应成本下降，企业可以赚取更高的利润或降低价格以增加销售额。

你需要密切关注相关商品的价格，以便确定企业的收入是增加还是减少。例如，如果你正在分析服装制造商，那么你必须跟踪分析棉花的价格，以了解生产成本是否会增加。如果服装制造商无法将这些较高成本转嫁给其客户，那么这将导致企业的利润下降。

那些高度依赖商品资源的企业，如石油、钢铁或化学品，则很难预测，因为你必须假定未来商品的一定价格，但是这会增加你在对业务进行估值时出现错误的风险，因为你基本上是在商品的一个方面进行投资。

有时候，一些企业将把风险对冲到商品价格上，虽然这会给你更大的可见度，但通常这些对冲都是短期的。例如，西南航空公司首席执行官加里·凯利（Gary Kelly）谈论了商品价格对航空业的影响有多么大，他说："燃料价格波动是行业的头号挑战，你能做的就是回顾过去10年，看看它在我们这个行业造成了怎样的破坏。因为燃料价格波动是航空业面临的唯一最大威胁。"当油价上涨至每桶145美元时，航空公司被迫停飞数百架飞机，放弃航线，并裁员数千人。

要记住的关键点

评估企业的竞争优势

- 竞争优势越是可持续，企业价值越高，因为它可以在更长的时间内保护其盈利能力。

- 竞争优势为那些拥有大量再投资机会的企业增加了最大的价值。

- 竞争优势也有期限，即使企业看起来最为强大并且产生了最强劲的财务指标，它也可能处于失败的边缘。

- 当竞争优势受到技术变化或快速发展的新兴行业的影响时，其竞争优势的可持续性较差。技术变革在扩大客户选择时威胁到竞争优势，无论是通过少量成本提供相同的产品，还是通过以相同或更低的价格提供更大的利益。

- 股票的最大涨幅通常是因为一家企业正在开发其竞争优势，而不是在它已经发展起来之后。

- 不要把竞争力或依靠巧合得以成功的企业，和具有竞争优势相混淆。

评估企业的定价能力

- 具有定价能力的企业通常具有几个共同的特征，如高客户留存率、企业的客户将其预算的一小部分用于企业产品或服务、客户产生高利润率和大量现金流，或者产品的质量对客户来说比价格更重要。

- 确定企业是否具有定价能力的最佳方法之一是跟踪分析毛利率上升或下降的原因。

- 如果企业没有披露价格上涨，那么很可能该企业没有定价权。
- 价格上涨可以增加企业的经营收入，而不仅仅是抵消新的支出，从而增加了企业的价值。

考虑整个行业的健康

- 投资正确的行业非常重要，因为大部分潜在回报率往往归因于你投资的行业，而不是你投资的特定公司。
- 通过对一个行业中最佳和最差公司进行比较，你会发现行业好坏的原因。
- 企业的盈利能力最终会趋向于行业的平均水平，因为任何企业很难长期超越行业水平。
- 了解一个行业的发展演变将帮助你评估业务的竞争环境、运营环境和各种造就它的动因。

评估商业竞争

- 竞争不会增加企业的价值，一般来说，更多的竞争意味着更多的客户选择和更低的利润率。
- 在发展中的行业，竞争一般不是非常激烈。但当发展成熟的行业的增长放缓时，竞争对手开始争夺市场份额，而且在某些情况下他们会改变竞争方式。
- 如果获客成本在增加，那么企业就会面临更多的竞争。
- 如果企业的产品不能长距离运输，企业就不会受到外国竞争的威胁，但如果劳动力是产品成本的重要组成部分，那么企业就会面临来自国外竞争的威胁。

评估企业与供应商的关系

- 良好的供应商关系可以促进货物的流通,如果一家企业没有可靠的供应来源,那么它的收益将更不稳定。

- 如果库存周转率随着时间的推移而增加,那么这表明企业的供应链变得更加高效。

- 拥有多元化供应商网络的企业比只依赖少数供应商的企业风险小。

- 那些高度依赖商品资源的企业(如石油、钢铁或化学品)则很难预测,因为你必须假设未来商品的价格。

第 5 章

衡量企业运营和财务状况

在评估了企业运营的环境、行业和竞争框架（第4章进行了介绍）之后，你需要专注评估公司本身，从本质上讲，你需要了解公司在运营和财务上是否健康。本章首先向你展示如何评估一家公司的基本面，以及如何使用运营指标来衡量其基本业绩。运营指标表明企业有所改善或恶化，并允许你将该公司与其他公司进行比较。我们将看到几个行业的详细案例，然后逐步了解哪些运营指标最重要，以及如何查找、追踪和分析这些运营指标。

当我们分析完基本的运营指标后，本章将探讨影响企业功能和健康的其他因素。在我们关注风险、通货膨胀、资产负债表和债务问题时，我会为你提供工具来识别和评估你正在考虑投资的企业所面临的特定问题，例如，当我们考虑通货膨胀时，我会告诉你，当通货膨胀来临时，相对不受负面影响的企业特征。

最后，我们通过观察企业在获得投入资本回报率（ROIC）上做得有多好，来看企业质量的一般衡量标准，我会告诉你投入资本回报率是什么，如何计算它以及它最重要的地方。综合来说，本章中的每个部分都为了提高你在研究单个公司时识别机会和避免投资错误的能力。

21. 企业的基本面是什么

基本面是企业为了取得成功，所必须做的最基础的事情。例如，快递公司必须按时交货；餐馆必须提供良好的食物。

基本面也推动企业的价值。换句话说，公司把最重要的基本运营执行得越好，它就越有价值。例如，在一所营利性大学里，有质量的教学水平才能培养出就业前景良好的学生。反过来，就业的学生创造了对营利性大学服务的需求，这增加了营利性大学的整体价值。还有一个例子：较高的员工生产率有助于西南航空公司取得成功，因为较高的员工生产率是西南航空公司保持低票价的原因，这有助于增加航空公司的价值。

我们需要确定管理团队是否了解增加企业价值的方式，以及该方式是否影响企业的运营行为。如果管理层的计划偏离这些，那么企业的利润可能会下降。例如：

- 在线零售商亚马逊的创始人杰夫·贝索斯（Jeff Bezos），致力于及时交付订单并提供更多产品以增强竞争优势，从而不断提升客户体验。
- 互联网搜索企业谷歌的创始人拉里·佩奇（Larry Page）和谢尔盖·布林（Sergey Brin），专注于"整理全球信息并使其可访问"。
- 西联汇款公司前首席执行官克里斯蒂娜·高德（Christina Gold），专注于通过长期合同捆绑全球最理想的代理商（代理商是提供西联汇款服务的超市、银行或零售连锁店），然后为他们提供客流量。
- 斯特雷耶教育首席执行官罗伯特·西尔贝曼，通过专注于学术水平，从而推动学生取得好成绩。

● 彭博创始人迈克尔·彭博（Michael Bloomberg），专注于"以任何一种最合适的形式"，为公司的客户"提供他们所需要的信息，不管信息是什么，也不管他们在何时何地需要这些信息"。

在每一种情况下，你都可以通过确定并评估具体结果，以了解公司是否成功执行其基本运营方式。你可以衡量和追踪每一项：食品质量或客户满意度，准时交货率，员工生产率，毕业生就业或师资质量。如果基本面恶化，那么企业的价值也会如此。如果基本面稳定或有所改善，你便可以对企业的潜在价值更有信心。

你需要小心那些拥有太多想法或持续改变主意的经理，因为这可能会分散他们在企业基本业务上所倾注的注意力。星巴克创始人霍华德·舒尔茨（Howard Schultz）在2008年回到星巴克之前，星巴克追逐了太多不成功的新想法，从2005年3月31日到舒尔茨回来之前，星巴克的股价从每股26美元下降到每股19.86美元。当舒尔茨回归首席执行官的职位时，他重新调整了星巴克最重要的业务，取消了那些与核心业务不太相关的项目，舒尔茨拿走干扰咖啡香味的三明治，停止供应用百事可乐制作的软饮玛莎葛兰（Mazagran），他还拿走了一些诸如书籍和CD的店内产品，将重点重新放在温馨的氛围中提供优质产品，并提供卓越的客户服务。当舒尔茨于2008年1月8日接管星巴克时，星巴克的股价从每股19.86美元上涨至2011年1月4日的每股32.48美元。

作为投资者，识别和追踪基本面能够使你更快地评估一家企业。如果你已经了解公司运营状况的最关键指标，那么你将能够更好地评估企业内部或外部环境的意外变化。如果这些变化影响了投资者愿意为企业支付的价格，却不影响企业基本面，那么这种变化通常会带来购买机会。而能够识别恶化的基本面同样有益，因为你可以避免投资错误，例如，如果负面新闻公告导致你持有的众多股票中的一只股票股价下跌，那么，请务必思考："该公告对企业基本业务有什么影响？"

再例如，过去我投资货币管理公司W. P. 斯图尔特（W. P. Stewart），该货币管理公司的基本业务包括获取和保留账户。一些被称为黏性账户的账户，与基金经理有更多的长期业务关系，即使公司的资金状况不好，他们也倾向于与公司合作，因此，我每次听到W. P. 斯图尔特的电话会议或分析新闻稿时，我会小心任何可能表明他们的账户不再粘滞的信息。在一次电话会议上，W. P. 斯图尔特的经理表示，他们的大部分账户已经转移到与咨询顾问有关的账户上，通过这些账户，投资者可以决定是否继续投资于货币管理公司。因为这些账户黏性较差，我评估了这个恶化的基本状况，并卖出了这只股票。随着公司相关账户以更快的速度撤回资产，该股在未来几个季度下跌了80%。通过认识到哪些基本面对企业的价值至关重要，并密切跟踪和分析它们，我能够避免投资失误。

22. 你需要监控哪些企业的运营指标

监测企业基本面或者基本状况是否改善或恶化的最好方法，是衡量和评估企业的运营指标。运营指标是帮助你评估基本面业务的真实状况的措施，类似于用血压来监测你自己的个人健康状况。你可以使用这些指标来了解一家企业，然后，当你获得深入了解时，可以使用它们持续监控该企业的健康状况，从而提醒你注意企业潜在的问题，你需要按照以下步骤进行操作：

- 确定特定行业的监控指标。
- 研究指标的来源。

- 随着时间的推移，持续地监控指标。

- 确定指标的变化是持久的还是暂时的。

- 将你正在分析的企业指标与企业竞争对手的指标进行比较，找出产生差异的原因。

接下来的部分将深入讨论这些主题。

确定特定行业的监控指标

要确定哪些运营指标有用，请首先确定你要评估的内容，因为你使用的指标类型取决于你正在分析的行业或企业，以下是几个行业中最常用的一些运营指标：

- 银行：综合成本率、资产回报率和平均资金成本。

- 房地产：入住率、每平方英尺租金和每平方英尺成本。

- 航空公司：可用座英里、载客率、航线、运力、交通和容量。

- 零售商：同店销售额、每单商品件数、每平方英尺销售额和平均票价。

- 互联网公司：转化率和流量数。

- 订阅型公司：订户数量、每订户平均收益、每订户平均成本和客户流失率。

- 信用卡公司：净销账、逾期和付款率。

- 酒店：入住率，每间可供出租客房收入（RevPAR）和每日平均房价（ADR）。

- 博彩企业：赢球率、赢桌率和每日每桌平均赢额（WPT）。

以下列出了两个度量标准的更详细示例,你可以将它们用作评估众多行业中度量标准的模型。让我们来检查一下,了解指标告诉了你什么,它是如何计算的,以及它的局限性。

效率比(用于银行) 效率比定义为非利息费用占总收入的比率,它用于表示银行控制其开支水平的能力,效率比越低,银行控制其开支程度就越好。与大型银行相比,小型银行往往具有更高的效率比,因为大型银行可以将费用分摊到更多产品上,而且大型银行往往会从费用中获得更高的收入。

长时间监控这个关键的银行业比率,可帮助你更深入地了解该行业。例如,在20世纪90年代初,该指标达到60%的比例,可被视为是比较好的水平;到20世纪90年代后期,效率比最高的银行也只有50%~55%(中低的50%)。随着银行在20世纪90年代的发展,效率比反映了银行业基本变化(规模增加和收费增加)。

同店销售额(用于零售) 如果你正在分析零售企业,则同店销售额是衡量零售商健康状况的指标之一。同店销售额定义为已营业至少12至18个月的商店的同比销售额变化。它可以帮助你了解商店是否保持现有销售水平或商店销售额是否下降。如果竞争对手的销售情况良好,但你正在研究的零售商的同店销售额下降,那么你分析的零售商正在失去市场份额。

研究指标的来源

用于衡量和评估企业的指标来自各种渠道,包括10-K报表或10-Q报表中的管理层讨论和分析(MD&A)部分、为投资者分析某个行业的行业入门和指南、商业协会、公司新闻稿和关于商业的文章。让我们更详细地看看这些来源。

10-K报表和10-Q报表 10-K报表和10-Q报表是确定企业关键运营指标的重要起点。在企业的资料内容中,查找以下信息:

- 交易数量
- 客户数量
- 营业网点（子公司）数量
- 在职员工人数
- 运营地点的总建筑面积

然后，你可以将这些指标数据（如交易数量）除以收入和成本来计算以下指标：

- 每笔交易的收入
- 每笔交易的成本
- 每个地点的交易

行业入门知识　通常用于衡量一个行业运营指标的来源是否有用，就是研究行业的入门知识，如：

- 路透社运营指标
- 标准普尔行业调查
- 费雪（Fisher）投资指南

这些是为正在研究特定行业的分析师撰写的指南，它们很有用，因为它可以解释运营指标的历史情况，并提供详细信息和附加信息，帮助你了解指标发生变化的原因。

假设你正在研究无线电话运营商，标准普尔行业调查解释说，这些企业最重要的运营指标之一是每用户平均收入（ARPU），于是，该报告继续描述每用户平均收入的历史变化。例如，在新客户激烈竞争的氛围中，供应商在1987年至1998年期间降价，这使得每用户平均收入值下降。同时，该报告引用贸易组织美国无线通讯和互联网协会的数据，还解释了为什么每用户平均收入在此后上涨，这些数据显示，当地月平均账单从1998年6月的39.88美元上涨到2009年6月的49.57美元，这一增长是由于使用量更高和数据相关服务增加所致。报告进一步指出，尽管1998年后费率上升，但自2003年以来一直持平，主要是因为数据使用量的增长抵消了语音使用的下降。

互联网搜索和书籍 使用"行业名称作为行业指标"等术语进行的简单互联网搜索，将帮助你开始确定有用的指标，你还可以在会计教科书和其他有关某个行业的书籍中搜索指标。

贸易协会 许多贸易协会和贸易杂志会发布定期统计比率数据，通常，行业协会的成员将向行业协会发送机密的财务和运营报告，然后将其汇编在行业研究报告中。

例如，2007年，美国国家零售五金协会发布了一份名为"营商成本研究"的报告，其中概述了五金商店、家居中心和木材/建材出口的平均利润和最高利润。当你进行比较时，这些类似的调查很有用，因为你可以将你正在评估的企业与业界以及最有利可图的竞争对手进行比较，很多时候，这些报告将概述某个行业内的某个企业具有更高盈利能力的原因。

随着时间的推移，持续地监控指标

要长时间监测指标，而不是从一年的监测中得出结论。你可以构建一个简单的电子表格，根据季度或年度计算运营指标，以便你更好地了解趋势，然后通过阅读10-Q报表或10-K报表中的MD&A（管理层讨论与分析）部分，逐个确定这些指标的变化原因。

例如，在2009年10-K报表对餐饮企业芝士蛋糕工厂（Cheesecake Factory）的报告中，管理层描述了可比销售额比上一财年减少2.3%的原因：

> 2009年第一季度和第三季度，有效菜单价格分别上涨1.2%和0.8%。2009财年可比销售额下降是由于我们餐厅的客流量减少，我们认为这主要是受整体餐饮业的宏观经济因素影响。

写下所有运营指标变化的原因至少需要3到5年，通过研究运营指标变化背后的原因，你将深入了解哪些因素对企业价值的影响最大。

例如，如果销售额下降，请确定他们为什么下降，而不是关注他们下降了多少。当你确定哪些因素对企业影响最大时，这些便是你想要最密切追踪的运营指标，假设特定原材料成本的变化极大地影响成本，那么你需要追踪相关的指标，例如每吨成本。

确定指标的变化是持久的还是暂时的

最终，你要确定指标的变化是持久的还是暂时的。例如，同店销售收入增长的最常见原因是客流量增加和价格上涨，如果你发现客流量下降，请评估这种下降是暂时的还是持久的。例如，极端天气状况通常会导致零售客流量的变化，这是暂时的，而不是永久的影响。相反，竞争加剧可能会持续很长时间。

将你正在分析的企业指标与企业竞争对手的指标进行比较，找出产生差异的原因

你需要确定你正在分析的企业指标与企业竞争对手的指标之间，存在差异

的原因。在比较一家企业与其竞争对手的运营指标时，要确保两家企业都使用相同的计量和会计标准。例如，当比较两家零售商的同店销售增长率时，请确保使用相同的时间段，例如15个月与12个月。

如果你正在比较两个石油开采企业，并且他们都使用诸如每桶石油勘探成本等指标（勘探成本反映寻找新的石油和天然气储量的费用），请确保会计标准相同。根据美国通用会计准则计算查找成本有两种截然不同的方法。你可以检查10-K报表的脚注以确保用于计算度量标准的会计方法具有可比性，如果不相同，则需要进行调整。

23. 企业面临的主要风险是什么

企业面临着不同的风险类型、风险频率和风险等级，作为投资者，你需要评估这些风险将如何影响企业。我们可以从10-K报表中标题为"风险因素"的这部分开始，在这里，管理层披露了企业运营中已知的大部分风险。一般来说，风险因素分为两部分：

1. 第一部分强调与企业或行业相关的风险。
2. 第二部分强调与股票价格相关的风险。

第一部分的风险更有用，因为它概述了企业运营可能出现的问题。而第二部分的风险往往是所有10-K报表中所使用的标准法律语言，例如，"股票价格可能会波动"。

大多数投资者会快速地研读企业面临的风险，并没有花时间了解企业的潜在风险，但是，你需要在研读企业风险时花费一些时间，并调查企业是否遇到过所列出的风险以及后果，这很重要，因为这将帮助你了解每种风险所带来的不同程度的影响。

你还可以查看直接竞争对手的10-K报表中的风险部分，并查找企业可能未涵盖的风险。行业协会经常会列出常见的风险，并且许多文章都报道过如何减少这些风险。通过这部分的研究，将帮助你收集企业可能遇到的全面风险。

在报告中写下你在10-K报表或其他来源找到的运营风险，这些运营风险可能包括：

- 产能过剩
- 商品化
- 管制放松
- 供应商议价能力提升
- 技术转移
- 法律法规的变化
- 产品过时
- 专利到期
- 市场上出现新的产品线
- 竞争对手的出现
- 品牌侵权
- 过度依赖少部分客户
- 区域分布有限
- 研发失败
- 企业拓展失败
- 合并或收购失败

- 产品线薄弱
- 其他

花时间仔细审查每个风险,当你了解企业可能遇到的不同风险时,请使用此信息构建你的企业估值的下行方案,这有助于你更好地了解对企业价值所产生的种种威胁,并识别那些对企业价值影响最大的风险。

例如,如果五个客户占企业收入的70%,并且如果销售额占比达到20%的客户即将离开,这会对该企业的财务状况产生什么影响?如果你发现失去客户,可能会使得企业负债沉重而导致企业陷入破产,那么你可能会避免投资该企业。

你将了解到,企业会将遇到的大部分风险都在10-K报表的风险因素部分进行概述,并且还披露了企业失败的原因。例如,仔细阅读全球金融服务公司雷曼兄弟(Lehman Brothers')10-K报表风险因素部分的投资者,就避免了投资该公司的股票,因为他们发现随着金融危机的爆发,这些风险被放大了。有些投资者甚至通过卖空股票来赚钱。卖空者看到风险事件的发生,例如交易对手拒绝与雷曼交易,这使得他们更加确信雷曼可能失败。全球金融服务公司雷曼兄弟失败的原因披露如下,这也在10-K报表中进行了披露:

1. 公司的资金状况因交易亏损过多而严重削弱。

2. 对手们停止与雷曼打交道,因为他们仍然持保留态度,并将业务转移到更稳定的竞争对手身上。

3. 雷曼的声誉陷入困境。

4. 短期有担保债权人没有理由继续向雷曼提供贷款。

5. 雷曼不能销售复杂的仪器,因为它们很难估价。

由此可见，通过仔细研究企业的风险因素部分，你将能够更好地评估任何潜在投资的下行风险，并更多地了解风险对企业收入的潜在影响。

在你阅读有关企业的文章时，请查找企业或其竞争对手之前遇到特定风险的案例，了解发生的具体风险以及这些风险所带来的财务影响。

例如，当我的公司以每股不到20美元的价格投资债券评级公司穆迪（Moody's）时，债券评级公司穆迪的股价刚刚从每股30美元以上下跌，这是因为投资者担心穆迪会遭受很多诉讼。这些诉讼大部分来自州检察长办公室和机构投资者，他们声称他们是依靠穆迪评级而购买债券，最终赔钱，这些违约债券中有很多被评为AAA级，这是穆迪的最高评级。市场中出现了很多关于这些诉讼的报纸文章，每当报纸宣布提起诉讼时，就会导致债券评级公司穆迪股票价格的下跌。

然而，我的公司并不像其他投资者那样担心，因为过去有很多类似的诉讼是针对穆迪提起的，事实上，一些诉讼甚至使用了以前诉讼中使用的相同的法律语言。在一个这样的案例中，机构投资者起诉穆迪，目的是要收回他们投资奥兰治郡市政债券的损失，但诉讼未获得成功。当时这是美国历史上最大的市政破产案。我们用过去法律先例的证据来支持我们的投资主题，即穆迪面临的诉讼威胁比投资者认为的要弱。

采用保险承销商的心态，评估运营风险

在思考风险时，应该采用保险承销商的心态，而不是依靠主观的判断。如果你允许主观的判断来进行思考，那么新闻中报道的主流消息可能会导致你相信下一个风险比另一个更大，因为我们大多数人都担心新的风险，而不是曾经经受过一段时间的风险。

例如，9月11日恐怖分子袭击美国世界贸易中心时，美国恐怖主义消息的相对新鲜程度降低了许多股票的价格，投资者也相信会有更多的恐怖袭击，这是大多数企业面临的风险。值得庆幸的是，没有任何其他重大的恐怖主义行为导致生命损失或财产损坏，仅仅因为事件已经发生并且媒体经常讨论它，但这并不意味着实际风险更大。因此，讨论此事的人数多少并非好的指示风险的指标，事实上，越多的人谈论风险，风险就越有可能得到缓解。

与关于风险的思考习惯形成对比的是，保险承销商根据风险频率（即过去发生风险的频率是多少）以及严重程度（即财务成本是多少）来考虑，因此，在识别运营风险时，应确定其频率和严重程度是低，中，还是高。

帮助你识别潜在风险的出现频率和严重程度的一个重要来源是保险公司写的保险手册，例如贝氏评级公司（A. M. Best）的《承保指南》(*Underwriting Guide*)。保险承保人的工作是识别企业中的所有风险，以便他们能够适当地为保险承保范围定价。该指南提供了广告代理商、饮料经销商、服装制造商、电子零售商、家具店、碎石矿业公司、放贷企业、无线电话运营商，以及数百种其他类型的企业等，近580种商业和行业分类所涉及的所有主要风险的详细说明和保险商清单。保险商清单中的风险清单是经过深入研究的，突出了企业遇到的主要风险。

你将如何衡量风险

风险不仅仅包括发生某种事情的可能性，另外，你必须考虑结果可能有多严重，结果越严重，风险越高，例如，破产威胁要比违法罚款的威胁严重得多。

衡量风险非常困难，因为你永远不会知道未来会发生什么，以及可能导致不止一个结果。

为帮助你了解某种风险可能带来的财务影响，请查找过去的证据。使用适当的历史数据，而不是进行主观评估，看看遇到类似风险的其他企业。例如，在第1章中，我们研究了发生安全漏洞的信用卡交易公司哈特兰支付系统，即一名黑客能够获得多家商户的信用卡信息，哈特兰负责支付更换这些被盗信用卡的费用。最近还有一个类似案件涉及了零售商麦克斯（TJ Maxx）和马歇尔百货（Marshalls），其电脑系统也遭到黑客入侵，这些零售商与发卡银行达成和解，以每卡约70美分更换被盗卡。使用这些信息作为参考点，你可以更好地估计可能的处置成本，如果你缺乏关于风险产生影响的案例和数据，那么你可能会考虑减少投资规模或将其出售。

我们来看另一个例子，在这种情况下，为什么投资经理弗朗索瓦·罗雄（François Rochon）没有投资加拿大油砂，因为他无法理解所涉及风险的潜在财务影响，这里，我们进行详细分析。

案例分析：投资加拿大油砂风险太大

资金管理商吉维尼资本（Giverny Capital）的创始人弗朗索瓦·罗雄，在其2008年度报告中向合伙人概述了投资加拿大艾伯塔省开采油砂企业的风险，他解释了为什么他认为这些风险对他来说太大了，因为企业涉及太多未知变量：

> 很显然，艾伯塔省的油砂代表了神话般的财富来源。储量是个天文数字，而且似乎一切有利可图的开采都已经就位，但这种开采并不像传统燃料那么简单，它的资金需求非常高，而且油砂转化成油的过程非常复杂。从油砂生产一桶石油需要两到四个水桶，而且必须为废弃物寻找存放的地方，这种废水处理可能成为一个主要的环境问题。在2007年底，美国政府通过了"能源独立与安全法案"，它规定，联邦机构不能再签署比传统的石油更具污染性的燃料采购合同。专家估计，与油砂相关的排放量比传统石油资源高约20%至25%。这一政治因素使得去年秋天艾伯塔省政府

下令增加特许税,虽然这个地区的增长前景令人印象深刻,但是有许多可能的意外情况(包括对原油价格的巨大依赖)。我们正在监测这个行业的主要参与者,但现在,我们只是好奇的观众。

如果罗雄了解了过去这些环境负债或其他数据带来的潜在财务影响的案例,可以支持油砂投资的风险安全,那么,他可能有采取行动的一些基础。而若是没有数据支撑的话,他决定保持观望。

当你考虑10-K报表或其他来源中提到的风险时,请像保险承保人那样思考,确保你了解风险的可能性和潜在的财务成本。通过阅读文章并查找企业或竞争对手之前遇到特定风险的事例,了解有关这些风险的更多信息,尝试了解这些风险的财务影响。最后,根据数据和过去的事例进行评估,而不是随便进行评估,有关重大潜在风险的数据有限或没有数据时,请考虑拒绝投资。

■ 24. 通货膨胀会对企业造成什么影响

通货膨胀对大多数企业有负面影响。大多数投资者都认为通货膨胀是随物价上涨而发生的,其实非也,是金钱的价值出现了降低。要评估通货膨胀对你所持股或潜在持股的影响,你可以问问自己,这家企业是否能够保持足够的实际现金流。换句话说,为了避免通货膨胀带来的价值破坏效应,现金流必须与通货膨胀率以相同的速度增加。通货膨胀对企业价值的最大威胁来自企业无法将成本增加完全转嫁给其客户而不损失销量。如果企业无法提高价格以抵消通货膨胀的影响,那么它将无法保持实际现金流。企业能够抵消通货膨胀的负面影响,需要具有以下条件:

- 传递价格上涨的能力
- 降低成本的能力
- 低资本支出要求
- 长期债务期限
- 通货膨胀风险

这里,我们站在更加专业的角度深入研究这些因素。

传递价格上涨的能力

价格上涨使企业可以抵消通货膨胀的影响,因为企业可以据此转嫁增加的成本。如果企业能够保持销量,其现金流将获得支撑。

降低成本的能力

如果企业能够降低成本结构,则可以抵消通货膨胀期间的劳动力和材料成本的增加。具有高固定成本结构的企业,或需要不断对资产进行再投资的企业(例如炼油厂),将难以降低成本以抵消通货膨胀的负面影响。而那些具有可变成本结构的企业(例如西联汇款企业,其可变成本占企业总成本的75%以上)可以更轻松地调整成本。

低资本支出要求

对于资本支出较大的企业,通货膨胀会增加更换现有资产的成本。例如,正在成长的企业——零售商,可能因通货膨胀效应而受到影响,因为扩建新店的成本将会增加。另外,以较低成本投入资本的企业可能会在通货膨胀环境中受益,因为旧资产的价值将会增加。例如,10年前在一个发展中地区兴建大楼的投资者,当该地区的新建筑物以较高成本建造时会受益,这是因为旧建筑的价值随着该地区租金的上涨而上涨。

长期债务期限

普遍的观点是,随着债务价值的下降,拥有大量债务的企业将受益于通货膨胀期。如果企业不需要在近期内因债务而进行再融资,就可以受益,因为通货膨胀通常会导致借贷变得更加昂贵,而不是更便宜。实际上,贷款人为避免签订长期合约,在通货膨胀期间对贷款的要求会更高,因此,在资产负债表上有长期债务期限或有限债务的企业处于有利位置,因为它们可以避免增加利息费用和限制性较高的贷款契约。

通货膨胀风险

通货膨胀风险具有各种类型,例如成本上涨(包括工资通胀)和利率上升,你需要了解每种通货膨胀风险如何影响你的每个投资组合,这将帮助你在通货膨胀的环境中做出投资决策。让我们仔细看看这些风险。

成本上涨　这里以成本上涨中的工资上涨为例进行分析。拥有大量员工的企业(如杂货店)将受到工资上涨的影响,工资膨胀的来源很多,例如特定州的最低工资率提高,福利待遇成本增加或员工留存率高。但不管来源如何,劳动力成本的上涨都会大大降低自由现金流。

利率上升　大部分股票会受到利率上升的负面影响。在利率上涨的环境下,股票的收益率通常会下降,这就是为什么在通货膨胀上涨和企业盈利下降的时期,股票往往表现不佳。投资房地产的企业将受到负面影响,因为利率上升情景下的资本化率会上升,从而导致整体资产价值下降。如果企业有大量的可变债务(相对于固定利率债务),那么利率上升也会增加利息的支出。

为了评估通货膨胀对潜在或当前持仓量的影响，要确定企业在材料成本、工资或利率上升的情况下能否保持正常的现金流。

25. 企业的资产负债表是强还是弱

资产负债表强劲或疲软可能是你面临投资成功和投资失败的主要原因，强劲的资产负债表将为管理层提供所需的财务灵活性，以在各种经济时期应对不同的投资机会。你的主要目标应该是弄清楚能否预测企业所产生的现金流，以确保可以在资产负债表内和在资产负债表之外进行债务支付。如果现金流下降，你需要足够的安全边际来偿还债务。

我们先看看企业承担债务的动机。

识别企业的债务动机

在资产负债表中研究企业债务背后的动机常常很有用，能够判断企业是否承担了资金损失、进行收购、支付特别股息或进入新产品线的债务。

例如，在2005年至2007年的信贷繁荣期间，许多企业被私募股权公司私下收购，随后再次上市。为了收回他们刚刚上市的这些企业的更多股权投资，私募股权公司迫使这些企业发行债务并支付大量的一次性股息。例如，达美乐比萨（Domino's Pizza）为股东发行了特别的一次性每股13.50美元的股息。首席执行官大卫·布兰顿（David Brandon）可能没有为这个方案提供足够的实施理由，只说道："我们认为这个新的资本结构是我们公司较为合适的企业财务决策。"这种情况和类似的情况使很多企业承担了大量的债务，管理层通常会试图证明其资产负债表需要更好的资本结构，并需要杠杆作用来最大限度地发挥企业价值，从而证明其行为合理。当你在这种情况下发现一家企业时，要知道你是正在考虑与管理层、董事会形成合伙人关系,而这样的做法(通过借债来付一次性股息)可能会损害公司的财务实力。

考虑到低负债的优势

债务有限的企业有几个优势,比如说,将有限的债务看作是可以在现有现金流的3年内偿还的债务。首先,企业进入破产的风险较小,使得作为投资者的你能够安心地睡觉。其次,强劲的资产负债表让企业能够择机选择,拥有强劲资产负债表的企业往往能够获得竞争优势,因为他们能够以其杠杆竞争者无法做到的方式投资于自己的企业。例如,在2008年开始的信贷危机期间,那些债务高的企业陷入信贷泥潭,正在寻找现金偿还债务以避免破产,而处于更强势地位的企业则可以投机取巧,并回购股票,进行收购,或实现资产增长。

保守使用债务公司的案例研究:布鲁克菲尔德资产管理公司

全球资产管理公司布鲁克菲尔德资产管理公司(Brookfield Asset Management)是保守使用债务的公司典范。布鲁克菲尔德力求以保守的方式为其企业融资,主要通过长期的、投资级、无追索的债务为其企业提供融资。大多数债务是由特定资产担保的,这确保了一家资产或企业部门的不良业绩不会损害公司的其他部门。为了进一步保护自己,布鲁克菲尔德只会借用它通常能够在一个商业周期内偿还的金额。

布鲁克菲尔德也拖延了偿还债务的期限,以免它们同时到期,从而降低再融资风险。布鲁克菲尔德通常会提供能够产生具有长期固定利率债务,而不是浮动利率债务,来为能产生可预测的长期现金流的资产做融资,以提供现金流稳定性,即使利率变化时也能保护收益。它还与包括股债在内的广泛的融资渠道保持联系,以能够在整个商业周期内都可得到发展业务所需的资本支持。通过这种做法，它无须依赖任何特定的资本市场来为其业务运营做融资。

确定一家企业可以借多少钱

你需要确定一家企业可以借多少钱。借贷能力取决于两部分因素、企业的内部因素，如盈利能力、稳定性、相对规模、资产构成以及企业的行业地位；它还取决于外部因素，如信贷市场状况和趋势。在紧缩的信贷环境中，银行和其他金融机构贷款的可能性较小，通常会施加更多的限制，例如较低的债务收入比率。在宽松信贷环境下发放贷款，金融机构的要求会更宽松，比如更高的债务收入比率，因为它们试图扩大信贷申请人的数量。

企业可以在其资产负债表上偿还的债务总额，取决于企业产生的现金流的数量和分布情况，以及确保手中的资产价值。现金流对企业来说越稳定，它可以承担的债务就越多。例如，考虑现金流稳定的公用事业企业，这些企业可以轻松处理其资产负债表上的大量债务。相比之下，一个更具周期性现金流模式的企业，比如住房建筑商，便无法处理大量的债务，这是因为当其现金流与商业周期产生联系时，偿还债务会更加困难。

考虑资产负债表以外的债务

要计算企业的总债务，你必须把任何资产负债表外的债务也考虑进去。任何时候，如果合同义务没有出现在资产负债表上，那么你就要处理资产负债表外的债务。这些包括：

- 租赁义务
- 保修
- 购买合同

- 企业的养老金负债
- 任何其他合同义务

这些通常在"承诺和意外事件"部分下的财务报表的脚注中进行披露。零售商、船舶运营商、航空公司和许多其他类型的企业都有较大的合同义务,这些都在资产负债表之外。

例如,许多企业使用长期租赁合同租用建筑物和设备,如果这些租赁责任归类为经营租赁而非融资租赁,则不需要在资产负债表上报告,而是将其放在脚注中,但是,这些所需的租金是与债务类似的合同义务。估计企业的总租赁负债的好的经验法则(以及一种信用评级机构经常使用的方法),是将一年的租赁费用乘以7,否则,你将必须使用贴现率将未来的租赁付款折扣至现在。

资产负债表外负债的另一个例子是,当一家公用事业单位必须每年以每吨固定价格购买一定数量的煤炭时,或者当一个诉讼正在等待判决,并且企业已经估计了需要在将来支付的损失形式的潜在负债。

用比率来确定公司偿还债务的能力

有两种类型的比率可以用来找出公司支付其债务的容易程度,一个是涵盖比率,另一个是静态比率。我们来分别进行分析。

涵盖比率 涵盖比率可以衡量一家企业完成固定债务的能力,就是将可用于支付给固定年份的总固定债务的收入除以年利息支出和固定支出。有各种类型的涵盖比率:

- 税息折旧及摊销前利润(EBITDA)与利息支出的比值
- 息税前利润(EBIT)与利息支出的比值

- 运营现金流与利息支出的比值

例如，如果一家公司产生税前收入为2亿美元，并支付利息费用5000万美元，则其利息涵盖比率是4倍，这是企业用税前收入支付利息费用的倍数。更保守的计算是使用息税前利润，不会加回折旧费用，很多时候，折旧费用等于维持企业资产所需的金额，这是企业的实际成本，通过不增加折旧，你可以有效计算这些维护成本。

在计算涵盖比率时，最好使用现金流作为分子，因为负债必须以现金支付。而盈余是一个较灵活的会计措施，可以操纵，所以使用现金流是一个更一致且可靠的措施。

为了解释涵盖比率，你必须考虑现金流的分布和可预测性。对于所有企业，你不能将一个涵盖比率（例如税息折旧及摊销前利润的五倍）用于所有企业的利息支出，并且假设它是保守的，一般来说，现金流周期性越强，你需要的涵盖比率就越高。医疗保健和制药公司通常比石油和天然气公司的现金流分布更稳定，医疗保健公司的保守涵盖比率可能是税息折旧及摊销前利润/利息支出的8倍，但对于石油和天然气企业来说，可能是10倍。

静态比率 另一个最有用的比率是静态比率，它衡量企业在一个时间点偿还债务的能力，这些包括：

- 流动资产对流动负债的比率
- 负债对权益的比率
- 负债对总资产的比率

使用评级机构

了解企业资产负债表杠杆化程度的一种简单而直接的方法是检查穆迪、标准普尔和惠誉(Fitch)等公司的评级,虽然你不应该依赖这些评级,但你应该把它们作为一个起点,这些评级报告都是公开可用的,它们将帮助你快速了解企业的资产负债表。评级机构专注于审查债务发行公司的资产、财务资源、盈利能力、管理以及债务担保的具体规定。

以下是穆迪用于评级债务的样本涵盖比率和静态比率:

表5.1 税息折旧及摊销前利润/利息支出的比率

公司评级	税息折旧及摊销前利润/利息支出的比率范围
Aaa至A	17×至8.2×
Baa至B	5.1×至1.5×
Caa至C	0.3×

表5.2 债务对税息折旧及摊销前利润的比率

公司评级	债务对税息折旧及摊销前利润的比率
Aaa至A	0.9×至1.7×
Baa至B	2.4×至5×
Caa至C	6.3×

资料来源:J. 坦南特(J. Tennant),"按全球非金融公司的评级和行业分类的穆迪金融指标关键比率",《穆迪特别评论》,2007年12月。

使用这些比率的不利之处在于,它们只能在某个时间点为你提供企业快照。一家企业可能会发生巨大的季度变化,因此如果不在较长的时间范围内进行分析,静态比率可能会产生误导。例如,如果你正在分析零售商,这些比率会根据季度而波动,比如在第一季度和第二季度,零售商正在存货,可能会有更多的债务，更多的资产，并产生更少的收入，而在第四季度，同一零售商可能拥有较少的债务和资产，但由于假日销售而产生较高的收入。

评估企业的短期财务实力

你应该了解资产负债表的流动性如何，它会告诉你企业通常需要将资产转换为现金所需的时间，这将有助于评估企业支付其短期负债的能力。短期流动性对借贷方来说非常重要，因为无力支付短期债务就会导致大多数企业破产。

资产负债表上的资产可以按其流动性排列，流动资产是诸如现金、应收账款和存货之类的东西，而长期资产包括房产、厂房和设备。

要确定企业的短期流动性需求，请评估资产负债表上流动资产的清算速度。首先，从现金开始。

现金 有时候现金的流动性没有你想象的那么强，所以你需要做出调整。许多企业在外国司法管辖区赚取收入，并在其获得收入的国家留存现金，以避免在美国纳税。如果这样的企业将这笔现金投资到美国，那么这笔资金需要被打折，从而支付企业必须支付的税款。例如，在2009年，计算机制造商戴尔的大部分现金都在外国司法管辖区，如果戴尔想用这笔现金在美国回购其股票，它将不得不在美国纳税，税率高达30%。因此，需要企业为这些潜在税收调整现金余额。

企业还可能为留出正常经营活动所需资金而调整账面现金余额。例如，截至2009年第四季度，儿童零售商熊宝宝工作坊（Build-A-Bear Workshop）在其资产负债表上拥有6000万美元的现金。然而，截至2010年第二季度末，熊宝宝工作坊的现金余额已降至3100万美元。这是因为在这个繁忙的假期之前，熊宝宝工作坊需要在此期间建立库存。假设6000万美元的现金可用于支付短期债务，而投资者进行了错误的投资，因为由于季节性运营资金需求，那么，熊宝宝工作坊的现金余额出现波动。投资者应根据不同业务类型特征而对账面现金做正常化的处理。

应收账款 接下来，你需要了解公司应收账款的质量和流动性，这对那些赊销的企业尤其重要。你需要计算应收账款周转率，以了解企业能够以多快的速度收回其应收账款，即将应收账款转换为现金所需的时间。应收账款周转率按净销售额除以应收账款总额均值计算，如果将这个数除以365，则可以得到应收账款周转天数，即可计算出应收账款周转天数。例如，如果企业将其应收账款转换为现金需要120天，并且只有30天偿还短期债务，那么企业可能会面临短期的流动性紧缩。换句话说，支付账单的现金没到，但账单已经到了！

库存 了解将库存转换为现金需要多长时间，也将帮助你了解企业能够多快地偿还其短期负债。你可以通过将销售成本除以平均库存来计算，可以转换为将周转金额除以365，即可算出库存周转天数。

库存是一项重要资产，库存周转是企业创造收入的主要方式之一。一家企业需要有足够的库存，因为如果产品用完就会失去销售额，然而，长期库存过多也不好，除了未能产生收入，企业必须花费存储的费用，并且可能会变坏或过时。

评估企业的长期流动性需求

与长期流动性相比，短期流动性更容易评估，因为短期比长期更容易做出合理预测。如果你无法做出长期预测（周期性企业往往是这种情况），那么你很可能无法了解企业的长期财务实力，因此，用于评估企业长期流动性需求的措施不太具体。流动性取决于企业是否拥有永续性股权资本或使用短期资金，这是暂时的，因此是风险较高的资金来源。

全球资产管理公司布鲁克菲尔德资产管理公司，是一家使用永续性股权资本，而不是短期资金来为其企业融资的企业。2010年，布鲁克菲尔德获得了300亿美元的永久股权资金。首席执行官布鲁斯·弗拉特（Bruce Flatt）解释了原因："这是因为资本不会到期，所以没有保证金要求，因此外部市场波动带来的亏损对公司的资本基础影响非常小。"多年来，布鲁克菲尔德一直在加强其永续性股权资本，以加强其资产负债表。例如，在2001年布鲁克菲尔德将中长期债券转换为普通股时，这为布鲁克菲尔德的资本基础增加了永久股权，它还加强了资产负债表，并消除了这些债券的利息成本和风险。

确定债务利率是固定的还是变动的

确定债务利率是固定的还是基于可变利率，后者如LIBOR加5%（LIBOR是伦敦银行同业拆借利率），你可以在标题为"债务"的注释下的财务报表脚注中找到这些信息。如果利率是固定的，那么你将能够更好地评估债务融资的影响。如果利率是变动的，则必须考虑到利率上升或下降的可能性，从而增加了预测的不确定性。

确定债务到期的时间表

再融资债务代表了企业的风险，确定债务何时到期对你来说很重要。你可以在财务报表附注中的债务脚注部分找到债务到期的时间。例如，当利率很低时，企业可能已经发行了债务。如果在此期间利率上升，并且企业有意为债务再融资而不是偿还债务，则必须支付更高的利率，这将降低企业的收益。

其他限制也会限制信贷的可用性，由于信贷市场枯竭，2008年许多企业无法再融资。

● CHAPTER 5 / 第5章

评估贷款契约

要了解企业财务是否紧张，需要评估其贷款契约，并确定企业是否接近贷款人设定的授信额度。贷款契约是贷款人要求的贷款条款，并且它们用于保护贷款人。贷款契约定义了可用的默认限制和法律救济，这使贷款人在破产前尽早开始谈判，以便贷款人仍有时间寻求解决方案。大多数债券契约和信用协议，通过设定企业不得超过的最低比率来限制公司采取削弱流动性的任何行为，例如，公约可能规定流动比率（即流动资产除以流动负债）不得低于1.1。

你通常可以在10-K报表或其他财务报告中找到有关贷款契约的信息，如果企业接近授信额度，这表明它在财务上处于紧张的状态，但是，良好的贷款契约状态，并不能保证偿付能力；管理层有时可以将契约的定义延伸到比现实存在更好的财务状况。

确定企业是否有追索权或无追索权债务

最良性的债务形式是无追索权债务，即由特定资产而非整体企业担保的债务。在无追索权的情况下，如果企业拖欠了由某种财产支持的贷款，那么它有权将财产转交给贷款人，而不会有进一步的损失。

例如，美国最大的商业地主之一，房地产公司沃那多房产公司（Vornado Realty Trust），当它不愿意继续偿还一笔无利可图的风险债务时，它会简单地移交一些大型财产的所有权。它将其在美国的第二大家具陈列室所有者和经营者的所有权，转交给负责监督抵押权的特殊服务商。沃那多花费21780万美元在北卡罗来纳州购买了许多财产相关的非追索债务，如市集广场综合设施，其中成千上万的消费者来自家庭装饰品制造商和批发商。沃那多能够摆脱无追索权的债务，或仅由单一财产担保的债务。

■ 26. 企业的投入资本回报率是多少

投入资本回报率（即投入回报率）(ROIC)是企业获得的利润与企业投资金额的比值，它向你展示了企业使用资产的情况。相对于特定的投资量而言，获得的利润越多，企业就运营得越好，这是通过收入除以用于产生收入的投资金额而计算得出的。以下是用投入资本回报率分析企业的两条经验法则：

1. 投入资本回报率低于5%的企业通常被认为是低质量的企业，除非它正在发展竞争优势。

2. 相比之下，创造投入资本回报率超过10%的企业是高质量的企业。

不同行业的平均投入资本回报率不同，从范围上来说，负数到50%以上不等；以下是一些高端、中端和低端投入资本回报率行业的例子：

● 在高端市场，投入资本回报率超过20%的通常是软件公司、软饮、制药、蒸馏酒、奢侈品和医疗器械等行业。

● 投入资本回报率为10%至20%的行业包括酒店、包装食品、杂货店、药店和书籍出版。

● 在低端市场，投入资本回报率从负数到5%不等，都是航空公司等行业。

为什么计算投入资本回报率很重要

假设你正在分析两家不同的企业。第一家企业能够从1000万美元的销售额中获得10万美元的净利润，第二家企业能够从500万美元的销售额中获得50万美元的净收入。第一家企业产生1%的净利润率，而第二家企业产生10%的净利润率。不仔细思考的情况下，你更愿意投资哪一个？仅仅基于这些信息，大多数投资者会偏好产生更高净利润率的企业。

然而，为了更好地回答这个问题，你必须再进行深入分析，即你需要确定产生这些收入所需的投资或资产水平。

假设在第一家企业中，需要100万美元的资本就能赚取10万美元，而在第二家企业中，需要1000万美元的资本才能赚取50万美元。第一家企业的资本回报率为10%（$100,000/$1,000,000），而第二家企业为5%（$500,000/$10,000,000）。在考虑投入资本回报率后，你可以看到第一家企业是一家更高质量的企业，因为它需要较少的资金就能产生相同的利润水平。

其原因是投入资本回报率越高，企业获得的收入就越多。假设你投资购买了一家拥有100美元资本的企业，并获得了5%的投入资本回报率。那么，企业的收入是多少？ 正确的答案是5美元。现在假设企业可以获得80%的投入资本回报率，那么，这时企业的收入又是多少？正确答案是80美元。可见，拥有高投入资本回报率的企业将从长期收益中获得更多财富，分发给股东。理想情况下，你希望拥有一家在较长时间内可以将额外收益，再以高投入资本回报率进行投资的企业。

例如，自2000年以来，在依欧格资源公司（EOG Resources Inc.）的石油和天然气企业部门，在首席执行官马克·帕帕（Mark Papa）的领导下，平均投入资本回报率已经达到20%，因此，每股账面价值从1999年12月31日的4.12美元增加到2009年12月31日的40美元。这导致股价从2000年1月1日的每股7.75美元上涨到2009年12月31日的每股97.77美元，股价上涨1,161%，这还不包括可进一步提高回报的股息。此外，股价上涨并不是因为依欧格的股票在高昂的市场条件下被简单地抬高；这种情况下的价格受盈利推动，因为依欧格在整个这段时期基本保持相同的市盈率倍数。

计算投入资本回报率对你来说非常重要，因为最终企业的价值是基于企业能够在其投入资本上实现的回报，投入回报率也是判断长期股票回报的一个很好的预测指标。换句话说，如果你为这只股票支付合理的价格，并持有5年，若该股票的投入资本回报率为5%，那么你的股票回报可能与该股票的投入资本回报率相似。

你必须将企业的投入资本回报率与你为股票支付的价格挂钩，因为你支付的价格决定了你的回报率。如果你为某只股票支付的价格太高，如比账面价值高几倍，那么高投入资本回报率无法帮助你获得令人满意的投资回报。你必须记住，投入资本回报率计算的是企业获得的回报，而不是以你的股票成本为基础实现的回报，由于你的回报是基于你为股票支付的价格，因此请确保你通过支付较低的股票价格而从高投入资本回报率中受益。

计算投入资本回报率的方法

计算投入资本回报率的基本方法是计算收入，然后除以用于产生收入的投资。计算投入资本回报率的方法有很多，但没有一种方法被普遍接受。你可以使用商誉或不使用商誉来计算投入资本回报率，也可以使用总资产或净资产来计算投入资本回报率，前提是你需要将计算调整为你正在分析的企业类型。每种计算方法的优缺点如下所示。

基本方程 我们首先从投入资本回报率的基本方程式开始：

投入资本回报率 = 息税前利润/投入资本

投入资本 = 总资产−多余的现金+/−累计摊销和折旧+/−商誉或其他无形资产+表外项目−无息流动负债

计算分子 首先，通过移除利息收入、税收和利息费用，从企业运营中分离收益：

- 从现金余额中移除利息收入，因为它不是由企业的核心业务产生的。
- 除去税款，因为你需要隔离税率差异、税收损失结转或任何其他形式的税务管理的影响。
- 排除利息支出，以消除融资决策的影响，这些决策在企业和行业中各不相同。
- 同时考虑减去非经常性项目，例如重组、减值支出，以及税前收益中无形资产的摊销费用。

计算分母 接下来，你需要确定企业应包括哪些资产，应扣除哪些负债以及确定投资基础时应如何估计资产。理想情况下，你想确定经营一家企业每天需要多少投资，那么，在计算投资基数之前，你必须进行一些调整，例如清除超额现金，决定是使用总资产还是净资产，包括或不包括商誉，消除流动负债，包含表外资产和负债，例如已被证券化的应收账款，养老金负债和资本化经营租赁。

一定要使用平均金额作为投资基础，而不是依靠一个特定的季度。例如，如果你正在评估零售企业，并且你使用第一季度结束时的数据，但这些数据会异常的低，因为零售商通常卖掉了大部分库存，因此，你计算的投入资本回报率数据会异常高且容易产生误导。

现在我们来回顾调整投资基础的每个项目的优缺点：

清除超额现金 你需要清除企业运营中不需要的多余现金，以便更好地了解核心业务产生的投入资本回报率，而超额现金就是经营日常企业活动不需要的现金。

例如，在折扣零售商99美分店中，1995年到1999年的平均投入资本回报率为20%，但随着现金余额增加，投入资本回报率开始下降。许多分析师对降幅感到担忧，并认为这是由于商业环境恶化所致，事实上，这是由于资产负债表上的现金过剩导致下降。通过清除多余的现金，你将了解企业运营产生的投入资本回报率，这通常被称为运营资本回报。在99美分店中，不含现金的投入资本回报率远远高于包括现金在内的投入资本回报率，如表5.3所示。

表5.3　99美分店的投入资本回报率

99美分店	1995年	1996年	1997年	1998年	1999年
包括现金在内的投入资本回报率	24.3%	21.9%	20.4%	19%	18.5%
不含现金的投入资本回报率	26.7%	43.4%	28.7%	28.6%	37.3%

资料来源：货币的时间价值，有限合伙人（LP）内部研究和标准普尔资本智商。

包括房产、厂房和设备成本　计算时必须包含经营企业所需的固定资产的购买金额，例如房地产、工厂和设备。你需要确定是否使用这些资产的账面总值或这些资产的折旧账面净值：

- 总账面价值为历史资产或购置成本，不清除累计折旧或摊销。
- 净值是清除累计折旧的价值。由于每年的资产账面净值较低，这导致投入资本回报率逐年增加。随着资产基础的减少，这导致投资初期的收益率较低，后期的收益率较高。

我们来看一个例子。如果一家企业正在折旧其资产基础，并赚取相同数额的收入，那么投入资本回报率自然会增加，因为分母正在减少。以账面价值20万美元的资产为例，假设在未来5年，企业每年折旧3万美元，如果资产在未来

5年中产生1万美元的收入，投入资本回报率将从第一年结束时的5.9%（10,000美元除以200,000美元减去30,000美元）增加到第五年结束时的20%（10,000美元除以200,000美元减去150,000美元）。因此，相同的资产会随着时间的推移而产生越来越大的投入资本回报率。表5.4是显示这些金额（以千计）的图表。

表5.4　折旧对投入资本回报率的影响

	Y0	Y1	Y2	Y3	Y4	Y5
账面价值折旧	$200	$170	$140	$110	$80	$50
收入	$10	$10	$10	$10	$10	$10
投入资本回报率	5%	5.9%	7.1%	9.1%	12.5%	20%

为抵消这种影响，你可能需要考虑使用总资产，加回累计折旧，这样，投资基础不受资产折旧或资产减记的影响。

大多数投资者最终使用净账面价值，使用净资产而不是总资产的观点是，资产贬值会被维护和修理费用所抵消，维修费随着设备的老化而增加，因此趋于抵消资产基础的减少（如果有减少的话）。

纳入或排除无形资产或商誉　在计算投资基础时，你可能希望取消商誉或其他无形资产，因为这些资产不是企业必须继续补充的资产。通过消除商誉，一方面，你可以更轻松地看到有形回报的改善。另一方面，要意识到，如果你从计算中排除商誉，它可能掩盖管理层为收购付出过多的事实，使得资本回报似乎高于实际收益。

在某些情况下，谨慎的做法可能是在计算投资基础时，纳入商誉或无形资产，例如在分析必须购买电视版权的媒体企业时，这些电视节目的版权在资产负债表上反映为无形资产，但这是企业运营所必需的投资。

包括资产负债表外的负债　在计算投入资本回报率时，你应该将表外负债添加到投资基础的计算中,因为这些是与债务类似的合同义务。这些负债包括经营租赁、退休金亏损或证券化的应收账款。

经营租赁　经营租赁为进行商业合同所支付的租金,不包括在资产负债表中,而融资租赁在资产负债表中体现为资产和负债。你可以在财务报表的说明中找到经营租赁,可以使用贴现率来贴现未来的经营租赁债务,也可以用诸如7倍的倍数经验法则来乘以一年的租金。

例如,在一家药品服务公司CVS凯马克(CVS Caremark),2009年10-K报表的"注释"部分总结了重要的合同义务。经营租赁的全部债务是269亿美元,远高于2009年底资产负债表上的长期债务总额88亿美元,因此,资产负债表外债务占负债总额的很大比例。如果你使用表外项目(如将经营租赁转换为资本化租赁),请确保对分子进行适当调整。例如,如果你要添加资产负债表以外的经营租赁,你必须将分摊费用加上租金费用,以避免重复计算。

退休金亏损　资金不足的退休金计划是一项负债,因为企业必须用现金弥补资金短缺。例如,在国防技术公司雷神公司(Raytheon Company),2009年养老金计划的资金状况显示在"资产负债表上确认的净额"的标题下,为46亿美元的赤字。在计算企业的全部合同义务时,你必须包括这个赤字。

证券化的应收账款　在资产负债表上被证券化,并以折扣价出售给其他投资者的已经移除的应收账款,也应该加进去。

清除非利息流动负债　从投资基础中移除短期负债,如应付账款、薪酬和福利、其他应计项目、预收款、未实现收入和非即期递延所得税。应付款实际上是免息贷款,企业不需要安排任何款项,因此应该从投资基础中移除。

评估公司再投资盈余的能力

请避免陷入这样一个结论:一家企业比另一家企业更好,是因为它拥有更高的投入资本回报率。企业拥有更高的投入资本回报率固然重要，但重要的是企业将其超额收益再投资于高投入资本回报率的能力，因为这个能力能够创造未来的价值，所以你需要确定企业可以重新投资的超额现金流的比例，以及新投资的投入资本回报率是否相同。

例如，润滑油生产商武迪（WD-40）产生大量的自由现金流，但无法再投资于该企业，因为武迪没有很多增长机会，所以无法将大量资金投入到企业中，因此，该公司把大部分自由现金流作为股息进行支付。如果企业能够将这些超额自由现金流，再进行投资到其15%的投入资本回报率上，由于复利的影响，企业价值将显著增加。

与全球资产管理公司布鲁克菲尔德资产管理公司进行对比，布鲁克菲尔德资产管理公司能够将其大部分超额现金流再投资到其企业上，投入资本回报率为10%至15%，这使得布鲁克菲尔德资产管理公司可以创造更多价值。

如何提高投入资本回报率

为了更好地了解投入资本回报率，你有必要了解企业如何改善投入资本回报率。投入资本回报率可以通过以下方式改进：

1. 更有效地利用资本，如更好地管理存货或更好地管理应收账款；
2. 提高利润率，而不是一次性提高营业外的现金收入。

一方面，一家超市连锁店对较低的通常为1%的利润率感到满意，因为它可以很快转换库存。它的资产投资相对较低，因为其大部分资产都是租赁的。另一方面，像钢铁制造商这样的资本密集型企业，对资产投资需求量就很大，因为这种大量投资会降低资产周转率，钢铁制造商必须实现高净利率才能为投资者提供合理的资本回报。又如，固特异轮胎（Goodyear）的资产周转率也很低。虽然其净利润率与惠而浦（Whirlpool）相当（二者均略超过5%），但固特异的投入资本回报率远低于惠而浦，主要因为其资产周转率较低，惠而浦的投入资本回报率为17%，而固特异的投入资本回报率为9.6%。以下是其他一些示例：

- 一家企业的长期固定资产可以提高生产率。如果一家企业能够为其拥有的每座房产、工厂和设备产生更多的销售额，那么它将能够产生更高的投入资本回报率。例如，想要提高投入资本回报率的餐厅可能会考虑开放午餐和晚餐，这使得餐厅能够在餐厅资产上投入资金以产生更多的销售额。

- 企业可以使用在线销售渠道来提高库存和销售成本的效率，同时还可以进入更多的市场。高档家庭用品和家具零售商——威廉姆斯索诺玛（Williams-Sonoma），起初只是一家商品目录零售商，到2010年，电子商务占直接消费者收入的77%，并且远远超过零售店或目录销售额。与零售和目录企业相比，威廉姆斯索诺玛的电子商务网站拥有较低的固定资产基础、较高的库存周转率以及较高的营业利率，从而使其获得较高的投入资本回报率。

- 企业可以通过提高库存周转率（销售成本/平均库存）来提高投入资本回报率，因为经营较高的库存周转需要较少的资金来为企业提供资金支持。而库存越多，企业将资金花费在库存上的速度就越快，实际上，企业将资金投入库存的时间较短。

- 企业可以更快地回收客户的应收账款。例如，一家葡萄酒经销商，星座品牌公司（Constellation Brands, Inc.）报道："去年，我们真正关注了美国的应收账款。我们实际上能够将在外销售的天数（DSO）减少4天，而一天价值约900万美元。我们认为这是一个永久性的改善。"通过更迅速地回收资金，星座品牌整体资本投入较少，使得投入资本回报率增加。

● 零售商可以在其产品线中更具选择性，专注于销售迅速的产品，清除销售缓慢的产品。20世纪90年代中期沃尔玛开设了20万平方英尺的商店，而2010年沃尔玛开设了较小的商店，这一变化有助于降低库存水平，并减少资本投资。由于较小的商店备有销售更快的商品，而不是各种各样的商品，因此这一变化也改善了库存周转率，这有助于沃尔玛提高投入资本回报率。

● 一家制造公司可以使用精益制造来削减所需存储的库存，也可以让供应商负责库存的存储。

投入资本回报率也有失效的时候

在某些情况下，计算投入资本回报率的用处不大，例如当投资基数不会增加企业收益的时候。这种情况在基于知识的企业中是典型的、例如在资金管理、信息服务企业或其他非资本密集型企业中就是这种情况。

例如，如果共同基金经理T·罗·普赖斯（T. Rowe Price）在其办公室增加办公桌和电脑的数量，这笔投资不会增加企业的收益。因此，计算像T·罗·普赖斯这样的公司的投入资本回报率，比计算投入资本较高的公司的投入资本回报率要更加没有用处，一个投入资本较高的公司实例是工业气体生产商和分销商普莱克斯公司（Praxair），该公司每年建造一个新制造工厂以满足其钢厂、玻璃熔炉或化工厂客户的需求。

进行预测时，不要依赖历史投入资本回报率

投资者常犯的一个错误是，他们过分依赖历史投入资本回报率，并将其无限期地投身到未来，而不考虑回报率通常会随着时间的推移而下降，或者企业在其可重新部署的资本数量方面受到限制，所以，很少有企业能够长期保持高投资收益率，而那些企业的增长前景往往有限。在预测企业投入资本回报率时，如果不了解这些回报率是如何获得的，就一定不要根据过去的回报率进行推断。

在推断未来投入资本回报率之前，你需要注意的一些事例（需要做出的调整）包括以下内容：

- 企业可能会有一种竞争有限的新产品，使其在最初几年获得高投入资本回报率。如果竞争进入市场，你可能需要降低你对投入资本回报率的预测。
- 一家零售商可能已经在最佳地点实现了增长，现在开始在二级地点寻找新的零售地点，这可能无法产生与老地方相同的收益。在这种情况下，你应该降低对未来投入资本回报率的预测。
- 增加监管要求可能会迫使企业将资本再投资到无法获得回报的业务，例如美国环保署（EPA）推出新规则，即2002年，美国环保署要求大型钻机卡车排放较少的污染物，但卡车运输行业估计，为了达到美国环保署的要求，增加了3,000美元至5,000美元的发动机成本，而在通常情况下，发动机成本为1.5万美元，这将降低卡车公司可以赚取的投入资本回报率。

同行业的企业比较投入资本回报率时，会产生局限性

当你在同一行业的企业之间比较投入资本回报率时，你经常需要进行一些调整，才能进行有意义的比较。例如，如果你将两个炼油厂的投入资本回报率（一个旧厂和一个新厂）进行比较，则折旧成本将使旧炼油厂比新炼油厂产生更高的投入资本回报率。虽然新炼油厂可能产生的效率更高，成本更低，但你必须参照通货膨胀调整旧炼油厂的资产价值，才能对两家公司进行有意义的比较。

会计方法的差异也使得比较变得复杂化，如果你要比较同一行业内的两家公司，则必须调整两家公司的会计报表以确保其会计方法一致。例如，你需要确保两家公司都使用相同的库存会计方法，例如先进先出（FIFO）库存方法。

在比较增长较快的企业和没有增长的企业时，你可能会发现无增长企业的投入资本回报率更高。原因在于，在快速增长的企业中，最近的投资项目（如最近的设备采购或新开店）的权重更大，导致账面价值分母更高，从而拉低投入资本回报率。

那些不断重新进行业务投资以建立优势的企业，如维护其房产、工厂和设备或投资于产品开发和市场营销，其投入资本回报率，将低于那些不具备该优势的企业。如果管理者正在做出谨慎的投资决策，这可能会产生较低投入资本回报率的不利影响；如果管理者为了使短期收益看起来不错而使关键投资最小化，这可能会产生较高投入资本回报率的不利影响。

要记住的关键点

评估企业基本面

- 管理者应该了解并关注为企业创造价值的主要因素，小心不断转变思想或追求太多想法的管理者。

- 如果基本面恶化，那么企业的价值也会降低。如果基本面稳定或有所改善，你可以对企业的基本面价值更有信心。

了解公司的运营指标

- 运营指标将帮助你衡量基本面业务的真实状况，追踪和分析这些指标，它们会提醒你关注企业可能遇到的潜在问题。

确定企业面临的主要风险

- 在评估风险时，要像保险承保人那样思考，这样对你有帮助。根据风险频率（即过去发生风险的频率是多少）和严重程度（即财务成本是多少）来进行考虑。

- 关于主要潜在风险的数据有限或没有，请考虑拒绝投资。

了解通货膨胀如何影响你正在评估的企业

- 大多数投资者认为通货膨胀只是价格上涨，这不准确，事实上，通货膨胀是货币价值下降。

- 为了避免通货膨胀的价值破坏效应，现金流必须以与通货膨胀率相同的速度增长。要做到这一点，企业必须能够涨价以将成本上涨转嫁给客户，具有较低的资本支出要求，或者具有长期债务期限。

- 大多数股票会受到利率上涨的负面影响，在利率上涨的环境下，股票的市盈率通常会下降。

关注企业的债务

- 债务数额有限的企业，或者用现有现金流在3年的时间内能够偿还债务总额的企业，可以进行更安全的投资。

- 强劲的资产负债表为管理层提供了财务灵活性，无论经济条件如何，都可以利用这个机会。

- 具有保守资产负债表的企业使用长期、固定利率、投资级别和无追索权的债务。

- 企业可以在其资产负债表上偿还的债务总额，取决于企业产生的现金流数量和分布以及要用有价值的资产（而不是虚高的）来确保可支付债务。对企业来说，现金流越稳定，它可以承担的债务就越多。

评估企业的投入资本回报率（ROIC）

- 最终，企业的价值是基于企业投入资本能够实现的回报。

- 投入资本回报率超过10%的企业被认为是高质量的企业，而投入资本回报率低于5%的企业则是低质量的企业，其原因是投入资本回报率越高，企业能够获得的收入就越多。

- 创造最大价值的是企业以高投入资本回报率将其超额收益再投资于企业的能力。

- 通过更高效地利用资本（如更有效地管理库存和应收账款）或提高利润率，可以改善投入资本回报率。

- 投资基础不会增加企业收益时，那么，投入资本回报率的用处就不大。

- 很少有企业能够长期保持高投入资本回报率，而做到这一点的企业的增长前景往往很有限。

T HE INVESTMENT
CHECKLIST

第 6 章

评估收益分配（现金流）

CHAPTER 6 / 评估收益分配（现金流）

从本质上来说，未来不可预知。没有人可以肯定地说，一家企业会在两三年后创造一定量的收入，但我们可以估计收入的范围。特定企业未来收益的范围（或分配）是投资者愿意花钱并投资该企业的关键因素。未来收益的分配越广泛，企业价值越难以评估，因此也越难了解企业在什么样的价格下代表吸引力的投资。拥有经常性收入来源或销售必需消费品的企业的未来收入分配范围要窄得多。

例如，在宝洁公司，未来收益的产出范围非常狭窄：在一个季度内，你不会看到汰渍（Tide）清洁剂的使用量下降50%。当收益分配狭窄时，你可以使用单点估算估值方法，如收益率、自由现金流收益率和市盈率。相反，如果收益分配很广泛，如在周期性业务中，你需要使用其他评估方法，例如情景分析。

本章将探讨各种因素，这些因素将帮助你确定未来收益和现金流的分配最可能是宽泛还是狭窄。开始之前，你必须首先了解根据美国通用会计准则计算的收入是否代表企业的真实收入。为此，你必须确定管理层使用自由还是保守的会计标准。所以让我们从这里开始。

27. 管理层采用保守还是自由的会计标准

你确定管理层采用自由或保守会计方法的最终目标，是帮助你确定该企业的真实营业收入。在大多数情况下，美国通用会计准则计算财务数据的方法有很多种，所以你需要对会计数字进行调整，以了解企业实际获得的收入。

在编写本书时，国际财务报告准则（IFRS）的会计标准发生了很多变化，例如不准使用后进先出法（LIFO）。尽管发生了很多变化，但管理层可以用来操纵收益的方法仍然存在，这令人感到遗憾。

以下几种方法可以确定管理层使用的是自由还是保守的会计标准。

阅读所得税脚注

如果企业报告的收益与其实际收益相近，那么阅读企业10-K报表中的所得税脚注是一个不错的开始。一家企业有两套账簿，第一套基于美国通用会计准则，另一套用于计算企业欠美国国税局（IRS）的税额。拥有两套账簿的原因有两个方面，一方面，国税局的标准往往是一个保守的基准，因为在大多数情况下，企业都试图减少他们的税收收入。另一方面，管理层可以选择各种会计方法来计算美国通用会计准则收入。如果企业根据这两套账簿计算出来的收入差距很大，它将在所得税脚注中被记录下来，该脚注核对了美国通用会计准则下的税收收入（称为所得税拨备）与支付给美国国税局的税额（称为本期税收）之间的差异。

在所得税脚注中，比较至少5至10年的所得税拨备和本期税收之间的差异，并计算与本期税收相比，有多少账面收益被夸大或低估。如果你发现企业报告的收入尚未纳税，那么，你应该敲响警钟，因为企业很少欺骗国税局。

例如，一家企业的税后收益为1.89亿美元，但它向美国国税局和外国税务机关支付的金额仅为500万美元！这就表明报告给股东的利润与报告给美国国税局的利润存在巨大差异。

相比之下，制造压力锅、华夫饼炉和煎锅等家用器皿的公司美国普雷斯托（National Presto Industries）报告称，从2007年至2009年，其本期税收（包括联邦和州的）共计7,090万美元，而总税收拨备（即账面税款）在同一时期为7,480万美元。这意味着其美国通用会计准则的收益与实际现金收益相近，表明你不需要对财务报表进行调整，就可以了解企业的真实收入。

将运营的现金流与净收入进行比较

通常情况下，管理者操纵现金流的灵活性低于净收入，因为净收入包含大量高度主观的估计。

请注意过去一年至五年的净收入与经营产生的现金流之间的差异，如果净收入非常接近经营产生的现金流，那么被操纵的可能性就会降低，但是，如果净收入持续高于经营产生的现金流（超过30%），这可能表明管理层正在管理收益。

评估管理层是否操纵收益

了解企业管理团队的完整性和特征的一个客观方法，是了解他们是采用保守还是自由的会计惯例。一家公司的会计账簿是由其管理人员编写的，而他们所采用的会计惯例在某种程度上反映了他们是怎样的管理者，如果会计过于复杂，难以理解，这可能表明管理层并不真正希望你了解企业如何盈利或他们如何经营公司。

管理层可以通过多种方式操纵收益，且操纵的程度各有不同，从微小的变化到彻底的欺诈交易。大多数时候，他们通过操纵收益，来掩盖核心业务中收入恶化的情况。其他时候，管理层希望通过将盈利从好年份转移到糟糕年份，或将未来收益转移到现在，来满足华尔街分析师的季度预期。

尽管这处于美国通用会计准则的可接受范围内，但管理层依然有多种操纵收益的方式。请寻找以下任何一种（或全部！）：

- 不恰当地扩大销售额
- 支出不足或超额支出
- 操纵可自由支配的成本
- 改变会计方法
- 使用重组费用来增加未来收益
- 通过操纵估算创建准备金

让我们来分别看看这些不同的操纵方式。

不恰当地扩大销售额　在通过激励客户采购超出所需的产品数量来赚取实际利益之前，管理者可以实现预订销售，尤其是当企业通过分销商或经销商销售产品，有少数大客户或销售代表需要达到季度销售数量时。

例如，电信设备公司瑞通网络（Riverstone Networks）在2006年通过不正当地计算收入来夸大其销售数量，在这种情况下，瑞通网络与客户达成了协议，即向瑞通网络支付的款项取决于瑞通网络产品的转售情况，但瑞通网络却将其预订为销售额，尽管他们实际上没有收到款项。美国证券交易委员会（SEC）对瑞通公司的投诉称，该公司几个季度的欺诈性收入近3000万美元，每季度的高估幅度为收益的14%至20%以上。

你可以通过查找与销售增长相比大幅增加的应收账款增长，来识别企业用于提高收入的方法，即当应收账款增长速度超过销售额时，将其视为警告标志。

实际上，销售额和应收账款的增长率应该大致相同，也就是说如果销售额增长10%，则应收账款应该增长10%。

例如，隐形眼镜制造商博士伦（Bausch and Lomb）的销售额在1992年增长了12%，1993年增长了10%，而同一年的应收账款分别增长了35%和39%，造成这种差异的原因是博士伦公司改变了收益占比的方式，即它以前是与最终客户确认销售额，但现在转变为与分销商确认销售额。与经销商确认的销售额，和与最终用户确认的销售额不同，因为向经销商销售并不能保证最终用户实际上会购买该产品，并且经销商可以退还任何未售出的商品。

到1994年底，美国证券交易委员会开始对博士伦的会计惯例进行正式调查，美国证券交易委员会调查人员的结论是，在1993年期间，高管层错误地认可销售隐形眼镜的收入，从而人为地增加了公司的收入。这一会计丑闻，导致博士伦盈利重述和高管离职。

尽管我们应仔细调查差异的产生，以及差异产生的原因，但有些时候，有些差异是合理的，即应收账款和销售额增长之间的差异可能是合理存在的，例如，有时应收账款增长超过销售额增长，导致这种现状的出现，可能有以下几个原因：

- 第一，销售额增长率的不同可能是因为企业为了吸引新客户，而故意改变了销售条款。例如，一家企业可能会允许客户在发货后45天内付款，而不是在30天内付款。
- 第二，这可能是由于现有客户的信誉恶化，但这是另一个问题。
- 第三，企业可能已经改变了财务报告程序，这些程序又决定了何时确认销售额。

● CHAPTER 6 / 第6章

支出不足或超额支出 管理者有时会将当前项目的费用支出，转移到较晚的时期进行支出，以提高短期收入。管理层可以通过几个时期以来将费用项目资本化，来实现这一点，这样，它可以多花几年时间来扣除费用，而不是在发生时立即全部扣除。也就是说，资本化的成本最终以资产的形式出现在资产负债表上，然后在未来阶段进行摊销。

资本化和以后折旧的常见费用类型包括：

- 启动成本
- 研发费用
- 软件开发
- 维修费用
- 市场营销
- 获客成本

你可以通过阅读财务报表的脚注，来了解企业是否经常性地将其成本资本化。

例如，互联网服务提供商美国在线（AOL）在其1994年10-K报表的脚注中披露，它将营销成本划分为资产负债表资产而非营业费用，并将其命名为递延订户购置成本。通过资本化这些开支，美国在线能够夸大其多年的收入。

从2001年开始到2002年5月，电信公司世界通讯（WorldCom）资本化了超过90亿美元的常规费用，以掩盖其恶化的财务状况并提高世界通讯股票的价格。2002年7月21日，世界通讯申请了破产保护，2005年3月15日，首席执行官伯纳德·埃伯斯（Bernard Ebbers）被判25年有期徒刑。

操纵可自由支配的成本 可自由支配的成本包括广告、研发费用和维护成本，这些成本也可以被操纵，以平滑收益。管理层可以削减任何这些领域的支出，以实现收入目标,但这种费用的减少可能会影响企业的长期生存能力。你应该按季度监控这些费用,并查找任何不合法的情况出现,如果你发现第四季度研发费用与上年同期相比大幅下降,那么,这可能表明管理层正试图平滑收益。

操纵可自由支配费用的情况相当普遍,2003年,杜克大学的坎贝尔·哈维（Campbell Harvey）教授和约翰·格雷厄姆（John Graham）教授以及华盛顿大学的希瓦·拉吉格帕尔（Shiva Rajgopal）教授对美国公司的401位财务高管进行了调查,询问他们可能采取什么行动来平滑收入并满足分析师的估计,接近80%的接受调查的财务高管回应说,为了实现收入目标,他们将减少维护、研究和广告等可自由支配项目的开支。

改变会计方法　查找公司使用的会计方法的变化。企业必须在脚注中说明会计方法是否改变,并且必须说明对收益的任何影响。

用于推迟支出的更受欢迎的方法之一是延长资产的使用寿命,以减少折旧费用。企业必须在财务报表的脚注中表明其是否延长了资产的使用寿命或更改了折旧方法。另外,当资产的账面价值高于资产预计现金流的现值时,有些公司只是将资产的价值减少记录。管理层可能会试图在收入较少的几年中大幅减少记录资产的价值。资产减值的影响在于,未来所有时期的折旧和摊销费用也会减少,从而导致未来收益自动增加。

例如,废物管理公司（Waste Management）通过延长资产的使用寿命和使用高剩余价值来人为地提高收益。1997年,当新的临时首席执行官罗伯特·米勒（Robert Miller）命令对废物管理公司过去的会计实践进行审查时,所谓的欺诈行为就暴露无遗。废物管理公司发布了17亿美元的重估,这是当时公司历史上最大的一笔。此后,当该公司的股价下跌33%时,股东损失了超过60亿美元的市场价值。

在1997年的年度报告中,废物管理公司描述了它如何将会计方法变得更加保守:

自1997年10月1日起,董事会批准了管理层建议修订公司北美回收车队的管理政策。前端装载机使用8年后,将被替换;后端装载机和滚降卡车使用10年后,将被替换。在之前的政策里,并没有替换至少使用了10年的前端装载机,也没有替换使用10年后的其他重型废物回收车辆。自1997年10月1日起,公司将集装箱的可折旧寿命从15年到20年减少到12年,并停止在计算北美废物回收车辆或集装箱的折旧时使用残值。

使用重组费用来增加未来收益 如果企业报告重大重组损失,管理层可能会在重组费用中增加额外费用,以减少未来费用。之后,管理层可以扭转这些重组费用,以增加未来的收入。

你可以通过查找负债准备金,即在财务报表的脚注中找到这些逆转。通常情况下,企业通过注销作为支出的重组预期成本,并发放重组准备金或其他应计负债和应付账款,并在资产负债表中记录为负债,从而设定负债准备金。后来,由于重组成本以现金支付,重组储备负债的情况有所减少。如果管理层最初高估了重组费用的金额,那么,它可以扭转负债并将该金额增加到收入。

例如,当艾伯特·邓拉普(Albert Dunlap)于1996年7月成为阳光公司(Sunbeam)的首席执行官时,他花了几笔重组费用,将净收入从1995年的5000万美元减少到1996年的亏损2.28亿美元。通过记录这种异常高的重组成本,阳光公司能够移动未来一年的费用纳入其1996年的业绩。结果,到1997年,净收入跃升至1.09亿美元,超过阳光公司仅在两年前的1995年报告的净收入的两倍多。

后来发现,邓拉普通过大量的重组费用操纵收益,然后在以后几年扭转这些费用。2001年,美国证券交易委员会向邓拉普起诉了多起欺诈案件,并阻止他担任上市公司高管。

通过操纵估算创建准备金　准备金通常被称为会计操纵的甜饼罐，因为它们需要很大程度的评估判断。甜饼罐这个术语，是指人为地将收益存储在资产负债表中的能力，以便不诚实的管理人员能够在无利可图的未来几年利用这些收益，并减少负面时期对其财务报表的影响。这不是一件可取的事情，其结果可能是产生具有有意误导作用的财务报表。管理层可能会高估准备账户的规模，以后可以利用它来增加未来的收入。这里，先来了解准备金能够预付的几个方面：

- 坏账
- 销售退货
- 呆滞库存
- 担保
- 产品责任
- 诉讼
- 环境突发事件

为了创建准备金，管理层可以针对上述原因之一对本期收入进行收费。有时管理层在估算准备金费用时，可以使用不切实际的假设。他们可以在适当的时候过度准备，然后在不利的时候减少甚至逆转收费，这就是准备金（甜饼罐）被管理层所使用的、方便的收入平滑机制。在脚注中查看呆账备抵，然后将呆账拨备与实际扣款进行比较。如果拨备账户估值在3年内增加或减少了重大金额，而冲销金额保持不变，则表明管理层可能正在使用准备金操纵收益。

例如，食品经销商西斯科公司（Sysco）采用一种保守的方法来计算其呆账备抵，2009年，该公司向成本和费用收取了7,400万美元（呆账费用拨备）。2009年，它注销了7,200万美元的客户账户坏账，扣除了追回款项，因此，它的呆账拨备与实际收费相匹配。这里，你可以假定西斯科保守地估计了呆账注销。表6.1对此进行了说明。

另一个案例是，卡卡圈坊甜甜圈（Krispy Kreme Doughnuts）没有为呆账预留足够的准备金来操纵收益。表6.2列出了呆账拨备和实际呆账注销。

表6.1 西斯科：呆账备抵

	2010年	2009年	2008年
		（以千计）	
期初余额	$36,078	$31,730	$31,841
成本和支出费用	34,931	74,638	32,184
收购和其他调整产生的备抵账户	（139）	1,587	72
扣除追回款项的呆账注销	（34,297）	（71,877）	（32,367）
期末余额	$36,573	$36,078	$31,730

资料来源：2010年西斯科的10-K报表。

表6.2 卡卡圈坊：与贸易应收账款有关的呆账备抵

	2007年	2006年	2005年
		（以千计）	
年初余额	$13,656	$11,379	$1,265
呆账拨备	1,836	3,978	12,696
与收购业务相关的准备金	—	41	—
子公司未合并的影响	（115）	（132）	—
呆账注销	（12,632）	（1,610）	（2,582）
年末余额	$2,745	$13,656	$11,379

资料来源：2007年卡卡圈坊的10-K报表。

如表6.2所示，2005年，卡卡圈坊的呆账拨备约为1270万美元，管理层夸大了这一数字，因为2005年的实际呆账注销金额约为260万美元。由于2005年高估了拨备，2006年和2007年低估了拨备，卡卡圈坊的管理层能够在2006年和2007年提高收入。

■ 28. 企业产生经常性收益还是一次性交易收益

与通过一次性交易产生收益的企业相比，从经常性交易获得收入的企业更容易获得价值。具有经常性收入的企业包括：

- 基于业务往来的企业，如有线电视企业。
- 剃须刀/剃刀刀片型企业模式，如销售血库设备及配合设备使用的消耗试剂的易缪可公司。
- 诸如精品国际酒店集团（Choice Hotels）的特许经营商，可收取凯富酒店（Comfort Inn）、罗德威酒店（Rodeway Inn）、斯利普酒店（Sleep Inn）等酒店品牌的许可费用。
- 服务企业，如菲色佛公司（Fiserv），它向金融服务提供商提供集成的数据处理和信息管理系统，并从经常性服务合同中获得95%以上的收入。

预测这些不同类型企业业务的未来收入更容易，因为经常性收入业务的起始基础不是零，而是上年销售水平的一定比例。假设一家企业的收入为每股收益1.00美元，而经常性收入为0.90美元，那么你就知道存在0.10美元的风险。经常性收入允许新的销售额增加收入基础，而不是简单地替换损失的收入。例如，普莱克斯为15年合同以下的工业客户提供氢气和其他气体,这产生了极其可预测的收入来源,普莱克斯能够增加的每个新客户都会提供额外的收入。

获得经常性收入的企业还具有其他优势:

- **对新产品的依赖更小**。企业不需要不断提供新产品或服务来取代上一年的收入,与经常性收入业务相反的是那些通过一次性交易获得收入的公司,或那些依靠持续销售相同数量产品来维持上一年销售额的公司。这些类型的企业从消费产品企业,如导航设备制造商高明(Garmin),到获得个人合同大单的设备制造商,如卡特彼勒(Caterpillar)。这些企业依赖一次性订购的订单,但收入流中没有保证或可预测性,因此更难以估值。

- **可预测性更大**。如果企业缺乏能见度,管理层很难知道要投入多少资金或预算多少,这就增加了出错的概率。例如,如果管理层在年度的销售预测中出现错误,并将其费用预算到该销售水平,则该企业很可能产生亏损。因此,经常性收入有助于遏制业务下行的收益。

你通常可以在管理层讨论和分析部分找到10-K报表中经常性收入的信息。例如,酒店特许经营商精品国际酒店集团2010年的10-K报表表示:"我们公司主要通过我们的特许经营协议(平均20年协议)的初始、再许可和持续特许权使用费,产生收益、收入和现金流。"这表明该酒店从经常性收入来源获得大部分收入。

29. 企业周期性、反周期性和抗衰退性的程度如何

　　随着经济加速或放缓，行业和个体企业可能会随着经济周期走向发展，或者朝着相反的方向发展，或者根本不会受到影响。企业对经济周期的反应存在巨大差异，一般而言，如果企业在经济衰退期间收益下降，则该企业被归类为周期性企业。如果在经济收缩期间收益增加，我们称之为反周期性企业。预测收入时，确定企业周期性或反周期性的程度很重要，通常情况下，随着经济周期波动的收益，比随着经济周期表现出更大稳定性的收益更难预测。

　　例如，我们很难了解房屋建筑商未来的经济形势会是什么样的，因为房屋需求受许多宏观经济因素，如利率、材料成本、就业状况（如，担心失业者不买房）以及经济总体健康状况所驱动。即使我们可能预测这些多重宏观经济因素如何变化，及其对房屋建筑商的累积影响如何，但这是非常困难的。

　　要确定企业的周期性或反周期性的程度，你必须首先询问哪些经济条件使企业更容易吸引客户。如果一家企业在经济不断扩张的情况下表现良好，但在经济萎缩的情况下却不能繁荣，那么这种情况就是周期性的。例如，以下就是周期性企业：

- 家用家具
- 服饰
- 家电
- 度假旅行
- 汽车
- 住宅建筑
- 大件奢侈品制造商

- 住宅施工

这些产品是消费者可以在艰难的经济时期推迟购买的产品，消费者推迟购买这些产品的时间越长，企业就会越具有周期性。

一些产品和服务的周期性较小，虽然消费者购买的数量较少，但并不会完全推迟购买。例如，这些行业的企业：

- 广告
- 医用器材
- 药品
- 期刊
- 保险公司
- 乳制品
- 法律服务
- 会计服务
- 烘焙食品

当经济萎缩时，反周期性企业表现良好。例如，这些行业的企业：

- 折扣零售商
- 自有品牌产品（商店品牌vs.国内品牌产品）
- 医疗保健

虽然很少见，但某些行业独立于经济周期运作，在这种情况下，产品或服务可能更加必要。例如，这些行业的企业：

- 烟草公司，消费者沉迷于其产品
- 输送石油和天然气的管道
- 学生住房的房地产投资信托公司
- 殡仪服务

如果一家企业具有抗衰退能力，那么当经济陷入衰退时，其盈利将不会受到影响，从而更容易估值，以下各节将深入研究抗衰退行业。

抗衰退的企业

抗衰退的企业很少见，这些企业的收益受整体经济萎缩的影响较小。例如，我们需要研究2007年开始的经济萎缩，了解这个时期的企业是否具有抗衰退能力或弹性，研究它是如何应对经济减速的。首先，阅读10-K报表中的管理层讨论与分析部分；其次，阅读财务报表项目（如销售额）变化的原因，以便衡量经济衰退的影响；再次，阅读经济衰退期间有关企业的文章以及以前的电话会议；最后，因为分析师和记者很可能会问公司管理层，企业如何应对经济衰退，所以管理层的答案会给你很多启发。

例如，特种气体分销商空气气体公司（Airgas）将其大部分产品出售给非周期性和反周期性业务，它的许多产品都用于维护，这部分产品仅占客户总成本的一小部分。如果回顾过去的经济衰退，空气气体公司在收益和税息折旧及摊销前利润上相对平稳，表明空气气体公司是一家抵御衰退的企业。首席经营官迈克尔·莫里尼尼（Micheal Molinini）在2009年第四季度的电话会议上表示：

我们25%的销售额来自受传统工业制造业周期性影响的客户，而我们30%的销售额来自增长率高于GDP的客户，我们另外四分之一的销售额来自将我们的产品主要用于修理和维护的客户，而且该业务的营业额往往比制造业更稳定。在今天的经济中，我们客户群的多元化有助于缓解美国制造业快速下滑带来的影响。

因此，通过阅读电话会议记录，你会了解到至少有55%的空气气体公司的收入是抗衰退的。

企业抗衰退的程度

一个行业或一家企业受到经济衰退影响的程度取决于以下几个因素：

- 企业产生的经常性收入额（更多的经常性收入意味着收入波动更小，抵抗力更强）。
- 花费在该企业的产品或服务上的客户预算百分比（如果客户的一小部分预算花费在该业务的产品或服务上，则客户不太可能终止该产品或服务）。
- 在商业周期中的客户比例以及它们对这些周期的敏感程度（如果一家企业向住宅建筑商销售商品，那么该企业将受到住宅建设周期的很大影响）。

企业过去的衰退

许多行业和企业被贴上了抗衰退标签，因为它们能够在经济衰退中幸免于难，收入没有大幅下降。当你看到一个被称为"抗衰退"的行业时要谨慎，因为并非所有的衰退都是一样的，而且每一次衰退都会以不同的方式影响企业。务必了解衰退中是否存在复杂因素，例如以前经济衰退中的供需失衡，这些因素可能掩盖经济低迷的真正影响。

例如，拉斯韦加斯赌场在20世纪80年代和90年代被认为是抗衰退的，因为在过去的经济衰退期间，它们的表现要好于其他企业，它们的表现如此出色的真正原因是因为拉斯韦加斯赌场的需求在增长，而且这些年来供应有限。然而，在2007年的经济衰退期间，拉斯韦加斯市场的赌场供过于求，导致拉斯韦加斯赌场经历了它们有史以来最糟糕的经营业绩。

在评估供给和需求时，一定要考虑地点和环境，例如，2007年区域赌场受到经济衰退的影响要小得多，主要原因是供给有限。在区域市场上，老虎机和桌游的数量受到当地赌博规则的严格限制，结果，这些市场出现供给过剩的可能性较小。例如，区域性赌场佩恩国民博彩发现，即使顾客来到赌场的花费较少，他们仍然以相同的频率来到赌场。相比之下，在拉斯韦加斯，到访频率和客户消费量都有所下降。

兽医行业也被称为抗衰退行业，因为在2007年开始的经济衰退期间，宠物健康支出没有下降。根据一项年度行业调查显示，2009年兽医支出增长3%，而GDP下降2.4%。有证据表明，兽医支出变得不那么随意，人们更可能要求较高质量的兽医护理，并且在经济低迷时期推迟支出的可能性较小。然而，宠物治疗的变化也刺激了需求增加，过去，大多数兽医通过触摸和直接观察来诊断动物，但越来越多的新兽医学会使用测试作为诊断工具。在得出兽医支出整体不受衰退影响的结论之前，考虑到最近的抗衰退能力，可能是由于所需治疗的增加所致。这种潜在的趋势可能不会在下一次经济衰退期间刺激需求，因此兽医行业可能不会像投资者所认为的那样具有抗衰退性。

30. 经营杠杆影响企业收益的程度如何

经营杠杆可以衡量销售额变化对收入的影响，企业的经营杠杆越高，预测企业的收益越困难。例如，预测销售中相对小的误差，可以放大作为收入预测中的大误差，即如果销售额下降10%，那么收入可能会下降30%。这意味着固定成本高的企业收益波动较大，这使得他们更难以估值。相比之下，固定成本较低且可变成本较高的企业收益波动较小，估值就较为简单，例如，一家可变成本公司10%的销售增长率可以转化为10%的收入增长，因此，其收益不像经营杠杆高的企业那样波动。

具有较高经营杠杆的企业类型

以下企业通常具有较高的经营杠杆：

- 劳动力占比高的企业
- 资本支出要求高的企业
- 材料和生产成本高的制造商
- 需要在库存上投入大量资金的企业

这些企业包括：

- 航空公司
- 铝制造商
- 汽车制造商
- 债券评级公司

- 化工制造商
- 博彩企业
- 酒店
- 矿业公司
- 房地产投资信托公司
- 零售商
- 钢铁制造商
- 超市
- 主题公园
- 大学

计算经营杠杆的程度

不同的企业具有不同程度的经营杠杆，一些企业的经营杠杆作用较低，如酒店特许经营商精品国际酒店集团，而一些企业的经营杠杆作用较高，如主题公园。

要计算经营杠杆的程度（即有多少收入受到销售变化的影响），请将营业收入的百分比变化除以销售额的百分比变化。经营杠杆的程度越高，营业收入数字相对于销售给定变化的波动性越大。例如，波音公司和精品国际酒店集团，让我们看看这两家公司的不同情况：

- 波音具有较高程度的经营杠杆：截至2008年底，波音公司在其10-K报表中报告，收入下降8.3%，营业收入下降33.9%。
- 相比之下，同样在2008年，酒店特许经营商精品国际酒店集团在其10-K报表中报告，收入增长了4.3%，营业收入相应增长了1.5%，这意味着其经营杠杆水平与波音公司相比较低。

让我们更详细地考察一家企业，了解为什么它具有较高的经营杠杆。

案例研究：为什么主题公园具有较高的经营杠杆

主题公园固定成本非常高，可变成本低，因为主题公园需要大量的土地和设备资本投资，每年，一个公园必须对新景点进行大量投资，以吸引更多的客户。固定成本不会随着客户数量而改变，即使主题公园关闭，仍然会产生很多成本。在达到一定程度的客流量之后，如果主题公园达到盈亏平衡点，则每个新客户的门票收入将直线下降，从而实现高边际利润，因此，为了主题公园的利益，需要增加客流量。

表6.3比较了主题公园六旗游乐园（Six Flags）的收入增长和息税前利润增长情况。

表6.3 六旗游乐园的收入增长与息税前利润增长的比较

	2005年	2006年	2007年	2008年	2009年
收入增长	8.8%	−1.5%	3%	5.2%	−10.6%
息税前利润增长	15.4%	−42.9%	−16.5%	108.9%	−58%

资料来源：2010年5月3日路透社的对冲世界新闻《六旗摆脱破产》，和标准普尔的资本智商。

这显示了营业收入对收益的敏感程度，高的经营杠杆可能会使公司在两个方面变得脆弱：

- 如果企业面临任何风险，且收入减少（如六旗游乐园的情况），则会伴随着额外放大的收益风险。

- 如果企业的债务量很高，这种组合可能是灾难性的。

如果你投资经营杠杆率高且负债高的企业，请小心，因为他们可以很快破产，即收益的小幅下降被放大为更大幅度的营业收入下降，导致无法支付利息。

要计算企业经营杠杆的实际程度，你需要了解企业的盈亏平衡销售额，这样，你可以确定收益的相应增加或减少将如何影响企业的营业收入。

计算盈亏平衡销售额

理想情况下，你需要了解企业在何种销售水平下会产生盈亏平衡，这样，你将能够更好地了解在什么样的销售水平下，经营杠杆开始对企业收入产生不利或有利的影响。

以下是计算盈亏平衡销售额的一种方法：如果一家企业的销售额达到100万美元，毛利率（GPM）为30%，固定成本为200,000美元，则将获得10万美元。假设所有其他条件相同，那么，该企业的盈亏平衡销售额为666,667美元（销售额×30%＝200,000美元）。不幸的是，在现实情况中，其他一切都不会保持平衡，这使得很难计算一家企业在怎样的销售水平下会达到盈亏平衡。

更复杂的是，很难计算固定成本和可变成本的确切金额，即使管理层也难以计算确切的金额。原因是大多数固定成本比它们表现得更加灵活，因为设备可以出售，劳动力可以调整大小，租赁可以重新谈判，或者某些生产线可以关闭。例如，过去10年中，酒店已能够改变其入住率的盈亏平衡成本，而1986年至2000年间，酒店的收支平衡入住率稳步下降，1986年，一家酒店的平均入住率必须达到66.4%才能达到收支平衡，到2000年，这一数字变为仅有47.4%。为什么数字下降了？因为酒店的收益组合转向专注于高利润的房间收入，他们削减了与会计、电话和其他后勤人员相关的成本，并降低了债务水平，即使酒店入住率只有一半，这些变化也能让他们收支平衡。

你可以计算你正在考虑投资的业务的粗略估计值，而不是计算盈亏平衡水平的准确金额，这是因为粗略近似优于非近似。让我们从研究如何使用10-K报表识别固定和可变成本开始，以便估算盈亏平衡销售额。

识别固定成本 固定成本是一种不随输出数量而变化的成本。例如，对于不锈钢制造商，即使没有任何制造，某些机器也需要继续运行；即使工厂没有制造钢材，加热器也必须持续运行，因为如果它们被关闭，设备就会毁坏；而且，处理污染物的风扇必须始终保持启动状态，因为打开和关闭电机都会损坏它们。无论钢厂生产一批还是10批钢材，这些成本都保持不变。如果钢铁需求下降，这些工厂必须继续经营，当销售额下降时，这会导致收入大幅下降。

识别可变成本 可变成本是与收入变化成正比变化的成本。如果企业出售更多商品，成本会增加；如果销售额下降，则成本会降低。成本变动最大的企业类型是特许经营商。

房地产经纪公司科威国际不动产公司（Coldwell Banker）就是一个例子，该公司出售特许经营权来使用其品牌。当科威的特许经营商出售房产时，公司将从销售收益中收取费用，然后，科威从销售收入中支付全国广告和营销费用，因此往往仅在与交易相关时才会产生成本。

你需要详细了解如何识别固定成本和可变成本，以及如何计算它们，下面给出了两个示例。首先是西南航空，它具有较高的固定成本结构和较低的可变成本；其次是精品国际酒店集团，它是凯富酒店（Comfort Inn）、凯富套房酒店（Comfort Suites）和号角酒店（Clarion）等酒店品牌的特许经营商，其可变成本高，固定成本低。这两个例子都能够说明如何使用资产负债表和损益表来帮助你识别固定和可变成本。首先检查一下资产负债表。

检查企业的资产负债表

首先查看固定资产占企业总资产的百分比，与总资产相比，长期资产比例较高的企业通常拥有较高的固定成本结构。

截至2009年12月31日，精品国际酒店集团的总资产为3.4亿美元，长期资产总额为6400万美元，其中4300万美元为净资产、厂房和设备，2100万美元为长期投资。总长期资产占总资产的19%，这意味着精品国际酒店集团的固定成本水平较低。

相比之下，截至2009年底，西南航空的资产总额为142.7亿美元，其长期总资产为103.9亿美元，包括净资产、厂房和设备。总长期资产占总资产的73%，这意味着西南航空公司的固定成本水平很高。

审查西南航空的损益表以确定固定和可变成本

接下来，从销售总务管理支出（SG&A）总额中，开始检查损益表，在销售总务管理支出部分，可以找到大多数固定成本。为了帮助你了解这一过程，我们以西南航空公司2009年的损益表为例。表6.4显示了明细（以百万计）。

接下来，使用10-K报表的管理层讨论与分析部分，来进行固定成本和可变成本的分类。以下示例（用引号引起）来自2009年西南航空的10-K报表：

- **薪金、工资和福利——固定成本**："单位有效座位里程的薪金、工资和福利费用比2008年高出9.6%，主要是由于公司的工会劳动力占据了员工的大部分，因其资历增加而增加了薪酬，然而公司的有效座位里程能力比2008年下降了5.1%。"另外，10-K报表的注释部分称，"公司员工中

表6.4　2009年西南航空的经营费用

总营业费用明细	金额（以百万计）
薪金、工资和福利	$3,468
燃料和油费	$3,044
维护材料和修理费	$719
飞机租赁	$186
降落费和其他登机口租赁费	$718
折旧和摊销	$616
其他经营费用	$1,337
总经营费用	$10,088

大约82%已参加工会组织并签订集体谈判协议。"因此，你可以得出结论，大部分薪金、工资和福利是固定的。

● **燃料和油费——短期固定成本和长期可变成本**：西南航空声称，由于有效座位里程减少13.6%，燃料和石油开支下降18%。这种下降大部分是由于航空燃油价格下降所致。大部分燃油和石油开支在短期内是固定的，并且在长期内是可变的，而它们在短期内是固定的，原因是西南航空需要时间调整航班以减少需求。

● **维护材料和修理费——主要可变成本**："根据与通用发动机服务公司（GE Engines Services, Inc.）达成的协议计算，在2008年下半年和2009年全年，与公司737-700飞机相关的发动机成本增加的主要部分在于通用按每飞行小时的费率，来为发动机提供修理。根据与通用发动机服务公司签订的类似于'每小时电力'协议的发动机协议，公司已为其737-300和737-500机队签署了该协议，主要支付基于每飞行小时的费率。"换句话说，西南航空已将其维护材料和修理费外包给通用电气公司，而西南航空则根据飞行里程向通用电气公司支付费用。因此，这是一笔可变费用。

- **飞机租金——固定成本**："单位有效座位里程的飞机租赁费用增加26.7%，按美元计算，增加了3200万美元。"此外，在财务报表的注释中，你会看到经营性租赁的租金总额，在2009年、2008年和2007年，飞机租赁和其他的经营费用分别为5.96亿美元、5.27亿美元和4.69亿美元。换句话说，飞机租金是固定费用，因为它们代表着多年的合同义务。

- **降落费——固定成本**："与2008年相比，降落费和其他登机口租赁费按美元计算增加5600万美元，按单位有效座位里程计算增长14.1%。美元增长和单位有效座位里程增长的大部分在于包括登机口和航站楼空间在内的较高的机场空间租金。"你可以把降落费看作是经营性租赁。无论飞机是否满载，西南航空将支付相同的登机口费用，假设航班时刻表是稳定的，则可以把这些成本看作固定成本。

- **其他经营费用——固定成本**：其他经营费用包括利息支出，资本化利息，利息收入及其他收益和损失。其中大部分是长期的合同费用，因此是固定的。

结论：西南航空公司的经营杠杆很高 总而言之，以下是西南航空公司的固定费用（以百万计）：

- 薪金、工资和福利，其中82%的劳动力加入工会组织并签订合同（3,468美元）。
- 飞机租赁以及降落费和其他登机口租赁费（186美元+718美元）。
- 主要代表合同义务的其他经营费用（1337美元）。
- 折旧和摊销（616美元）。

- 固定费用总额约为6,325美元。

以下是西南航空公司的可变费用（以百万计）：

- 燃料和油费是主要的可变费用（3,044美元）。
- 维护材料和修理费是可变费用，因飞行里程数而异（719美元）。
- 可变费用总额为3,763美元。

因此，固定费用占比63%，可变费用占比37%。由于西南航空需要调整航班以满足较低的需求，因此其中很多可变费用在短期内都是固定的。由此可见，西南航空大约三分之二的成本是固定的，三分之一是可变的，这意味着如果销售额下降，与拥有较大可变成本的企业相比，这将对企业的收益产生不成比例的影响。换句话说，如果销售额下降10%，那么收入很容易下降40%以上。你需要为这家企业支付较低的价格，因为它的收益不太稳定。现在我们来分析精品国际酒店集团的收入报表，看看与西南航空相比如何。

审查酒店的收入报表以确定固定和可变成本

精品国际酒店集团是一家授权酒店品牌的特许经营商，品牌包括凯富酒店、凯富套房酒店、依可洛奇酒店（Econo Lodge）和号角酒店。截至2009年12月31日，公司已签署特许经营协议，包括6,021家营业酒店和843家在建酒店。表6.5显示了2009财年精品国际酒店集团10-K报表的总经营支出（以千计）的明细，摘录如下（也用引号引起）。

- 销售总务管理支出——主要固定成本："特许经营企业的经营成

表6.5　2009年精品国际酒店集团的经营费用

总经营费用明细	金额（以千计）
销售总务管理支出	$99,237
折旧和摊销	$8,336
市场营销和预订	$305,379
酒店运营	$3,153
总经营费用	$416,105

本，反映在综合收益表的销售总务管理支出中。2009年销售总务管理支出费用约为9,920万美元，比2008年的1.19亿美元减少了约1,980万美元。截至2009年12月31日的年度经营的销售总务管理支出成本下降，主要是由于成本控制举措以及较低的可变特许经营销售补偿。"另外，财务报表的注释中还有标题为"合同义务"的一部分内容，这使得企业突然增加了债务和租赁费用：经营性租赁债务总额为1400万美元。2009年广告费为8,130万美元，约占销售总务管理支出的82%。虽然广告是一种可变成本，但你应该将其视为固定成本，因为广告对维持高品牌知名度至关重要。2009年的租赁费是600万美元，这是一项固定成本，因为这是合同义务。尽管精品国际酒店集团的销售总务管理支出有一些可变部分，但你可以得出结论，大部分开支都是固定成本。

- **市场营销和预订**——这些费用没有产生收入或损失，所以它们**盈亏平衡**："公司的特许经营协议要求支付特许经营费用，包括市场营销和预订系统费用。根据加盟商房间收入总额的百分比计算的费用，由公司专门用于与提供特许经营服务相关的费用，例如中央预订系统、国家营销和媒体广告。本公司有义务根据特许经营协议消耗其从特许经营者手中收取的市场营销和预订费用；因此，公司不会产生收入或亏损。"这些市场营销和预订费用将转嫁给加盟商。这些盈亏平衡的费用（意味着精品国际酒店集团不会盈利或亏损）应该被视为既不固定也不可变。

结论：精品国际酒店集团的经营杠杆低 固定成本接近1.08亿美元，总计4.16亿美元，但其中的3.05亿美元代表精品国际酒店集团不赚取利润或盈亏平衡，因此，企业需要创造超过1.08亿美元的收入才能达到盈亏平衡。2009年，除了市场营销和预订带来的3.05亿美元收入外，精品国际酒店集团的收入接近2.5亿美元，可轻松弥补这些固定费用。如果收入在一年内下降55%，精品国际酒店集团会保持盈亏平衡。由于其经营杠杆水平较低，投资者在收益下降时，承受企业因收入产生较大波动的风险较小。

因此，投资经营杠杆低的企业比投资具有高经营杠杆的企业的风险更低。其原因是，如果销售额发生变化，那么拥有大部分可变成本的企业可以快速降低费用，而那些拥有高固定成本结构的公司无法对销售额的下降做出快速反应。因此，经营杠杆高的企业的收益可能会迅速变化，很难预测收益。对于经营杠杆较高的企业，你应该始终以较低的价格为自己提供足够的安全边际，来应对这些巨大的收入波动。

31.营运资本如何影响企业的现金流

营运资本是企业用于支付其日常经营的现金，例如，企业使用现金来购买需要运营的库存，然后，企业销售这些库存后就会得到客户的付款，随后用这笔钱支付供应商。通过了解营运资本，你将能够评估企业是否可以通过使用自有资本发展，而不必依靠其客户和供应商来为企业融资。企业能够更快地周转库存，并收回其应收账款的速度越快，其应付账款可以延长的时间越长，经营性现金流就越高。

如果你难以了解企业的营运资本需求，那么你很难预测企业的现金流。为了解决这个风险，你必须支付较低的股票价格。

计算企业的净营运资本

营运资本的计算方法是从流动负债中扣除流动资产，流动资产是资产负债表项目，例如应收账款和库存，这些资产可以在不到一年的时间内转换为现金。而流动负债是资产负债表项目，如应付账款和短期债务，这些是在一年内到期的债务。

如果资本没有离开企业，那么，营运资本的增加也被认为是现金流出。例如，即使企业仍然持有库存，库存增加也会消耗现金，因为企业无法获得其在库存中投入的现金，直到销售该库存，因此，企业不能将现金用于其他投资。你可以根据机会成本来考虑营运资本，在这种情况下，每当企业必须持有库存或如果顾客延迟付款，企业就都丧失了使用现金的能力。企业只有通过更好地管理营运资本，做出诸如更快速地销售库存等行为，才能够腾出现金，否则这些现金会被捆绑在库存中。

企业所需的营运资本额

企业需要的营运资本数量，取决于资本密集程度和企业将库存变为现金的周转速度，委托或周期越短，捆绑的现金就越少，企业就可以将更多的现金用于其他内部运营。

我们可以从两方面进行分析，一方面，大多数餐馆只需要保留很少的现金，因为他们的库存很快就变成现金。类似于餐馆的企业，在提供服务之前，服务企业通常只需要很少或不需要库存，因为客户直接支付现金，企业就可以直接将此现金作为运营资金。另一方面，飞机制造商波音公司花费更多的时间将一堆钢板和一堆电子器件变成飞机，因此，波音公司需要大量现金来满足必要的现金垫付。

计算公司生成营运资本的能力：使用现金循环周期（CCC）

你可以用来衡量企业能够将库存和应收账款转换为现金，并支付其短期债务的主要工具是现金循环周期（CCC）。现金循环周期能够计算现金投入库存和应收账款的天数，以及应付账款支付现金流出的程度。企业转移库存并收回应收账款的速度越快，并且可以延长其应付账款的支付的时间越长，那么，经营性现金流就越高。下面是其公式：

现金循环周期 = 库存转换期（天）+ 应收账款转换期（天）

－ 应付账款转换期（天）

- 库存转换期（未兑现库存的天数）（DIO）：平均库存/（销售总成本/ 365）

- 应收账款转换期（未兑现销售额的天数）（DSO）：平均应收账款/（总收入/ 365）

- 应付账款转换期（未兑现应付账款的天数）（DPO）：平均应付账款/（销售成本/ 365）

如果你将销售库存的天数（DIO）添加到收回应收账款的天数（DSO）里，则会得到库存的总转换期。例如，需要50天才能卖出库存，30天才能收回应收账款。因此，你可以得出结论，通常需要80天（50 + 30）才能销售赊账库存并收回应收账款。

然后,你应该减去偿还供应商所需的时间。例如,如果未兑现应付账款的天数(DPO)为20天,则可以在80天内减去该天数,以得出将存货转换为现金所需的总时间,即60天。

企业可以通过以下几种方式来改进现金循环周期:

- 通过尽快销售其产品(高库存转换率)
- 通过尽快收取客户付款(高应收账款转换率)
- 通过尽可能慢地支付供应商(低应付账款转换率)

表6.6列举了一些具有不同现金循环周期的企业示例,从负数资本转换周期(这意味着供应商正在为该业务提供资金)到高资本转换周期,比如住宅建筑商托尔兄弟(Toll Brothers),为了经营需要保留大量库存的空间。

表6.6　2009财年不同企业的现金循环周期

公司	天数
苹果	−48天
西南航空	−15.4天
全食超市	14天
弗莱森电讯(Verizon Communications)	25天
劲量控股(Energizer Holdings)	151天
安进(Amgen)	340天
蒂芙尼(Tiffany)	437天
托尔兄弟	847天

资料来源:标准普尔资本智商。

计算你正在分析的企业至少5年的现金循环周期，检查组成现金循环周期的每个部分，即未兑现库存的天数（DIO）、未兑现销售额的天数（DSO）、未兑现应付账款的天数（DPO），就可以了解现金循环周期会随着时间而改变的原因。

例如，宽带卫星企业休斯通信公司（Hughes Communications）将其现金循环周期从2008年的62天减少到2009年的39天，它是通过鼓励客户使用信用卡支付账单，来加速应收账款的收取，从而将未兑现销售额的天数从70天减少到65天。此外，休斯公司还将其支付供应商的时间从2008年的48天增加到2009年的67天，这进一步帮助休斯公司腾出更多的现金流。在2008年期间，休斯股价从每股50美元以上降至2009年初的每股9美元，但由于休斯的管理层改善了现金流，使股票价格在2009年12月31日恢复至每股26美元。

确定营运资本的变化是否可持续

接下来，你要确定现金循环周期的改进或恶化，是可持续的还是暂时的。例如，在2007年开始的经济衰退期间，许多企业改善了营运资本，因为他们被迫寻找额外的现金来为其经营提供资金。过去，他们在管理营运资本方面较少受到纪律处分，因为他们没有面临财务限制，但是，这些改进很多都是暂时的，而不是可持续的。

如果营运资本的改善是可持续的，那么所释放营运资本中的每一美元都会增加现金流。但是，如果改进是暂时的，则需要调整现金流以使这些临时改进标准化。例如，大多数企业可以拖延将要支付给供应商的资金，如果企业已将其未兑现应付账款的天数从40天增加到45天，并且你认为改善不可持续，那么在计算该企业的现金循环周期时应该使用40天。同时，在某些时候，供应商可能会要求更严格的付款条件，因此延迟可能只是暂时的。

计算企业的负营运资本

当一家企业的流动负债多于流动资产时,它的营运资本为负,这意味着客户和供应商正在为企业融资,这是一种较便宜的融资方式。例如,假设你拥有一家零售企业,你投入了100万美元的库存使用时间和地点,并且花费了100万美元来建造商店。现在假设你可以在90天后向供应商支付50%的库存资金,因为你的供应商允许你延迟投资付款并为你提供现成的现金供应,那么,你的前期资本投资将达到150万美元,而不是200万美元。

受益于负营运资本的企业具有一个共同特征,那就是来自经营活动的现金流超过净收入。这里有两个例子,从2009年开始:

- 在线零售商亚马逊,经营现金流超过净收入24亿美元。
- 在线旅游网站艾派迪,经营现金流超过净收入3.77亿美元。

这意味着这些企业能够从经营中而不是净收入中产生更多的现金流。很多时候,过量的免费现金流投资于短期投资,例如现金,这会将产生的利息收入直接降到谷底。因此,这些企业将产生更安全的现金流。

销售额不断增长时,负营运资本只对你有利

你不能依靠负营运资本作为持续有价值的现金流来源,尤其是在增长不强劲的情况下。如果由于长期下降、需求冲击或市场份额损失,导致企业出现重大衰退,那么该企业可能面临偿债能力的压力。当企业停止增长时,无法进一步拖延债务,负营运资本的积极作用将扭转和减少企业的现金流。如果增长速度放缓,企业将不得不向供应商支付现有现金余额,而不会持续支付日益增长

的现金流。

例如，2008年第三季度，戴尔的经营产生了负现金流（自1993年以来只出现过两次）。第三季度初，产品需求稳定，戴尔正常订购耗材，直到本季度中期，客户因发生金融危机而停止下单。这意味着戴尔不能再继续推迟其应付账款余额，并且不得不用更多的现金来支付其应付账款。到2008年第四季度，随着需求的稳定并且戴尔的客户恢复到更一致的订购模式，这种情况逆转。幸运的是，戴尔在其资产负债表上有相当数量的现金，因此能够弥补亏损。如果具有负营运资本的企业在资产负债表上没有足够的现金，那么该企业将遇到短期偿债能力问题并可能面临破产。如果你预见到这种情况发生，那么，那个公司当时显然不是一个好的投资选择！

32. 企业的资本支出需求是高还是低

确定企业的资本支出需求，将帮助你了解企业能够产生多少自由现金流。如果资本支出要求很高，那么企业的现金流需要不断地再投资于企业，以维持现有资产。高资本支出会降低现金流量，而这是企业价值的基础。

例如，由于企业的周期性，纸张制造商经常亏损，因为当纸张制造商最终产生多余的现金流时，管理层必须花费多余的现金流升级其制造工厂，因此，现金流不断回收到企业中，导致企业价值停滞不前。另外，资本支出要求低的企业（需要较少的资金来维持其资产）的风险较低，特别是在通货膨胀的环境下，这是由于企业不需要持续回收超额现金流以维持其资产，因此可以将剩余现金流再进行投资，以创造更多价值或将这些超额现金流分发给股东。

资本密集型企业需要大量资本或资产用于每一美元的销售，以下是一些资本密集型企业的例子：

- 半导体
- 电信
- 零售
- 化工
- 水泥
- 钢
- 纸浆和造纸
- 材料
- 矿业
- 油气
- 主题公园
- 航空公司
- 传统制造企业
- 分销公司

大部分这些企业的资本支出与销售额之比是，每1美元的收入需要超过0.20美元的资本。电信企业是资本密集度最高的企业之一，因为它们平均每1美元的收入就需要1美元的资本。

相比之下，非资本密集型企业包括：

- 特许权拥有者
- 联系买卖双方而赚取佣金的中间商
- 软件企业

这些企业不是资本密集型的企业，因为它们不需要对新设施进行重大投资来扩大或维持业务。这些企业要获得增长，就需要增加员工，而不是厂房。

计算企业的维护资本支出

为了计算企业可分配的自由现金流，计算企业维护其业务所需的维护资本支出额非常重要。维护资本支出是使企业保持稳定状态所需的投资额。例如，替换或升级行政或配套设施，如建筑物或停车场，这些支出通常不会为支出的资本赚取超额回报，它们通常有助于维持现有的现金流，但不会增加现金流。

许多企业需要大量的维护资本支出才能保证设备的正常运行，例如，炼油厂必须不断投入资金以维持企业。这些企业需要花费大量资金更新工厂，以符合政府法规或环境标准，如职业安全与保健管理总署（OSHA）或美国环境保护署（EPA）的监管标准，但这个资本并不能获得回报，尽管在少数情况下，它可以提高设施的生产效率。你需要确定再投资的资本百分比，以满足这些监管标准或其他必需的投资，这样做能够帮助你了解企业产生的多余现金流，从而帮助你评估企业。

一些企业不断推迟资本支出以维护财产和设备，但这会增加风险，因为这些资产可能会在以后的某个时点损失价值或需要极其沉重的支出。例如，如果一家炼油厂不维护其资产，那么当资产需要修理或更换时，炼油厂将遭受长时间的停机时间，这将导致企业的现金流减少，因为炼油厂将不得不关闭部分工厂以修复被忽视的资产。

你可以通过阅读企业的现金流量表来找到企业的资本支出，你可以在管理层讨论与分析部分找到有关明细的进一步解释。

此外，你还需要了解的是，一些企业将会区分增长所需的资本支出和维持企业所需的资本支出。

例如，全食超市在其10-K报表中称，2010财年（2010年9月26日结束），其资本支出为2.568亿美元，其中约1.714亿美元用于新店发展，约8540万美元花在改造、其他财产和设备支出上。然而，这种情况并不常见：大多数企业并未分清用于增长和维持企业的资本支出量。

无论何时你无法计算维护资本支出，你都可以使用折旧作为粗略近似值。如果企业的增长模式或稳定状态较低或很明确，则使用折旧更容易，但在其他情况下，你将不得不根据企业必须维护的资产类型上调或下调折旧。

例如，在图书零售商巴诺书店，书店货架的折旧高于维护它们所需的再投资，因此使用折旧来计算维护资本支出是不合适的。相比之下，儿童娱乐餐厅查克芝士（Chuck E. Cheese）经常需要投入超过折旧费的支出来更新其基础储备，但高昂的维护费用会减少企业的可分配的自由现金流。

对于你正在考虑投资的任何企业，你需要确定资产在更换前的可使用时间。同时，在管理层将财产、厂房和设备细分为信息技术、财产、机器、设备、建筑物或土地等类别的情况下，请阅读财务报表附注的部分。然后，你可以将重点放在需要维护或更换的资产（如机器）上，并在估算折旧时将不需要维护或更换的资产（如土地）排除在外。

假设你正在考虑投资一家航空公司，你应该知道，飞机每10到20年就会更换一次。更换资产的时间取决于资产的使用年限。例如，比另一架飞机的使用频率更高的飞机将不得不更早更换。随着资产使用时间的增加，维护资本支出通常会增加。为了粗略估算资产的平均年限，计算"净"资产、厂房和设备（PP&E）与"总"资产、厂房和设备的比率（注意：如果企业使用加速折旧，则将其调整为直线折旧）。

例如，2009年，水泥制造商西麦斯的净资产与总资产的比率为61%，这意味着资产正在接近其半衰期，这也意味着西麦斯未来可能面临更高的维护资本支出，以升级其许多旧工厂。因此，你将调整你对未来现金流的估计，从而考虑到这些潜在的未来资本支出。净资产与总资产的比率越接近1，就越意味着企业未来不会面临用来替换其现有资产的更高的维护资本支出需求。

要记住的关键点

你需要了解收益

- 未来收益的范围或分配（现金流）是决定投资者愿意为该企业支付多少投资的关键因素。
- 未来收益的潜在分配越广泛，企业就越难以估值。

对于使用保守会计方法的企业：

- 本期税收（支付给国税局的税）和所得税拨备之间的差额低于10%。
- 经营产生的现金流与净收入非常接近。
- 收入是在获得而非预先载入时确认的。
- 项目快速支出而不是资本化。
- 为平滑收益而削减广告、研发或维护费用，不会操纵自由成本。
- 延长资产使用寿命不会人为地减少折旧费用。
- 不会通过夸大重组费用来降低未来费用。
- 既不夸大也不低估准备金账户。
- 呆账拨备与注销正确匹配。

对于使用自由会计方法的企业：

- 既可能夸大收入，也可能低估费用。

- 不断恶化的基本面可能被掩盖。
- 低质量收益可能来自不可持续的来源，例如：
  - 债务偿还的损益情况；
  - 企业重组导致的资产注销；
  - 临时减少广告、研发或维护费用的自主支出。

评估企业的经常性收入

- 对于具有经常性收入的企业来说，预测未来收入更容易，因为起始基数是具有一定比例的上年销售额，而不是零。
- 具有经常性收入的企业不必不断提供新产品或服务来取代上一年的收入，并且管理层可以更轻松地预算其开支。

确定企业是否具有周期性、逆周期性或抗衰退性

- 在商业周期中显示出更大稳定性的收益更容易预测，这些企业也更容易估值。
- 如果客户可以长时间推迟采购，那么与客户只能在短时间内推迟采购的情况下相比，企业的周期性更强。
- 行业或企业受到经济衰退影响的程度取决于，暴露在经济周期中的企业产生的经常性收入的量、客户在该企业的产品或服务上花费的预算的百分比，以及企业的客户的百分比。
- 当一家企业被标记为抗衰退时，一定要确保它没有从之前经济衰退的供需失衡中受益。

评估企业的经营杠杆

- 企业拥有的经营杠杆越高，预测企业收益就越困难，因为收入的微小变化将导致收益的大幅波动。

- 那些经营杠杆高的企业通常劳动力要素高，资本支出要求高，材料和生产成本高，或者需要在库存上投入大量资金。
- 经营杠杆高且债务量大的企业，破产概率较高。

确定企业的营运资本有多少

- 企业需要的营运资本数量取决于资本密集程度和企业将库存转换为现金的速度。
- 低效管理营运资本的企业投入生产的现金流较少。
- 如果营运资本的改善是可持续的，那么所释放的营运资本中的每一美元都会增加现金流。

了解企业如何处理其维护资本支出

- 具有高维护资本支出的企业必须不断地对现金流进行再投资，以维持现有资产，通常不会使该投资产生超额回报。
- 无论何时，当你无法计算维护资本支出时，请将折旧用作粗略近似值。

THE INVESTMENT
CHECKLIST

第 7 章

评估管理层素质——
背景和类型：他们是谁

大多数投资者忽略了经营企业的人文因素，但在大多数情况下，企业未来的成功与其员工的素质直接相关。许多投资者不关注管理层，而是花时间去确定一家企业是否具有竞争优势，或者以它较低的估值进行交易，因为他们认为产品或运营优势才是最成功组织脱颖而出的秘诀，例如微软无处不在的Windows操作系统。但事实上，随着时间的推移，这些优势可以被模仿，如果创造这些优势的优秀管理者离开了企业，那么企业就会在继续创新并创造价值方面陷入困难的境地。

事实上，微软确实失去了很多有才华的管理者，他们要么已经变成富翁，要么加入新的企业，比如谷歌，这是微软创造出更少创新产品的原因之一。1999年12月29日，微软股票价格在技术热潮期间达到每股60美元的顶峰，仅在一年后就跌至每股22美元，自那时起至2010年12月31日，微软的股票价格升值到每股28美元。有才华的管理者的离去，使得微软在10年期内的收益率并不是很高。

作为外部投资者，你无法了解企业内部发生的每一个细节，因为影响企业未来估值的变数太多,但你必须相信管理层才能做出正确的决定,更重要的是,你必须知道管理层可以从挫折中迅速恢复过来。为了信任管理者,你需要深入了解他们的特征和执行能力,这将有助于你改进对未来企业的预测。

想想过去有多少大企业由于管理不善而面临破产——例如能源企业安然公司(Enron)。早期,安然拥有许多高质量资产,包括管道,但随着时间的推移,管理层将企业转变为贸易公司,安然开始剥离或出售这些高质量的资产。在安然破产的时候,许多这些子公司,比如管道企业金德摩根能源合伙公司(Kinder Morgan Energy Partners)因由能力强大的首席执行官理查德·金德(Richard Kinder)经营,而继续取得巨大成功。

要了解健全且完善的管理对企业长期成功的重要性,请考虑一下高层管理者是否通常会做以下几点:

- 负责规划企业业务。
- 确定一家企业的未来增长率。
- 负责选择合适的员工,并为这些员工提供合适的工作环境,以保证让这些员工发挥最大的潜力。
- 确定如何分配公司的资本。

了解你与之合作的管理团队类型,将有助于你预测企业的未来,因为企业未来成功的最合理预测因素是其管理层。一家企业不需要让每个管理者都成为全能管理者,但至少在关键岗位上的管理者必须是全能的。给自己足够的时间去了解经营企业的管理团队的素质,这个问题非常重要,所以我写了三章:第7章、第8章和第9章。

你最好在一段时间内评估管理团队,不要急于做出投资决策,因为花时间

CHAPTER 7 / 评估管理层素质——背景和类型：他们是谁

了解管理团队，可以减少错误判断的风险。评估管理人员的大多数错误都是在你尝试快速判断他们的特点时，只看到你想要查看的内容，并忽略问题或警告标志时发生的。你对管理人员在不同情况下的行为越熟悉，你就越能预测他们未来的行为。理想情况下，你应该研究管理人员在困难和有利的商业环境中，分别是如何经营企业的。

你的总体策略应该是制定一个关于管理人员和管理团队的工作蓝图，你可以通过收集所有关于每位管理人员以前的和当前的文章，开始了解管理层。这些文章就是管理团队过去的成就、他们是哪种类型的人，以及他们如何处理不同类型情况的证明。通过阅读文章，你可以回答很多在本书中提到过的问题。你也可以使用汇总的新闻档案，例如道琼斯的法克提瓦（Factiva）或律商联讯（LexisNexis），它们可以追溯到20世纪80年代，包括《华尔街日报》《金融时报》《纽约时报》和各种贸易期刊在内的历史文章，能够寻找揭示高层管理者如何经营企业以及他们属于哪种类型的管理者。此外，面试也特别有用，因为管理人员会告诉你很多关于他们的经营理念或他们如何经营企业的信息。你可以使用面试来源，如《华尔街手稿》（*Wall Street Transcript*）或《查理·罗斯访谈录》（*Charlie Rose Show*），这通常是圆桌讨论或冗长的访谈。要特别注意管理人员的动机是什么，以及他们为什么是这个领域的专家。

一些最好的信息来源是企业总部所在地的贸易杂志和当地报纸。与诸如《华尔街日报》等国家出版物相比，受访者通常会向行业记者透露更多信息。当地记者也有全面了解公司的经验，并可能提出能够揭示更深层次见解的问题，由于当地公司对其所在社区很重要，因此这些文章也会更长。

当你阅读文章时，可以从这四个基本领域寻找证据：激情、诚实、透明度和能力，即寻找一个管理人员认识错误和从错误中得到教训的能力，并试图看看他们能够多快从错误中恢复过来。还可以寻找谈论管理人员如何帮助员工融

● CHAPTER 7 / 第7章

入企业或让客户满意的文章,如果文章不多,那么你必须更多地依赖其他来源,或者干脆承认你没有足够的信息来评估一个管理人员。

第7章、第8章和第9章中的问题将有助于指导你收集所需的证据,以确定管理团队是否胜任工作并得到证实。

- 第7章中的问题,可以帮助你了解管理者的背景以及如何对他们进行分类。
- 第8章中的问题,有助于你了解首席执行官和其他管理人员如何管理企业,这将帮助你确定他们是否胜任。
- 第9章中的问题,有助于你了解管理者的个性和特点。

我们首先探讨管理团队的背景以及他们如何得到报酬。

■ 33. 领导公司的管理者是什么类型

将你合作的企业管理人员进行分类,这很重要,这样,你将能够更好地衡量潜在的执行风险。一方面,如果你正在投资一位拥有长期成功管理企业记录(即超过10年)的管理人员,那么,该管理人员将继续成功管理企业的可能性会对你有利。另一方面,如果你正在投资一个新的管理团队,且这个团队在服务企业客户群方面的经验有限,那么这可能对你没有好处。以下是你可以使用的简单分类系统:

对企业最了解、　　　　　　　　　　　　　　　对企业最不了解、
最有热情　　　　　　　　　　　　　　　　　　最没有热情

OO　　　　　　　　　　　　LT　　　　　　　　　　　　HH

CHAPTER 7 / 评估管理层素质——背景和类型：他们是谁

这是一个从左到右连续统一的数轴，下面简要介绍数轴中每种符号的含义，然后再详细描述：

- OO是一位私营业主，通常是企业的创始人。
- LT是一位长期任职的管理人员，或曾在该行业工作至少3至10年的管理人员。
- HH是一位雇员，即一位企业客户群服务经验有限的管理人员，并且在该企业工作少于3年。

例如，数轴最左边的是自私业主，例如沃尔玛创始人萨姆·沃尔顿（Sam Walton），数轴最右边的是那些在担任首席执行官之前并没有任何企业经验的雇员，比如，2000年12月，从通用电气加入家得宝的罗伯特·纳德利（Robert Nardelli）。大多数公开交易企业的管理人员都属于长期任用或雇用职位类别，而这些是最难评估的管理人员，让我们仔细看看每种管理人员的类型，并将其进一步细分为下面所示的子类别。

私营业主1（OO1） 这些是与企业合作的理想管理人员。私营业主是对其特定企业充满热情的管理人员，通常是该企业的创始人，例如：

- 沃尔玛创始人，萨姆·沃尔顿
- 99美分店的联合创始人，戴夫和雪莉·戈尔德
- 晨星创始人，乔·曼斯威托（Joe Mansueto）
- 全食超市联合创始人，约翰·麦基
- 伯克希尔·哈撒韦公司首席执行官，沃伦·巴菲特
- 大多数家族控股企业的创始人

● CHAPTER 7 / 第 7 章

这些充满热情的领导者，为企业共同的关键利益相关者（如客户、员工和股东等）而运营企业，而不是强调一个利益相关者却忽视另一个利益相关者。此外，他们通常会谨慎地获得报酬，并在企业中拥有较高的所有权。例如，根据伯克希尔·哈撒韦2010年的代理声明，沃伦·巴菲特赚取10万美元的薪水，直接拥有37.1%的股票。这些管理人员在做出商业决策时采取长远眼光，并通过企业的生存和发展来奠定他们的个人成功。就像父母一样，他们会尽一切努力拯救生命垂危的孩子，这些首席执行官将竭尽全力确保他们的企业生存下去。

私营业主2（OO2） 这是一个对经营企业充满激情的私营业主，但处于完全以利益相关者为导向的两个极端之间，并为其个人利益而经营企业。这些管理人员通常比OO1管理人员获得更高的薪酬待遇，例如，有限品牌（维多利亚的秘密的所有者）的创始人莱斯利·卫克斯奈（Leslie Wexner）在2009年赚取了超过1000万美元的薪酬总额，他拥有企业17.7%的股份。

私营业主3（OO3） OO3管理者是私营业主，他们对企业充满热情，但主要是为了自身利益而经营企业，他们不考虑股东利益，往往会通过极其庞大的薪酬方案将利润吸收到自己身上。你通常可以通过查看公司代理声明中的"关联方交易"部分来识别这一类型的管理人员，你可能会在其中发现，诸如个人使用公司飞机、财产规划、个人或家庭安全，以及房地产，这些资产由首席执行官拥有，然后将这些资产出租给企业。

例如，在一家企业中，该公司的创始人从该公司获得贷款，贷款利率为1%，以购买私人飞机；在另一家企业中，首席执行官每年获得超过260万美元的安全费用补偿。这两家公司的首席执行官都可以获得高额的薪酬，以轻松支付这些奢侈品等，他们不用自掏腰包，而是让公司为其买单。你应该谨慎地投资于这一类型的首席执行官的公司，因为他们通常无法长期为股东创造大量价值。

长期任职管理者1（LT1） LT1管理者是那些在现有企业中拥有长期任职

的管理者，这些人是从企业内部晋升并在那里工作至少3年的管理者。这种类型的管理者面临的最大风险是有时他们不适合该职位，也许他们是一位出色的首席财务官（CFO）或首席运营官（COO），但一旦晋升为首席执行官，他们就无法进行工作。

例如，当凯文·罗林斯（Kevin B Rollins）在2004年从公司创始人迈克尔·戴尔（Michael Dell）手中获得管理权，并成为戴尔计算机的首席执行官时，大多数投资者都认为这将是一个平稳过渡，因为罗林斯自2001年以来一直是戴尔的首席运营官。但迈克尔·戴尔在2007年因罗林斯管理不善并夸大企业成本结构后，收回了首席执行官的职位。2008年4月，迈克尔·戴尔（Michael Dell）在得克萨斯州向分析师们解释了公司将如何重组，他概述了自己看到的问题和挑战：

- 市场份额下降：他们错过了在这个行业增长最快的部分。
- 在销售成本（COGS）和运营成本（OpEx）两方面造成成本结构错误。
- 侵蚀盈利能力：这是错误的成本结构整合、系统效率低下以及错过执行的结果。
- 优先级太多：要做的事情清单太长，公司需要集中精力做重要的事。
- 产品覆盖不完整：他们"试图用太有限的产品线做太多的事情"。

罗林斯曾为戴尔做出了巨大贡献，其中包括实施戴尔如今广为人知的负营运资本企业模式，却为什么会发生这样的事？其原因就是，罗林斯是迈克尔·戴尔的得力助手，但他不能胜任戴尔的首席执行官。他担任这个职位是个错误选择。

长期任职管理者2（LT2） LT2代表一位虽是加入企业的外来管理者，但却是一位从事同一行业的长期任职的管理者,该管理者可能是从竞争对手或为类似客户提供服务的企业招募而来。

这种管理者的一个例子是,医疗保健研究企业咨询委员会公司首席执行官——弗兰克·J·威廉姆斯(Frank J. Williams)。他于2000年9月加入咨询委员会,担任执行副总裁(EVP),并自2001年6月起担任首席执行官和董事。在加入该企业之前,他曾担任为医疗机构、医院和管理式医疗实体提供服务的咨询公司美国医疗在线公司(MedAmerica OnCall)的总裁。在这两家企业中,他都负责为医疗保健企业提供如何运营实践的建议,这意味着他有着为相同客户群服务的先备经验。

雇员1(HH1) HH1是一位从相关行业加入企业的管理者,因为雇员往往会跳槽,所以这类管理人员通常会做出短期的决定,并且不用承担长期的责任。这些管理者大部分是成本削减员,而不是收入构建者。

雇员2(HH2) HH2是一位从一个完全不相关的行业加入该企业的管理者,并且通常对客户群没有经验,HH2在新企业中有很多需要学习的地方。想想这些首席执行官,比如从2000年12月到2007年1月担任家得宝首席执行官的罗伯特·纳德利:在加入家得宝之前,纳德利曾在工业集团——通用电气公司工作。

管理者任期对企业经营的重要性

随着你从数轴的OO端移动到HH端,你将获得越来越少的、关于管理者为经营企业而选择的信息。例如,如果你投资一家企业经营业绩有限的HH,这会增加潜在的下行风险,因为当一个新的管理团队进入一家企业时,该企业过去的业绩对其未来前景影响更小了。相反,与具有良好企业经营记录的管理者合作会减少风险,因为你可以更加重视企业的历史业绩。同时,这些已经成立的管理团队了解日常运营的复杂性,最重要的是他们了解客户群,而局外人通常没有了解到这种深度。

通常情况下，很难找到长期经营企业的首席执行官，例如，根据全球性咨询公司史宾沙公司（Spencer Stuart）为《华尔街日报》进行的分析，需要考虑这两项统计数据：

- 在标准普尔500指数的500家企业中，只有28家拥有任期超过15年的首席执行官。
- 一般情况下，首席执行官只有6.6年的工作年限。

作为证明任期可以提高股东回报率的证据，可以考虑这一点：在上述28位长期任职的首席执行官中，有25位在其任职期间的股东收益总额超过了标准普尔500指数（股东收益总额计算为股票价格变化加上再投资股息）。

34. 引进外部管理层会对企业产生哪些影响

当外部管理者或首席执行官进入企业时，许多投资者会抬高企业的股价，这些投资者认为，当一个新的管理团队进入一家企业，尤其是管理不善的企业，管理技能是可以转移的，并对企业作出积极的管理。这些投资者认为外部管理者可以慢慢进行调整，并改善表现不佳的公司，因为外部管理者是客观的，没有与企业文化相融合。如果这个人是可口可乐公司的优秀管理者，那么投资者的想法就是，这个人会擅长经营任何其他企业，这类似于说一个伟大的价值投资者会成为一个伟大的交易者，因为他们都在投资企业。显然，这两种投资方式需要不同类型的专业知识和经验才能正确执行。

此外，投资者还经常犯下这样的错误：低估了这些管理者在他们以前的企业帮助他们取得成功的支持网络的重要性。当这些管理人员进入新企业时，他们经常会遇到问题，因为他们没有支持网络，所以许多管理人员无法进行工作。

另外，大多数管理者都在削减成本方面做得很好，但在发展企业时却失败了。很少有管理者善于同时削减成本和发展企业，例如苹果公司的创始人史蒂夫·乔布斯。当他于1997年回到苹果公司时，苹果公司即将濒临破产。乔布斯的措施是削减成本，以保持苹果不破产，然后重建其整个产品线和组织。

当你知道一个外部管理者参与领导企业时，要非常小心地回应。总部位于芝加哥的管理咨询公司RHR国际（RHR International）表示，公司从外部引进的高级公司主管中有40%至60%将在两年内离职，甚至很多管理者都遇到了问题，仅在几个月内就离开了。

拥有大量专业组织知识的管理者，对于帮助企业实现长期增长来说至关重要，而外部管理者不仅不一定能够帮助企业实现长期增长，甚至可能还需要大量时间去了解这家企业。通用电气首席执行官杰弗里·伊梅尔特（Jeffrey R. Immelt）说："你看到通用电气公司最成功的部分是领导者长期担任一个职务，想想布赖恩·罗（Brian Rowe）在飞机引擎领域中的长期任职，依靠他对企业的深入了解，他做出了四五个重大决策，为我们赢得了长达50年的行业领导地位。……管理人员变动频繁的地方，就像再投保，你会发现已经失败了。"

另外，相对于长期在该企业任职的管理人员，外部管理人员对企业资源和约束的理解有限。作为投资者的你，需要承担的风险是，他们不是建立在现有业务能力的基础上，而是偏离了现有业务能力。一个新的管理团队，往往会产生不可预测性。

有些行业对企业的专业知识尤为看重，例如药品、化学品和保险。外来管理者很难成功地管理这些类型的企业，如果外来管理者成为首席执行官，那么，你应该避免投资这些企业。

例如，对于一家保险公司的首席执行官来说，至关重要的一点，是他在保险行业耗费了大量的学习时间，因为这个行业的学习曲线很长。同时，一家保险公司正在为未来可能发生的风险提供保险，长期从事这一行业的管理人员已经熟稔自己的错误产生的影响，因为足够长的工作时间，有助于他们了解如何妥善承保保险。如果没有以上这些经验，管理者可能会犯更多的错误，作为股东，你也会付出代价。

这几种情况下，外部管理者会成为优秀的管理者：例如，当企业需要突破过去的策略或需要快速削减成本。如果行业变化很快，这也会提高外部管理者成功的可能性，但如果行业稳定，那么行业知识就更重要。大多数这些新任管理者在任职期间都会做得很好，因为他们削减了成本，但是后来他们开始在发展企业的时候做得不好。换句话说，他们擅长快速削减成本和撤资，但在发展企业和维持长期增长时，却失败了。

例如，"电锯"艾尔·邓拉普（Al "Chainsaw" Dunlap）通过迅速转向并出售美国制罐公司（American Can）、李莉·图莉普公司（Lily-Tulip）、皇冠·泽赖巴公司（Crown-Zellerbach）、钻石国际（Diamond International）、联合报业控股公司（Consolidated Press Holdings）和斯科特纸业（Scott Paper）等公司，为其投资者创造了很多价值。邓拉普实施大刀阔斧的削减现金策略，努力让企业在一年内盈利。他在斯科特纸业公司完成了这项工作。1993年，斯科特纸业损失了2.27亿美元，但在斯科特的20个月的时间里，邓拉普将公司市值从29亿美元提高到了74亿美元，增长了155%。他通过解雇11,200名员工（其中包括70%的总部员工、50%的管理人员和20%的蓝领员工）完成了这一转变，并将研发预算削减了一半，暂停企业慈善事业，推迟工厂维护。他几年来成功实施了这一战略，因而被誉为传奇的扭转乾坤的艺术家和许多管理者的榜样。

因此，当他在1996年成为家电制造商阳光公司（Sunbeam）的首席执行官时，股价迅速上涨了60%，因为投资者预计邓拉普很快就会扭亏为盈，这是纽约证券交易所历史上曾经发生过的首席执行官跳槽的最大变动。不幸的是，他过去用来扭转其他企业的技术——比如削减开支，却没有为阳光公司带来好处，甚至产生了坏处。在邓拉普从首席执行官职位被解雇的两年后，即2001年，该公司宣布破产。事实上，在尘埃落定之后，邓拉普不得不接受终身无法担任任何上市公司的高级职员或董事职务的禁令，因为美国证券交易委员会称邓拉普设计了大规模的会计欺诈行为。

当外部管理者进入企业时，你要密切注意这些管理者的行为。外部管理人员的最佳类型是那些不迅速做出改变、努力了解企业及其客户群，并在实施重大变革之前征求员工意见的人，这样，他们能够获得执行计划所需的员工的支持；同样重要的是，他们避免了低估或高估员工能力的问题。相反，如果管理者加入企业并立即开始进行改变，而不让员工入股或了解他们的局限性，那么管理者可能会失败，你应该避免投资该企业。

35. 管理者是狮子型管理者，还是鬣狗型管理者

将管理者分类的另一种简单方法是将管理团队分类为狮子或鬣狗，这个想法是由总部在新加坡的投资管理组织安吉斯集团（Aegis）首席执行官陈福成（Seng Hock Tan）创建的，他在观看探索频道关于狮子和鬣狗的节目时提出了这种分类，尤其是当他了解狮子和鬣狗在野外的相互作用时，他认为两种动物的行为与管理者所表现的行为非常相似。

观看这个节目时，他了解到两者都是超级掠食者，并且彼此之间经常直接竞争。然而，这两者之间有区别，即狮友们通常会在一个狮群中一起狩猎，以

便他们可以追逐更大的猎物，这意味着每头狮子都有更多的食物。正如人们通常认为的那样，公狮和母狮都拥有平等的地位，而不是拥有一个统治的领导者。相反，只有在狩猎很容易时，鬣狗才会聚在一起，而在轻松杀死猎物后，他们就会解散，再次独自回去清理兽体。地位对鬣狗来说非常重要，因为更高的级别在队伍内会获得更多的尊重。他们不会建立一个团队，除非能够马上获益，并且忠诚度很低，如果有只鬣狗受伤或虚弱，那么队伍就会放弃这只鬣狗。有趣的是，鬣狗认识到狮子的地位：作为鬣狗唯一天生的掠食者，狮子得到了鬣狗的尊重。

陈福成将这两种动物之间的差异应用于分析管理者风格上，并用表7.1进行了总结和对比。

表7.1 对比狮子和鬣狗的管理风格

狮子型管理者	鬣狗型管理者
致力于伦理和道德价值观	对伦理和道德价值观缺乏兴趣
考虑长远并保持长期的重点	目光短浅
不走捷径	只想赢
渴求知识和学习	对知识和学习缺乏兴趣
支持合作伙伴和联盟	一位幸存者和机会主义者；主要是单独工作
将员工视为合作伙伴	将员工视为开支
佩服毅力	佩服战术、智谋和诡计

资料来源：2010年10月对陈福成的采访。

陈福成进一步解释说，一名狮子型管理者能够为100层高的摩天大楼建造基础设施，而鬣狗型管理者只能建造一栋5层楼的建筑，因为5层楼可以在更短的时间内完成，对鬣狗的本性来说，投资并建造长期的基础设施将不堪重负。例如，投资一个团队或建设一个可持续发展的基础设施需要很长时间，鬣狗型管理者没有耐心去做这些。鬣狗型管理者通过重复短周期的工作来建造和销售5层建筑，从而不断使自己富足。鬣狗型管理者永远不会建造比5层建筑更长久的更有价值的100层建筑。正如陈福成所说，"因此，鬣狗型管理者是机会主义交易者，而不是持久结构的全面制造商"。

虽然这座摩天大楼将长期为投资者带来巨大回报，但翻新的5层建筑也可以为孤独的鬣狗赚钱，还会为外部投资者带来更有限的回报。

陈福成进一步解释说："苹果公司如何从2003年初的市值50亿美元，跃升至2,200亿美元的市值？"陈福成将苹果公司与帕姆公司（Palm）展开了对比，帕姆公司创造了开创性的掌上电脑（Palm Pilot）产品，但拥有高达900亿美元市值峰值的帕姆公司，却在2010年被惠普收购，正如陈福成所感叹："仅仅只需要12亿美元就被收购了吗？"可见，帕姆公司的管理者是鬣狗型管理者。与帕姆公司不同的是，苹果公司之所以能够快速地增长，是因为苹果公司由一位狮子型管理者经营：史蒂夫·乔布斯。

大多数有能力并处于早期阶段的公司，不会跨越一个已建成企业的鸿沟，因为他们缺乏狮子型管理者的各项能力——团队合作、专有技术、必要的制度结构和文化，这些是企业生存和可持续增长所需的基础，这也是狮子型管理者经营的公司能够赢得多方投资的原因。

当你从个人层面上分析管理者时，还要注意他们身上是否具有可以表明他们能够建立和领导一个有效团队可能性的特征，并寻找他们身上的狮子特征。你可以关注管理者是否会因为权力、影响力或能为他人做什么而重视他人？还是管理者认为自己比周围的人更优秀？除此之外，你还可以关注管理者身上的其他特征，即他们是否会尊重每一个人，也许他们对你和你的朋友非常好，但是当他们与一个服务员打交道时，他们是无礼的。换句话说，他们对他们认为重要的人很有礼貌，但对自认为地位低于自己的其他人不尊重。换位思考，如果你正在与某人进行对话，但是当有身份较高的人走进房间时，那么你们的谈话是否会因为迅速加入了身份较高的人而结束？如果你会因为有身份较高的人进入房间而结束谈话，就说明你具有鬣狗的特征。

例如，我记得参加伯克希尔·哈撒韦公司的年度会议，并与许多经营伯克希尔·哈撒韦子公司的首席执行官进行会谈时的情况。通常，别人会走到他们面前并告诉他们，另一位像首席执行官一样的重要人物想要与他们交谈，尽管他们不认识我，但他们仍然同意与我进行交谈，并回答我的问题，没有打断我的话语。相比之下，对于我认识的大多数基金管理者来说，如果他们认为更重要的人经过时，他们会立即终止没说完的话而走向这些人。你需要做的，就是寻找那些表现出尊重人并具有狮子特征的管理者，无论他们的身份地位的高低，因为这是他们尊重他人的能力的强大预测指标，也是重要的领导特征。

鬣狗/狮子的比喻是评估管理者的有力工具。当陈福成和他的团队采访管理者时，他们首先问自己的一个问题是这个管理者是狮子还是鬣狗。这是一个易于使用且高效的工具，心理意象对于快速总结管理者的特点可能非常有用。

■ 36. 管理者如何上升到领导整个企业的位置

要了解管理团队的背景，首先要使用公司代理声明中的传记部分，来构建五大管理人员职业生涯的年表，我们的目标是获取管理者职业生涯的细节，以便制定管理者的职业生涯。你需要使用至少回溯5到10年以前的代理声明，因为在近期的代理声明中，不会强调早期的工作。然后，你可以通过阅读有关首席执行官和其他四大管理者在10年内写下的文章来填补管理者职业生涯的空白。

例如，通过组合使用以前的代理声明和文章进行分析，我公司编制了胡椒博士斯奈普集团（Dr. Pepper Snapple Group）首席执行官拉里·扬（Larry Young）

● CHAPTER 7 / 第7章

的职业生涯，如下所示：

2008年：	当胡椒博士斯奈普集团从吉百利分拆时，他仍是首席执行官
2007年：	胡椒博士斯奈普集团（吉百利）的首席执行官兼总裁
2006年：	吉百利史威士瓶装集团的总裁兼首席运营官（吉百利收购胡椒博士/七喜瓶装集团）
2005年：	加盟达拉斯胡椒博士/七喜瓶装集团的总裁/首席执行官
2005年：	离开百事美国
2002年：	百事美国公司事务的执行副总裁
2000年：	总裁兼首席运营官，合并了百事美国/惠特曼公司
1999年：	百事通用瓶装公司（运营惠特曼公司）的首席运营官
1998年：	惠特曼和百事通用瓶装公司的执行副总裁兼首席运营官
1997年：	百事可乐通用瓶装公司东欧分部的总裁
1996年：	国际百事瓶装集团的总裁
1995年：	国际百事通用瓶装集团的销售和营销副总裁
1994年：	国际百事瓶装集团的销售和市场营销总监
1989年：	斯普林菲尔德百事可乐通用瓶装公司的前提销售和营销总监
1969年：	职业生涯始于百事特许经营的百事可乐瓶装公司，作为密苏里州斯普林菲尔德的一名路线推销员

这是一份非常详细的职业生涯记录；相比之下，如果我们只使用2009年拉里·扬的代理声明中的传记，我们对其职业生涯的看法会更加有限，如下所示：

拉里·D·扬（Larry D. Young），总裁兼首席执行官兼董事，55岁，自2007年10月起担任胡椒博士斯奈普集团的总裁兼首席执行官。自收购胡椒博士/七喜瓶装集团公司起，2005年5月担任总裁兼首席执行官（"DPSUBG"）后，他于2006年加入吉百利史威士美洲饮料公司，担任瓶装集团部门总裁兼首席运营官和供应链主管。自1997年至2005年，扬先生担任百事可乐通用瓶装公司总裁兼首席运营官，以及百事美国公司执行副总裁。

建立一个管理者职业生涯的年表，你会了解这个管理者是如何通过所在的公司一步步脱颖而出的，并且可以更好地确定管理者是否有做交易、金融工程、市场营销或创造新产品的历史。例如，如果他们的大部分职业生涯都在私人股本公司所拥有的企业，那么管理人员可能会有短期心态，可能会把削减成本看得比其他举措更重要。

你需要询问如下问题：

- 该管理者是否具有运营、营销或财务背景？
- 该管理者是否经常跳槽，还是在这个行业任期很长？
- 为什么管理者的工作经历存在空缺？

此外，还需要特别注意管理者与客户和员工的互动程度，例如，确定管理者是否有很多经营企业的经验，或者管理者的职业生涯是否仅局限于企业内部。如果这个管理者已经成为控制者、财务主管或首席财务官，然后被提升为首席执行官，那么该管理者大部分的时间都花在了企业内部。相反，如果管理者的背景是销售副总裁、营销副总裁、首席运营官，然后是首席执行官，那么管理者与企业的运营和客户群有更多的互动。

注意非经营背景下的管理者风险

你可能会面临的一个相关风险是，从企业内部晋升的管理者往往不会成为优秀的经营者，这是因为他们对企业的日常运营经验不足。如果管理者在企业

第 7 章

行政办公室度过了大部分职业生涯,那么他们该如何知道怎样在客户层面上经营企业?由于他们只从一个特定角度看待企业,所以,这些管理者对企业的看法很狭隘,这也使许多管理者陷入了用狭隘的方式思考企业的困境,以至于他们过去与企业员工的互动也更加有限。

例如,毫无疑问,制药行业的新药开发会受到影响,因为领导这些公司的更多首席执行官是从企业内部晋升(例如担任首席财务官或总顾问的管理者),或是来自外部无关的企业,而没有科学背景的首席执行官。因此,从2000年到2010年,大多数制药公司没有制造出多少轰动一时的药物,而且许多制药公司目前面临着专利即将到期,没有任何药物可以替代的局面。

默克公司(Merck)最大的股票市场收益是在由罗伊·瓦杰洛斯(Roy Vagelos)管理的时候发生的,他是科学家(化学家和医生),从1978年到1994年担任默克研究部门的主管,然后担任首席执行官。瓦杰洛斯强调专注科学研究,从而改变了默克的研究方向。在他任职期间,他带来了数百名新科学家和现代化的默克实验室,他还专注于心血管治疗等新产品类别,他寻找并发现了他所谓的"想从事药物开发工作的真正更好的人"。当瓦杰洛斯领导研究部门时,他每年平均增加研发支出17.2%。与大多数制药公司不一样的是,默克将研发重点放在了所需的治疗上,而不是对现有的药物进行问题改进。在瓦杰洛斯任职期间,推出了10种主要的新药,如用于高血压的依那普利(Vasotec)和赖诺普利(Prinivil),用于胃灼热的法莫替丁(Pepcid)。当瓦杰洛斯于1994年退休时,默克拥有最好和最大的营销团队,引领着制药行业的销售。

然而,董事会(而不是瓦杰洛斯)选择雷蒙德·吉尔马丁(Raymond Gilmartin)作为瓦杰洛斯的代替者,他从医疗设备制造商碧迪医疗公司(Becton Dickinson)加入默克,但他是一个完全不了解创新研发的外人。结果是,有才能的科学家离开了这个行业,默克研发新药的能力大大受损。

同样，看看通用汽车公司，亚历克斯·泰勒（Alex Taylor）在他的著作《六十比零：透析通用汽车倒闭以及底特律汽车工业破产》(Sixty to Zero: An Inside Look at the Collapse of General Motors—and the Detroit Auto Industry) 中记录了通用汽车的衰落，泰勒写道，通用汽车的辉煌时期是由像革新者——1953年至1958年担任首席执行官的哈洛·科迪斯（Harlow Curtice）这样的人创造出来的。科迪斯最初是一名会计员，但他逐渐成为了一名超级推销员，他在设计创造口碑并出售汽车方面形成了敏锐的理解，在他任职期间，别克（Buick）的销售额翻了一番。正如泰勒指出的，"科迪斯可能是最后一位在设计工作方面拥有如此强大实力的通用汽车首席执行官"。

在科迪斯之后，通用汽车公司主要由会计师出身的管理者进行运营，因此他们更加重视削减成本，而不是担心设计工作室会出现什么问题。例如，弗雷德里克·唐纳（Frederic Donner）是一位直接接替科迪斯的会计师，他的整个职业生涯都是在纽约市而不是底特律运营通用汽车，他很少去汽车工厂，他所了解的大部分经营情况来自行政会议、资产负债表和报告，以至于，他专注于削减成本，而不是设计销量高的汽车。正是因为这些削减成本的首席执行官不勤于解决通用公司的问题，导致在这段时间里，泰勒为通用汽车的失败埋下了伏笔。

管理者对运营客户群有多少经验

如果企业的成功在很大程度上取决于管理层的能力，就像在连锁餐厅一样，那么，投资于拥有丰富客户群经验的管理者，你通常会承担较小的风险。避免投资那些在企业内部度过大部分职业生涯的人，或者服务过不同行业客户的人的企业。

例如，在2002年，杰克·斯塔尔（Jack Stahl）辞去了可口可乐公司总裁的职位,试图去扭转化妆品公司露华浓(Revlon)。斯塔尔曾在可口可乐公司工作了22年,露华浓的董事会对他很有信心,认为他中规中矩的经营方法正是露华浓所需要的。斯塔尔带来了财务专家和统计人员,并减少了公司的债务,但不幸的是,他改变了露华浓销售产品的方式,随着露华浓新产品的推出,它丢失了许多老顾客,而且一些新产品价格较高,也没有使用强大的露华浓的名称。在斯塔尔接管露华浓后的4年中,该公司遭受持续亏损,露华浓股价下跌2/3,斯塔尔在2006年离开了露华浓。由此可见,虽然斯塔尔在可口可乐公司工作干得出色,但他没有能力处理经营化妆品公司的细微差别。

管理者对大多数企业的运营有经验吗

你可以了解管理者对企业所有部门和职能的理解,理想情况下,一位管理者会有多个职位的经验。

例如,二手车零售连锁店卡迈斯(CarMax)首席执行官汤姆·福利亚德(Tom Folliard)于1993年加入卡迈斯,担任高级买家,并于1994年成为采购总监。他于1996年晋升为销售副总裁,2000年成为店铺运营高级副总裁,并于2006年担任总裁兼首席执行官。因此,他领导了卡迈斯的大部分主要部门,并了解如何有效运作每个部门。这种体验降低了投资者对福利亚德执行失败的风险,更重要的是,它提高了公司内员工的信誉,因为他过去曾经管理过大部分部门。

这位管理者在以往经营企业时的业绩记录是什么

当你阅读关于管理者的文章时,一定要了解他们过去的成就或不作为,例如,2002年初,零售商凯马特(K-Mart)进入破产时,詹姆斯·亚当森(James Adamson)成为其首席执行官,而此前,他是凯马特的董事会成员。为了确定亚当森是否有能力领导凯马特,你可以通过阅读代理声明和过去的文章来回顾他过去的历史。从1995年到2001年，亚当森是拥有丹尼斯餐厅（Denny's）的阿德梵堤卡餐饮集团（Advantica Restaurant Group）的首席执行官，当丹尼斯面临众多歧视黑人顾客的诉讼时，他来到这里，在2000年和2001年成功地将丹尼斯餐厅的公共形象问题，转变成了《财富》杂志（Fortune）"最佳企业"称号中的头号排名。

然而，在亚当森在阿德梵堤卡餐饮集团任职期间，该公司在2000年损失了9800万美元，2001年损失了8900万美元。在亚当森控股凯马特之后，他在创造零售商盈利能力方面是失败的。亚当森亏损的记录应该提醒投资者，他可能不是通过重组领导凯马特的最佳人选。

这不是凯马特第一次在任命管理者上失策，在亚当森晋升首席执行官之前，凯马特已经聘用查尔斯·康纳威（Charles Conaway）担任首席执行官，并将沃尔玛经验丰富的老将马克·史华兹（Mark Schwartz）任命为首席财务官。康纳威曾任药房零售商西维斯公司（CVS Corporation）的总裁兼首席运营官，史华兹则从曾工作了17年的沃尔玛（凯马特的最大竞争对手）那里加盟，因为其在沃尔玛的经历，许多投资者很高兴听到史华兹加入了这个行业，同时，史华兹就其如何应对沃尔玛的问题向投资者发表了许多大胆的言论。

然而，史华兹的业绩记录并不像他的言辞那么令人鼓舞，如果你研究了他的简历，就会发现在沃尔玛家居产品公司海金格（Hechinger's）和大V超市（Big V Supermarkets）工作之前，他经营的两家公司已经破产。在康纳威和史华兹任职两年后，凯马特宣布破产。

为什么管理者得到晋升

你需要确定为什么管理者能够晋升到现在的位置，例如，在2010年，默克公司将肯尼斯·弗雷泽（Kenneth Frazier）晋升为首席执行官，自1992年以来，弗雷泽一直在默克公司工作,并曾担任多个职位,其中包括法律总顾问,弗雷泽以制定有争议的法律战略而闻名,该法律战略针对每一起针对默克的止痛药万络(Vioxx)的诉讼案,而不是在集体诉讼中共同解决所有案件。这一策略帮助默克节省了数亿美元。

事实上,弗雷泽被提升为首席执行官,是因为他帮助默克防御了诉讼,并不是因为他成功地帮助默克开发新药。弗雷泽的背景是企业内部的管理者,尽管他从2007年到2010年担任全球人类健康部门(这是默克最大的部门)的负责人,但弗雷泽在经营企业方面的经验更为有限,因此,这增加了弗雷泽未能胜任首席执行官的风险。

这位管理者曾经工作过的企业文化是怎样的

你需要了解这位管理者曾经工作过的企业的文化,例如,软件和硬件企业甲骨文(Oracle)凭借以结果为导向的不择手段文化而闻名,而英国航空公司(British Airways)因过于官僚化的文化而闻名。了解企业的文化,这将使你深入了解管理者如何管理当前的企业,特别是管理者长期在一家企业工作的情况下。

首先阅读关于管理者曾经工作过的企业文化的文章,以及关于这位管理者曾效力的首席执行官的文章。你需要了解首席执行官和企业文化是积极和努力进取的,还是透明和真实的?例如,如果某位管理者曾在通用电气工作,那么,请阅读有关"通用电气方式"的任何一本书籍或任何一篇文章。通用电气管理学院讲授了管理通用电气的方法:它涉及管理者在多个岗位的轮值,教他们如何通过收购发展企业,并讲解生产力和质量控制工具,如六西格玛(Six Sigma)。

当吉姆·麦克纳尼(Jim McNerney)错失担任通用电气首席执行官的机会时,他在2001年立即被3M公司聘为首席执行官。一旦成为3M的首席执行官,他立即开始寻找收购，并在全公司范围内建立了省钱的六西格玛流程管理系统。通过阅读通用电气的管理方式，你将对麦克纳尼如何管理3M产生深入的了解。

■ 37. 高级管理者如何获得报酬和所有权

花时间查看代理声明来审查管理层的报酬和所有权利益是非常重要的，通过了解管理人员如何获得报酬，你可以深入了解管理人员的性格和动机，你也可以了解薪酬组合是否可以奖励长期或短期绩效。例如，如果一位首席执行官拥有1亿美元的股票，并且每年获得10万美元的薪酬，那么他更有可能做出长期的决定。相比之下，如果一位首席执行官每年获得500万美元的薪酬，并拥有100万美元的股票，那么和公司股票的价值相比，他很可能更看重自己的工作。

让我们仔细看看不同的薪酬情况以及你应该关注哪些方面。

寻找工资低、股权高的首席执行官

一些长期表现最优的股票，都是由具有低现金薪酬和高股权的首席执行官负责管理，这些管理人员一般都有长远眼光。这里有一些案例能够进行详细说明：

工业产品分销商快扣公司（Fastenal）的创始人罗伯特·科尔林（Robert Kierlin）和他的继任者威拉德·欧伯顿（Willard Oberton），他们的薪酬一直排在首席执行官薪酬的底部：例如，科尔林在2001年的总现金报酬为63,000美元，拥有该企业5.87%的股份。看看该公司股票表现如何：股价已经从1987年9月1日的每股0.32美元涨至2010年12月31日的每股60美元——这是一个巨大的增长！

99美分店的联合创始人戴夫·戈尔德（Dave Gold），在担任首席执行官时获得了6.2万至18万美元的总现金报酬（并且没有获得任何股票期权或红利），但他拥有约40%的股份。在他任职期间,股价从1996年5月23日首次公开发行的每股3.81美元增加到2005年1月他辞去首席执行官时的每股15.32美元——又一个大幅增加:超过400%。

晨星公司的创始人乔·曼斯威托(Joe Mansueto)的现金薪酬总额为10万美元,但拥有晨星公司52%的股份。股票价格从2005年5月的首次公开招股时的每股21美元涨至2010年12月的每股53美元——换句话说,在5年多的时间里达到了两倍多。

卡车运输公司哈特兰快递公司(Heartland Express)的首席执行官拉塞尔·戈丁(Russel Gerdin)每年获得的现金薪酬总额为30万美元,这一薪水自1986年以来一直没有变化。他还拥有34%的股份,没有获得股票期权,但股票价格却从1986年的每股0.43美元增加到2010年的每股16美元——又一次大幅增长。

警惕持有股票期权的管理人员

管理层获得薪酬的最常见方式之一是通过股票期权,这使得所有者有权以特定股票价格购买股票。这些股票代表了管理者没有风险的潜在回报:股票下跌趋势为零(如果股价没有上涨,那么管理者就没有支出;如果股价上涨,那么他们就会受益)。投资者认为给予管理人员股票期权补助将激励他们创造股东价值,因为这给了他们在企业中的所有权利益。

问题在于,股票期权往往会对管理人员不负责任的事情进行奖励,如广泛的经济收益或行业增长。正如一位投资者所说:"由于公司的市场价值多年持续上涨,每年就有人值得获得数千万美元的报酬,可笑的是,我一直很惊讶,怎么会有人板着脸说这很公平呢。"

实际上,大多数股票期权计划都会因为获得短期收益而奖励管理人员,这是因为拥有大量期权而不是实际股票的管理者倾向于采用华尔街的短期关注点,以提高股票价格来增加期权价值。他们可能会采取一些有害行动来推动短期内股价上涨，从而损害企业的长期健康。例子就是通过收购来提高短期收益或降低太多成本，但这些短期的决定最终会导致企业的价值恶化，因为糟糕的决定会越积越多。

警惕那些为首席执行官或其他管理者提供大型股权补助的公司

通常情况下，从其他公司或行业来的管理者会获得最高的薪酬包，而你需要谨慎对待管理层薪酬计划，这些计划会提供与首席执行官的贡献不成比例的大型股权补助，例如罗伯特·纳德利在担任家得宝的首席执行官时，获得3,000万美元限制性股票奖励和700万美元现金。此外，在2006年拉动了企业3800万美元的增长后，纳德利退出该企业时，还获得了2.1亿美元的天文数字离职补偿金，而这是本来可以让股东受益的资金。纳德利任职期间，股价从2000年12月他加入公司时的每股45美元，下降到2007年1月2日他离职时的每股39美元。

当纳德利在当年晚些时候进入克莱斯勒（Chrysler）时，他还获得了另一个有利可图的薪酬方案，即在纳德利任职期间，克莱斯勒解雇了35,000名工人，并走向破产，而纳德利仅仅过了21个月就离开了。在这两种情况下，纳德利获得的报酬都与企业绩效无关，他获得的是加入该企业的报酬。

但是，大额薪酬并不一定表明股票表现不佳，例如，软件制造商甲骨文的创始人兼首席执行官拉里·埃里森（Larry Ellison）是所有上市企业中薪酬最高的首席执行官之一，在2009年一年就获得超过7,800万美元的期权奖励，但甲骨文的投资者可能已经创造了截至2010年最近10年其投资的3.5倍。（但是，仍然很难说埃里森需要额外的股票期权来激励他去完成工作，因为截至2010年8月9日，他拥有甲骨文23.4%的股票。）

● CHAPTER 7 / 第7章

寻找不独占股票期权而向所有员工提供期权的管理者

你需要确定公司的股票期权计划是否仅属于少数顶级执行官,期权是否广泛地分发给员工,这将让你深入了解高级管理人员的特征,因为如果他们通过广泛分布的计划与所有员工分享财富,这意味着他们关心员工。相反,如果他们只给自己很多期权,这意味着他们更关心自己。

例如,在致股东的一封信中,文件管理公司铁山(Iron Mountain)前首席执行官理查德·里斯(Richard Reese)解释了为什么他不会接受任何股票期权,他说他更愿意用它们留住优秀的人,而不是补偿自己。

要查找有关公司股票期权计划的信息,请在代理声明中查找一个表格,列出执行官获得期权总数最多的前五名,把前五名执行官的期权总数相加。然后,在10-K报表或代理声明中,查找授予所有员工的期权总数,并计算与所有员工相比,排名前五位高管的期权的百分比,确定股票期权是否广泛分布或者是否集中在最高集团内部。

例如,在全食超市,根据自1992年全面启动的一项计划,大约92%的股票期权已授予非执行官的雇员。债券评级公司穆迪的管理团队在从邓白氏公司(Dun & Bradstreet)分拆出来时,获得了很大比例的股票期权。穆迪2000年的代理声明显示,首席执行官约翰·卢瑟弗(John Rutherfurd)在本财年获得了授予员工的所有期权的4.1%,其次是全球评级和研究部高级副总裁唐纳德·诺伊(Donald Noe),他获得了3.0%。这两位高级管理人员获得的股票期权与全食超市所有高级管理人员的股票期权的百分比之和相同,这应该是一个警告信号,因为它表明穆迪高级管理人员认为这家企业可以在不与员工分享这些福利的情况下获得个人利益。

寻找奖励长期绩效的薪酬计划

为了使薪酬计划能够对长期绩效进行奖励,它必须将薪酬与长期成效联系起来。例如,在埃克森美孚(Exxon Mobil),限制执行官该公司一半的股票在5年以后才得以归属自己,另一半必须持有10年或直至退休。无论哪一种都有较大限制,这种方式就会激励企业产生注重长期结果的管理。

理想的薪酬结构是那些为长期价值创造利润(如营业收入或每股账面价值),而非以股票价格作为奖励的结构。你需要确定薪酬是否与使企业变得更好,而不仅仅是更大的变量相关联。例如:

- 全球性物流公司——康捷国际物流公司,根据营业收入发奖金,这些奖金占管理人员薪酬的大部分。
- 全球家庭和保健产品制造商——利洁时集团(Reckitt Benckiser),将所有执行官的绩效薪酬与经济附加值联系起来。
- 专业保险公司——马克尔保险(Markel Insurance),在5年计量期内使每股账面价值增长,并将其作为总体薪酬的基础。

让我们更详细地看看这些公司的薪酬结构。

康捷国际物流公司的薪酬体系 康捷国际物流将其薪酬体系与经营利润(而非股票价格)联系起来,从10%的预定营业收入中向高级管理人员支付薪酬。自康捷国际物流于1984年上市以来,该系统一直存在。如果营业收入下降(与2009年相同,那时,营业收入比2008年下降19%),奖金也会按等量下降。此外,薪酬制度也是基于累计的营业收入,所以如果发生任何经营亏损,那么这些亏损必须先进行恢复,然后执行团队才能获得一定比例的营业利润。这给了高级管理人员更长期的激励,因为如果他们从事的是增加短期利润而牺牲长期利润的活动,那么他们一定将获得较低的奖金。这样的薪酬体系会使公司业绩与股东利益直接一致,因为薪酬与每位管理者的利润责任成正比。

利洁时集团的薪酬体系 利洁时集团将所有高管的绩效薪酬与经济附加值相联系,衡量净销售额增长、税后利润和净营运资本。长期激励计划要求每股收益(EPS)在3年内必须增长30%,才能使期权和股票全部获得归属。当主席彼得·哈尔夫(Peter Harf)被问到为什么薪酬计划没有奖励股票价格上涨时,他说:"我们已经远离了'与股东总回报相关的发展方式',因为它可能导致与公司发展方式完全脱钩的结果。"

马克尔保险的薪酬体系 马克尔保险选择在五年的测量期内增加每股账面价值后,为其执行官制定薪酬计划。马克尔执行官认为,保险企业的主要价值创造者是每股账面价值,而不是股票价格,所以马克尔用了五年的时间来阻止管理者承担不必要的风险。

还有各种其他薪酬形式,它们都是基于长期结果的薪酬指标,如限制性股票奖励,即股票所有权要求也将管理利益与长期效果结合起来。

寻找奖励长期价值创造的限制性股票奖励

限制性股票奖励比股票期权更能激励管理者长期价值创造,因其通常受制于年限或业绩等因素。换句话说,管理者必须在公司工作一段时间,或者必须达到特定的绩效目标,这是为了鼓励公司保有长期所有权。

例如,在高盛公司,员工收到的限制性股票的40%,通常会立即获得归属,但3年内不得交付。因此,如果员工离职,该员工有可能失去其受限制的股份。

同样,在马克尔保险公司,在高级管理人员达到预定的绩效目标后,将给予其限制性股票,而这些目标是根据5年内每股账面价值的增长获得的。马克尔认为，通过支付限制性股票单位（RSUs）的大部分奖金，既具有增加管理层股权的优势，又能创造留存激励，因为管理者必须继续受雇于公司，才可以获得股票。

寻找需要股份所有权的公司

一些企业拥有股份所有权和保留指导方针，要求管理层拥有一定数量的股票。例如，2009年马克尔保险公司的代理声明指出：

> 本公司高度重视执行人员及其他高级管理人员的股权。董事会通过了股权指导方针，要求高管人员获得和维持普通股的所有权，其价值至少等于基本工资的5倍，并且要求其他高级管理人员获得并维持普通股的所有权，价值为至少等于基础工资的两到三倍，具体取决于职位。预计新雇用或新晋升的管理人员将在5年内达到最低的所有权标准。

如果你在代理中找到这种类型的薪酬计划，那么管理层很可能会具有长期执行该计划的动机。

阅读代理声明中关于薪酬体系的建立方式，了解其他有价值的见解

薪酬体系的构建方式可以给你提供对管理的特点和动机有价值的见解。理解高管如何构建薪酬计划更有用，而不是关注高管人员的薪酬。首先查看代理声明中标题为"薪酬讨论与分析"的部分，董事会薪酬委员会就如何为高级管理人员和员工制定薪酬方案进行了沟通。例如，即使执行官员不符合绩效目标，他们也可能会得到报酬，壳牌（Shell）前首席执行官杰伦·范德维尔（Jeroen van de Veer）未能达到3年的绩效目标，但从激励计划中获得了190万美元的奖金。通过这样的薪酬安排来运作，肯定会让你了解正在考虑与之合作的管理团队的类型。

相比之下，2009年晨星代理声明指出：

> 考虑到他作为我们的主要股东的地位，乔·曼斯威托认为，他作为我们的首席执行官，其薪酬应主要通过对我们普通股的长期价值的升值来实现。因此，应他的要求，他不参与我们的股权或现金激励计划。此外，自2000年恢复担任我们的首席执行官以来，他的年薪固定在10万美元。

你可以评估曼斯威托的品格，因为他为了股东的利益管理企业，并且拒绝接受股票期权。这让你对他的特点有了深刻的认识，这就是你应该寻找的作为长期合作伙伴的首席执行官类型。

谨防使用薪酬顾问的公司

如果由董事会聘请的顾问决定薪酬方案，这应该成为一种危险信号。这种薪酬基准通常不是关于企业的业绩，而是与业内其他企业的比较，然而，所使用的业内同行群体往往在完全无关的企业线中。你会发现大多数的薪酬计划都是以这种方式确定的。

例如，在2010财年，珠宝零售商扎列（Zale）聘请了一位薪酬顾问，他将21家公司列为同行群体。顾问列举了包括阿贝克隆比 & 费奇（Abercrombie & Fitch）、美国鹰牌服饰公司（American Eagle Outfitters）和儿童天地（Children's Place）等公司，这些公司是专业成衣公司，而不是珠宝零售商。然后，该咨询公司在同行群体的一定百分比范围内定向支付薪酬，例如，2009年扎列的代理声明指出："基本薪资通常定位在市场的第25和第50百分位之间，而基于年度绩效的奖金也通常定位在市场的第25和第50百分位之间。"

这里给出了两个危险信号：通过与松散相关的同行比较确定薪酬，以及基本薪酬与企业绩效无关的事实。

谨防使用雇佣合同的公司

另一个危险信号是当你在代理声明中找到雇佣合同，合同中保证管理者在总现金薪酬中得到一定数额的支付，而这种薪酬并不直接使执行官员与企业的长期利益保持一致。

例如，凯马特向其25位高层管理人员发放了约3000万美元的留存贷款（留存贷款在公司失败时发放，但往往在破产申请后被授予），其中500万美元给当时的首席执行官查克·康纳威（Chuck Conaway）。贷款是为了吸引管理人员留在企业中，然而与此同时，管理层却解雇了数千名员工并削减了其他管理人员的薪水，这可能会降低凯马特员工的士气，而这些管理者最终也还是无法扭转企业。最终，这些高管被董事会解雇了，可他们已经获得了数百万美元的赔偿，因为这些赔偿是有过保证的。

你应该经常留意那些在加入企业或留在企业之前需要极高薪酬的管理者，有一种说法是，预先要求最多的人通常是那些在最后交付最少的人，这种说法通常是真实的，因为无论企业的业绩如何，获得有保证的薪金和奖金的人都没有任何创造长期价值的动力。

例如，一家能源公司的首席执行官和创始人被授予7500万美元的期权，以续签与公司5年的雇佣合同，而没有追求其他创业型企业。那么，这就是一个警告信号，你需要思考，为什么首席执行官会为了留在自己建立的公司，而要求其支付给自己7500万美元？如果他真的对企业充满激情，那么董事会很可能不需要用财务奖励来吸引他留在企业，显然，股东和管理层的利益并不一致。

● CHAPTER 7 / 第7章

寻找不断提高企业所有权权益的管理者

最佳的管理者是不断增加或保留其在企业的所有权的人，例如，下列首席执行官在其任期内出售了数量非常有限的公司股票：

- 伯克希尔·哈撒韦公司的首席执行官：沃伦·巴菲特；
- 布鲁克菲尔德资产管理公司首席执行官：布鲁斯·弗拉特；
- 99美分店分的创始人：戴夫和雪莉·戈尔德；
- 特利丹公司（Teledyne）前首席执行官：亨利·辛格尔顿（Henry Singleton）。

例如，亨利·辛格尔顿没有获得任何期权奖励，并且在继续购买超过20年后，才在1987年和1988年出售股票。当布鲁斯·弗拉特曾被问到其爱好是什么时，他回答说是回收他的股票份额。企业管理者布鲁斯·弗拉特的做法是明智的，因为所有的这些企业长期都为股东创造了巨大的价值。

通过查看5到10年时间里股票所有权的部分，使用代理声明构建管理者对股票的所有权。你需要注意分析，股票是如何通过直接购买或通过期权发行而获得的，还要确定管理者是否增加了，而不是减少了其在企业中的所有权权益。如果管理者的所有权权益随着时间的推移而下降，这不是一个积极的迹象，因为很多时候，管理者会声称他们出于多元化目的而销售：这是合理的，当然也是可信的，但请记住，在结束时，你需要查找和分析销售量数额。

■ 38.管理者是否曾经买入或卖出股票

重要的是跟踪查看管理层购买和销售股票的情况，就需要持续查看和分析有关内幕交易的文档，并查看13-D文件（任何获得5%或更多上市公司的受益所有权的人，都需要该文件）。内幕交易标志着高级管理人员真正肯定公司的发展方向，而不是看不清公司的发展方向，它们也可以作为股票是否表现优异或表现不佳的有用指标。在内扎特·赛罕（Nejat Seyhun）1998年出版的《内幕交易投资情报》一书中，内扎特·塞伊洪考察了1975年至1995年的内幕交易活动，发现在内部人购买之后的12个月内，内部人买进但未售出股票的公司平均跑赢市场7.5%。相比之下，内部人出售股票的公司则跑输市场6.1%。

所以，你不要先从购买或出售股票的执行官那里得出结论，不要先检查购买或销售背后的动机，以及购买和出售对该执行官的总净资产是否重要。例如，内部采购已经变得不像以往那么有用，许多高管已经知道，通过购买股票，他们可以提高股票的价格，因为媒体会报道这些买入。你必须意识到，高层管理人员可能试图操纵股票。

为了寻找一个有用的信号，内幕交易必须与内部人的总净资产相比较，例如，占其总资产的15%或更多。除非你看到这些强烈的购买行为，否则任何购买和销售只是表面现象，你需要小心，不要把它们视为有用的指标。

例如，一位首席执行官在2008年购买了价值1亿美元的股票，这听起来像是一笔巨款。然而，与2008年《福布斯》杂志估计其总额为173亿美元的总净资产相比，这只占少量。

以下是几个例子，其中内部购买是有用的评估指标：

- 一个强烈买入信号的好例子是卡尔·柯克兰进行的内部人购买，

他是专业家居装饰零售商柯克兰的创始人。2006年3月23日，柯克兰拥有130万股票份额，几个月后，柯克兰在2008年9月10日提交的一份13-D文件中透露，他用其私人飞机和度假屋作为抵押品，获得了贷款，以6,754,862美元（即平均每股价格为1.95美元）购买了3,464,032股股票。该13-D文件列出了美国银行与柯克兰航空公司之间的商业贷款协议，该公司将拥有的豪客比奇（Hawker Beechcraft）B200GT进行抵押，贷款400万美元，他还用他在科罗拉多州的雅芳度假屋作为抵押品，得到了350万美元的贷款。无论何时你看到一位前创始人购买这么多的股票，并用贷款为他的购买提供资金，这是一个强烈的买入信号，事实也证明了这一点，柯克兰持有的股票价格在2010年底不久涨至每股14美元以上。

● 杰米·戴蒙（Jamie Dimon）在担任第一银行（Bank One）首席执行官的前三天，用自己的资本收购了近600万美元的200万股股票。当被问及为什么他买了这么多股票时，他说他认为首席执行官应该自食其力。这是一个明确的信号，表明你应该和首席执行官保持一致。当戴蒙于2000年3月加入时，股价是每股30美元，当2004年1月15日第一银行被J. P. 摩根（J. P. Morgan）收购时，股价上涨至每股51美元。

良好的销售指标

如果你看到高级管理人员或董事会成员出售大量股票，这并不是表示你应该出售自己股票的信号，但这确实意味着你应该质疑他们对企业的长期信任。你需要寻找极度热爱公司的高级管理人员，而非一个出售其持有的部分股权的内部人士，毕竟，这位管理者可能正在改造公司，或者有其他与其对企业信心毫无关系的原因。以下是一些有用的警告信号示例：

- 如果你看到价格不断下跌的股票，且内部人士正在出售，这是一个警告信号。

- 仅在两个季度内，美国诺华达无线通讯（Novatel Wireless）的9位高管和董事在2007年出售了超过一半的股份，价格从每股17美元到20美元不等。一年后，股价跌至每股10美元以下，并于2008年12月1日低至每股3美元。

- 琼斯苏打有限公司（Jones Soda）的5名董事会成员，在2007年的3个月内，几乎将所有的公司股票进行了处理，因为股票价格达到了每股27美元。那一年，琼斯苏打正在发展成为一个拥有全国分销合同的主流品牌，该公司刚刚宣布了第四季度的强劲收益。首席执行官也宣布，该公司将通过在沃尔玛、克罗格（Kroger）和西夫韦（Safeway）等商店销售，占据零售市场25%的份额。此后不久，琼斯苏打有限公司发布了令投资者感到失望的2007年第一季度和第二季度的盈利，导致股价在2007年底跌至7美元。出现了这种状况时，该公司的大多数董事能够以每股10美元至25美元的价格出售股票，而那些持有该股票的股东的净资产却在不断地下降。

- 截至2010年6月1日，医疗保健信息技术公司麦克森公司（McKesson）的首席执行官约翰·哈姆格伦（John Hammergren）拥有450万股股票，包括期权和限制股票持仓量。根据美国证券交易委员会的文件，他在2010年卖出了超过290万股（占其持股量的64%），实现了超过9800万美元的利润。哈姆格伦的所有权的大幅度削减，应该成为投资者的一个警告信号，因为这表明他对企业没有长期信心。

确定管理层购买或出售公司股票的动机

你还应该进一步研究股票购买或销售的动机。为了充分了解内幕交易和买卖，请阅读有关内幕交易的文档的注释，这些注释通常会披露管理者买入或卖出的原因。如果你无法确定管理者购买或销售背后的动机，那么你就没有足够的信息来推出结论，这时需要小心谨慎，不要做出假设。以下列出了一些最常见的原因，并在下面进行了更详细的介绍：

- 10b5-1交易计划
- 税收目的
- 保证金通知
- 个人原因，诸如资助慈善机构的承诺

追踪根据10b5-1交易计划出售股票的执行官 10b5-1交易计划根据美国证券交易委员会法规设立，美国证券交易委员会法规旨在让内部人员以有序的方式购买或出售公司股票，而不必担心有关使用不当内幕信息的指控。这些计划的复杂性各不相同，但它们通常指定购买或出售股票的数量、价格和日期。许多投资者犯了这样一个错误，即忽略10b5-1交易计划中的股票买入和卖出，因为他们认为交易股票存在有序的模式，但投资者需要知道的是，执行官有权在任何时候改变计划的条款。所以，每当你注意到交易计划存在重大偏差时，这应该是一个警告信号。

例如，次优抵押贷款机构新世纪金融公司（New Century Financial Corporation）的联合创始人爱德华·戈特沙尔（Edward Gotschall）在该公司披露了与储备金相关的会计问题之前，从2006年8月到2007年第一季度出售了超过1540万美元的股票，最终公司申请破产。爱德华·戈特沙尔这次的出售是在10b5-1交易计划下进行的，并且被大多数投资者忽略了。事实上，投资者不应该忽略这个现象，如果投资者关注10b5-1交易计划中的历史销售模式，他们会注意到戈特沙尔通过改变条款的计划，以加快他的股票销售。

管理人员出售股票的原因与他们在企业中的信任度无关，以下两个例子代表了两个最常见的原因。

由于税收目的而出售股票的管理者　当管理者使用股票期权时，它会产生最初授予期权价格与股票价格之间差额的纳税义务。因此，管理者有两种方式来处理这个问题，一种方法是让管理者出售全部或部分行使的股票，并用所得款项支付税款。另一种方法是让管理者拿出一笔贷款，用股票作为抵押品来支付税收，但这会影响税收的延期。这样做的主要风险是，如果股票价格跌至一定价格以下，管理者将面临收到缴纳保证金的通知。

为满足保证金要求而出售股票的管理者　2008年期间，当标准普尔500指数下跌超过37%时，许多管理者不得不出售股票以满足保证金要求。在此期间，更加值得关注的是来自切萨皮克能源公司（Chesapeake Energy Corporation）的销售额，当切萨皮克能源公司股价下跌65%时，该公司的共同创始人和首席执行官奥布雷·麦克伦登（Aubrey McClendon）被迫出售他持有的94%的5.69亿美元股票，以满足保证金要求。

要记住的关键点

了解高级管理人员的背景

- 对企业未来成功最有逻辑的预测是其管理层。
- 如果你正在投资一位拥有长期（即超过10年）成功管理企业业绩记录的管理者，该管理者将继续成功管理企业的概率对你有利。如果你已经看到他们在困难和有利的环境中所做的事情，那么则更加容易预测未来管理层将会做什么。

- 如果没有充分了解客户并征求员工的意见，加入企业并立即作出重大改变的外部管理者，更有可能失败。
- 你可以通过使用狮子/鬣狗的比喻，来快速判断管理者的几项品质。
- 从企业内部（如首席财务官和总顾问）晋升的管理者往往不会成为优秀的经营者，因为他们在企业日常经营方面的经验不足，他们的思维方式受到限制，而且他们过去与企业员工的互动也很有限。

管理人员如何获得薪酬很重要

- 一些长期表现最好的股票由低现金薪酬和高股票所有权的首席执行官负责管理。
- 如果一家企业的股票期权计划分布广泛，这表明管理人员关心员工而不是仅仅关注他们自己。
- 理想的薪酬结构是对长期价值创造因素（如营业收入或账面价值）的回报，而不仅仅是股票价格（如股票期权）。
- 如果由董事会雇用顾问决定薪酬方案，这应该是一个警告信号。这种薪酬基准通常不是关于企业的业绩，而是与业内其他企业的比较。
- 预先要求最多的人通常是那些在最后交付最少的人，留意那些在企业工作之前需要高薪酬的管理者。
- 内幕交易标志着管理者们真正肯定他们公司的发展方向，而不是看不清公司的发展方向。

THE INVESTMENT
CHECKLIST

第 8 章

评估管理层素质——
能力：管理层如何运营企业

除了研究高级管理人员的背景之外，你还可以更多地了解他们的职业生涯，他们是如何晋升的，他们拥有（或根本没有！）的工作经验，以及他们曾经任职公司的企业文化——所有这些都是第7章的重点；此外，它还有助于评估管理人员实际经营企业的方式，这是本章的重点。在这里，我们将分析管理者的管理风格；战略规划和日常运作；组织结构（即集中式与分散式）；管理者如何看待他们的员工，他们是否知道如何良好地雇用员工；管理层是否知道如何聪明地管理其开支；以及管理层在做出资本分配决策时是纪律严明还是散漫无序。

通过观察管理人员实际经营企业的方式，你能够更好地评估他们的能力。虽然能力的重要性表现在很多方面，但最引人注目的是真正有能力的管理人员能够快速适应不断变化的环境。例如，在2008年股市低迷期间，当标准普尔500指数下跌37%时，我们公司严格履行承诺，投资于经过验证和能够胜任的管理团队。由于经济存在如此大的不确定性，许多公司未来的盈利能力几乎不能确定，因此，我们与能够适应不断变化的经济环境的管理团队合作，并且我们避免投资业绩记录有限的管理团队。

例如，我们没有投资钻石和高级珠宝的在线零售商，因为其创始人最近已将首席执行官的职务授予首席财务官（2008年2月），尽管首席财务官从1999年开始在企业任职，但我们无法判断她在新角色中经营企业的能力。

相比之下，我们对全食超市管理团队的能力有很强的信心，因为该团队自2001年以来一直成功运作，当面对管理团队以前从未遇到过的同店销售下滑时，该管理层加强了资产负债表并增加了自由现金流。

与经过验证和能够胜任的管理团队合作的另一个不太直接但具有实质性的好处是，你可以腾出时间专注于寻找其他投资机会。相反，如果你与无能的管理团队合作，那么，你必须花费大量时间来不断考察和分析他们的行为。

我曾经投资过一家公司，因为该公司的股票很便宜，但我知道管理团队有点无能。我之所以选择继续持有这只股票，是因为我认为它被大幅低估了。但每当企业发布新闻稿，我的胃就会翻滚，正如我预料的那样，新闻稿中的消息是坏消息，公司的首席执行官从不让我失望，即不断报告糟糕的结果。最终，这笔投资未能为我创造任何资金价值。

相反，当我与资产管理控股公司布鲁克菲尔德资产管理公司首席执行官布鲁斯·弗拉特等有能力的管理者合作时，我不必详细审查该公司的每项管理决策，因为我知道如果高层管理者犯了错误，他们会很快认识错误并纠正错误。通过投资于经验丰富的管理团队，你很少会失望，这将有助于你保持机会主义的态度。

现在让我们来看看能够帮助你确定管理团队是否胜任的问题。

■ 39.首席执行官管理企业时是否惠及所有股东

如果你问投资者，在一家企业中，股东价值是否比客户服务更重要，大多数投资者会给出肯定回答,但他们没有考虑到的是,股东价值是一个令客户满意的企业的副产品。实际上,长期来看,许多表现最好的股票是平衡所有利益相关者群体(包括客户、员工、供应商和其他合作伙伴)利益的股票,这些股票的企业由以不仅仅为股东创造利润为目标的首席执行官来进行管理。

在《我亲爱的公司》(Firms of Endearment)这本书中,大卫·沃尔夫(David Wolfe)、拉金德拉·西索迪亚(Rajendra Sisodia)和杰格迪什·谢斯(Jagdish Sheth)研究了认为成功不仅仅是股东回报最大化的30家公司,这些公司都试图为所有利益相关者实现最大价值。有趣的是,这些公司在作者追踪他们的10年中跑赢标准普尔500指数,且这些公司在2006年结束的10年中的回报率为惊人的1,026%——标准普尔500指数仅回报了122%。

令人惊讶的是,能够为所有利益相关者的利益而管理企业的首席执行官,真的少之又少,原因是这很难做到。将注意力集中在股东一个方面,比多方面关注要更加容易。

全食超市的联合创始人兼首席执行官约翰·麦基创造了"有意识的资本主义"一词来描述旨在让所有利益相关者(如客户、员工、投资者和供应商)受益的企业。有意识的资本主义的支持者认为,股东价值的增加是帮助客户、员工和供应商发挥最大潜力的副产品,而不赞同认为企业唯一目的是实现利润最大化的理论。

麦基通过比较利润和幸福来说明他的观点。仅仅想要快乐通常是行不通的。相反,我们之所以快乐,是因为有很多其他原因:强烈的目标感,有意义的工作,好朋友和身体健康,和谐的人际关系,以及学习、成长和帮助他人的机会。就像幸福一样,利润也是通过其他事物产生的结果,而不是通过将其作为企业的首要目标而实现的。麦基说:"长期利润来自更深层次的目标、优秀的产品、满意的客户、快乐的员工、优秀的供应商,以及对我们生活的社区环境承担一定

● CHAPTER 8 / 第8章

程度的责任。像幸福一样，获得利润的最好方式是不把利润作为直接目标。"

以下是为客户和其他利益相关方考虑，而不以利润最大化为目标的企业管理的几个示例：

● 好事多首席执行官吉姆·辛内加尔表示，通过公平对待员工并确保客户获得良好的价值，股东将从长远努力中受益。

● M&T银行首席执行官罗伯特·威尔默斯（Robert Wilmers）的经营理念可以成为稳健银行企业的基础："了解你的市场和员工，不懈地观察信用质量，不要用利率赌博，专注于社区服务。"你会注意到没有一个目标是增加股东价值，就连伯克希尔·哈撒韦公司的首席执行官沃伦·巴菲特也持有M&T的长期股权。在威尔默斯任职期间，该股票从1983年他加入银行时的每股不到3美元，2010年12月31日升值到每股87美元，是过去20年来表现最佳的银行股之一。威尔默斯并没有把重点放在银行的利润上，而是专注于那些创造利润的事情。

● 惠普公司的联合创始人戴维·帕卡德（David Packard）也以更广泛的利益相关者观点而著称。这里，有一个关于他的故事，1949年，37岁的帕卡德在听一群显然只关注利润的商界领袖的谈话时，帕卡德对他们的观点不以为然，并清楚地告诉他们："公司有更大的责任，而不是为股东赚钱！"此后，惠普公司继续成为帕卡德和比尔·休利特（Bill Hewlett）领导下的第一个技术公司。

● 当罗伯特·西尔贝曼在2001年接任斯特雷耶教育首席执行官时，他表示他不会专注于任何通常会推动上市公司估值的指标，如收入增长、营业收入增长和利润率扩张。在一次采访中，我问他为什么关注学术成果而不是利润，他说："利润是从研究企业资产发展而来的。我很清楚，唯一能够为我的客户带来真正可持续的、长期价值的是斯特雷耶大学的无形价值。"于是我坐下来说："你如何增加斯特雷耶大学的无形价值？"罗伯特·西尔贝曼的答案就是："我提高了学习成果的水平。"

■ 40.管理团队是通过日益改善运作，还是使用战略计划来引领企业

大多数投资者寻找超级首席执行官，是因为这些投资者认为首席执行官们似乎可以通过精心策划的战略在一夜之间改变企业，实质上，投资者认为企业转型是出色想法和聪明计划的结果。投资者认为卓越的策略能够带来巨大业绩的原因之一，是在流行的商业媒体中，投资者们通常会关注这样的报道。这些报道受欢迎的原因有两个：首先，它们很容易写；其次，投资者们喜欢关于闪光和魅力的故事，而不是关于通过持续改进发展企业的首席执行官的故事。这些文章通常有助于提高股票价格，因为投资者购买了魅力型首席执行官的希望和梦想，此时的投资者往往只有短暂的记忆，他们忘记了其中许多企业后来以戏剧性的方式最终脱轨。

当心相信一个策略或一次尝试就会改变企业的首席执行官，这些首席执行官通常会发表大型公告，例如他们将通过改变其企业运营方式，进行转型收购或跳入热门的新市场，从而将其企业在5年内从第三位发展到第一位，这些雄心勃勃的计划依靠的是迅速获得可观的市场份额。

例如，当首席执行官约翰·罗斯（John Roth）决定将他的公司转变成一家更大的数据网络公司时，依靠的是北电网络（Nortel）在语音传输方面的传统优势。他从1997年到2001年初迅速收购了19家新公司，此后，北电网络的股价上涨，到2000年7月时，公司市值达到2,770亿美元。但截至2001年底，股价已经从上一年的高点下跌了90%，其原因是，这19次收购中的大部分最终都是以低于北电网

● CHAPTER 8 / 第8章

络原来的价格出售，或者完全注销。

战略计划是一个为了取得成功的详细路线图，比如设定了必须达到具体目标的五年计划，因此，战略计划也可能是一个不灵活的计划，概述企业未来2年、5年或10年的运营方式。如果一个项目或产品不符合该计划的目标，则会被驳回，因此，抓住机遇不再是企业的优先选择。

与人们普遍的看法相反，大多数成功的企业都是建立在数百个小决策基础上的，而不是一个精心制定的战略计划。例如，当大多数成功的企业家开创他们的企业时，他们没有一份商业计划来说明他们的企业将在2年、5年或10年内变成什么样子。相反，他们日复一日地建设企业，专注于客户需求，并让这些客户需求塑造企业方向。随着时间的推移，正是这种日常决策流，而不是一次性的大决策，才能产生巨大的成果，并且直到现有方案被员工彻底吸收，这些企业才会尝试新的方案。例如，苹果公司的方法是将每种资源都放在少数几种产品上，并把它们做得非常好，你能想象苹果公司会制造一种价格低廉且制作不佳的产品吗？

另一个日益改善的企业的共同主题是，他们的经营前提是，最好是与有限数量的客户反复推出产品或服务，以便能够使用客户反馈来修改产品或服务。他们的操作前提是，从错误中学习是可行的，而且通过获得客户反馈以形成策略是至关重要的。

例如，蔻驰（Coach）每年在推出新的豪华手提包和配件产品之前，会对超过一万名客户进行采访。根据收集的信息，蔻驰会改变产品的设计或丢弃测试不佳的物品，因此，蔻驰与其客户的喜好直接相关，并能够避免大量的市场失误。蔻驰认为，客户采访花费的数百万美元是一种低成本的保险形式，不会因客户改变优先考虑而变得盲目。可见，蔻驰并没有制定战略计划，而是让客户参与制定战略。

你需要确定你投资的管理团队是否在投入大量资金之前对其进行了验证，或者是否希望通过一次投入大量资金，就获得巨大回报。

你需要确定你正在投资的管理团队在投入大量资金之前，是否致力于验证一个事物，还是更愿意为了获得丰厚的回报，就一次性地投入大量资金。想要对某个企业中的某个事物进行验证，其实并不昂贵，例如，电影邮寄租赁公司网飞公司的创始人里德·哈斯廷斯（Reed Hastings）在开发企业时在信封里给自己寄了一张CD，当信封抵达且并未损坏时，他只花费邮资费用就测试了企业的主要运营风险之一。

类似的，生物技术公司基因泰克（Genentech）等公司的早期投资者，科莱勒·帕金斯公司（Kleiner Perkins）的创始人汤姆·帕金斯（Tom Perkins）建议说："首先，消除风险。然后，发展企业。"在某些风险降低之前，帕金斯不会对新企业做出任何重大财务承诺。这种模式通常用于风险投资（VC）行业，当创业公司多次获得投资资本，并在启动后达到某些里程碑时，风险投资者将投入更多资金。例如，基因泰克将其大量工作外包给实验室，而不是在开发其产品时投入自己的实验室。随着基因泰克变得更加成功并证明了其产品，它随后投资了自己的实验室。

相比之下，依赖战略计划的企业在推出产品或服务之前，往往需要在很长一段时间内花费数百万美元购买由顾问（而不是客户）编制的研究数据。

例如，当摩托罗拉推出铱星手机时，只有5万人订购了其服务，而不是摩托罗拉预计的数百万用户，这是商业史上最大的失败案例之一，2000年，铱星计划宣布破产。此后，摩托罗拉制定了一项长期战略计划，开发一项新服务，即客户可以在地球上的任何地方拨打蜂窝电话，这项技术花了10多年的时间来发展，摩托罗拉投资超过50亿美元用于发射66颗低空飞行卫星。

不幸的是，当该公司准备推出该服务时，需要接收卫星信号的电话是砖块

CHAPTER 8 / 第 8 章

大小的尺寸,并且用户必须在户外接听电话。这两者都是摩托罗拉在开发该服务时尚未充分考虑的主要绊脚石。摩托罗拉非常注重实现其战略目标,因此忽略了早期获得良好客户反馈的基础知识。

以下是一些首席执行官没有遵循完善的战略计划,而是日复一日地改善企业、经营企业的案例。

- 从20世纪60年代到80年代,特利丹公司首席执行官亨利·辛格尔顿认为最好的计划是不做计划,在他任职期间,特利丹的股票在20多年的时间里复合率超过20%。他相信以开放的态度来对待一个不确定的世界会更好,辛格尔顿在特利丹年会上曾经说过:"我们受到大量的外部影响,其中绝大多数无法预测。所以我的想法是保持灵活。我喜欢每天掌舵航行,而不是提前计划未来。"

- 戴夫和雪莉·戈尔德是99美分店的联合创始人,从1982年开始创业到2005年,其销售额增长到超过10亿美元。戴夫·戈尔德说:"做长期预测的人通常不会有责任心,因为人们经常忘记他们以前说过的话。如果你有未来5年或10年的增长战略,那么在这段时间内会发生很大的变化。我认为你不能制定从现在开始超过两年的计划,因为自己看不到那么远,如果你这样做了,你就是在做梦。"

- 办公室零售连锁店史泰博(Staples)的创始人托马斯·斯坦伯格(Thomas Stemberg)说:"我不会被企业计划所牵制,当然,我会先看看,但无论是什么样的计划,公司最终都会看起来不一样。例如,当我们在1986年开创史泰博时,我们的企业计划宣称我们永远不会配送,因为配送会增加成本,所以我们自认为负担不起。"今天,史泰博的大部分利润来源于其配送业务。

CHAPTER 8 / 评估管理层素质——能力：管理层如何运营企业

- 美国最大的共同基金公司之一，美国投资管理公司（AIM Management Group Inc.）的共同创始人鲍勃·格雷厄姆（Bob Graham）说："当我们创立美国投资管理公司时，我们从未有过进行计划的经历，但我们会跟随与之一起出现的机会。即便我们进行计划，那我们的计划也会随着时间的推移而改变，但这取决于呈现出来的机会本身。我们不知道我们会参与货币市场基金业务或股票基金业务，也不知道我们会做多大。"

为什么战略计划会失败

当首席执行官制定一项战略计划时，他们有可能承担风险，可能无法考虑其他选择。在《影响力》一书中，作者罗伯特·西奥迪尼（Robert Cialdini）写下了这样一句话："承诺和一致性原则"，即在做出承诺或采取立场之后，人们更愿意同意与先前承诺相一致的请求。换句话说，一旦你发表公开声明，就会让你很难改变主意。制定战略计划具有同样的效果：首席执行官很可能会继续致力于实现自己的计划，因为不符合他们计划的后果是股票下跌，从而降低股票期权的价值或损害声誉和管理团队的可信度。因此，管理团队变得只能通过致力于以一种做生意的方式来管理企业。

战略计划之所以会失败，是因为他们经常拒绝其他机会。当一个机会出现并且不符合企业的战略计划时，管理团队可能会不予理睬，但事实是，大多数管理团队最好的想法都是偶然发现的。

例如，在20世纪90年代，辉瑞制药就是在偶然中发现了其中一种最畅销的药物"伟哥"。当时，该公司正在开发一种治疗心绞痛（心脏动脉收缩或阻塞引起的痛苦心脏病）的药物，但这种药物的使用者开始报告它改善了勃起能力，所以辉瑞走了非常明智的一步棋，并将重点重新放在新发现的机会上。

战略计划失败的另一个原因是企业可能将重点放在战略目标上，而不是客户想要的东西上,这就像告诉客户"这不是我们做事的方式"一样,却不问客户"你想怎么做"。

例如,房利美和房地美(Fannie Mae and Freddie Mac)购买了价值数十亿美元的次级抵押贷款,他们没有专注于顾客的真实需求,而是帮助银行向无法负担贷款的顾客提供贷款。后来,由于这些次级抵押贷款违约,这两家企业都必须由政府解救。

不要将战略计划与长期规划混为一谈

不要将战略计划与目标或长期规划混为一谈,你可以把长期规划看作是首席执行官在建立业务时始终处于领导的愿景,例如,首席执行官可能会有一个长期规划,即成为客户满意度评级最高的企业,或者其行业中员工流失率最低的企业。

风险最高的战略计划:设定财务目标

最容易失败的战略计划是那些聚焦点过于狭窄的战略计划,例如那些确定财务目标的战略计划。许多首席执行官经常发布这样的公告:"这家企业将在3年内实现1亿美元的收入"或"我们将在2012年前每周销售1,000个产品"。但是,大多数情况下会发生的是:当首席执行官聚焦于一个具体的财务目标,他就会忽视其他领域或会承担更多风险,因为单一计划将以牺牲其他重要领域为代价来支配企业的所有活动。

例如,2003年,通用汽车公司的高管们佩戴着编号为"29"的徽章和纽扣,这是在提醒自己,公司的目标是获得美国市场份额的29%。为了达到这一数字,通用汽车甚至在6年内提供了高达5500美元的回扣和0%的贷款。6年后,通用汽车的美国市场份额低于20%,该公司破产,这是为什么?

通用汽车失败的原因是它侧重于市场份额,并且已经建立了组成该市场份额水平的最低成本基础。换句话说,它的发展被目标锁定了,为了达到这个数字,该公司耗资数十亿美元,在许多细分市场推出了新的模式。到2005年,他们的美国市场份额为26%,这是1925年以来的最低水平;到2007年,他们的市场份额下降到23.7%,仅略高于丰田。此外,由于汽车销售下滑,通用汽车在高增长年度的现金损失,使得多年的现金储备几乎为零,没有应对2008年至2009年下滑的现金储备。通过参与太多的细分市场,而没有离开那些他们无法快速适应以赚钱的细分市场,通用汽车孤注一掷,失去了试图从丰田和其他进口公司夺取市场份额的机会。

晨星公司《股票投资者》(*StockInvestor*)的编辑鲍尔·拉尔森(Paul Larson)提供了一个很好的比喻,说明为什么设置具体的财务目标是危险的:"就好像你在某个地方开车,并且告诉自己你将以每小时63英里的平均时速驾驶到某个目的地。相反,你应该在路况允许的情况下尽可能以更快的时速前进。如果你有一个设定好的规划,你可能会因车速太快而出危险,也可能是一条宽阔的大路,你可以加大油门前进。"

当管理团队设定具体的财务目标时,可能会依靠诸如管理收益等措施来实现这些目标或进行昂贵的收购。下面是一些首席执行官在设定具体财务目标后失败的案例:

- 农业生物技术公司孟山都公司(Monsanto)的首席执行官休·格兰特(Hugh Grant)曾宣称他的目标是在5年内将利润翻番,为了实现这一目标,他需要将企业重点从除草剂转移到更有利可图的生物技术种子业务。到2010年,格兰特宣布他们不可能实现这样的目标,并且他放弃了这些计划。格兰特后来宣布:"我会根据自己的失败经历来告诉你,我认为你不会看到我们制定长期目标。"

● 1976年，大陆银行（Continental Bank）是美国第八大银行，大陆银行主席宣布，在5年内，该银行的贷款将与其他大型银行的贷款相匹配。为了实现这一目标，大陆银行将其战略从保守的企业融资转向积极发展借款业务。大陆银行确实成为该国最大的商业银行，并成为一个更大的银行，但在此过程中，它犯了几个严重的错误，即大陆银行收购了更加动荡的外国存款，放宽了贷款标准，并向员工发出了错误的信息，放宽了文件标准；该银行也突破了历史上保守的纪律，并降低了贷款定价。到1984年，大陆银行陷入困境，它需要美国历史上迄今为止最大规模的救助。

● 在20世纪60年代后期，福特开始失去市场份额，因为竞争对手正在生产小型节能汽车。福特首席执行官李·艾柯卡（Lee Iacocca）决定挑战他的工程师，让其生产一款价格低于2,000美元，重量低于2000磅，并在1970年前完工的汽车。具体的目标是这样的：这是一个三连胜！其成果就是福特平托，它最出名的地方是能够在撞击时点燃。为了实现这一目标，不仅汽车设计有缺陷，而且法律诉讼后来透露，福特的高层管理人员知道汽车可能会点燃。但他们的战略计划非常坚定，以至于他们决定继续制造这款车，而不是去修复那些不合格的设计，因为他们认为，平托起火的诉讼成本将低于固定设计的成本。

41. 首席执行官和首席财务官是否就盈利问题发布指导意见

指导，就是管理层预测下一季度或明年的每股收益或其他企业指标，并通过新闻稿或电话会议与投资者分享这些信息的行为。华尔街分析师倾向于关注企业是否会达到或超过这些季度的收益预测，因为大部分公开交易的企业都会提供指导。国家投资者关系研究所（NIRI）收集了来自500多家上市公司关于盈利指导的回复，并报告称60%的公司在2009年提供了季度盈利指导。

当指导开始代表整个企业的组织目标时，可能对企业造成最大的破坏性影响。如果会议指导意见代表企业的唯一目标，那么其他有价值的活动将不会被优先考虑，而往往被忽略，因此，会议指导将推动企业运营，而不是将业务收益作为业务运营的副产品。例如，提供指导的首席执行官和首席财务官可能会试图通过掩盖企业内在的波动性，来实现企业的增长。不幸的是，在现实情况中，一家企业并不是以一成不变的方式发展，大多数企业面临着首席执行官和首席财务官也无法消除的波动性。增长几乎总是这样的，会受季节性、周期性和随机事件的影响。

一旦企业开始制定指导意见，它也可能会以牺牲长期增长为代价来实现短期收益。首席执行官兼首席财务官可能会担心华尔街分析师的分析会令人失望，因为如果他们如实进行分析，公司股价就会大幅下跌。此外，如果管理层未达到指导目标，他们可能会做出不符合企业最佳利益的事情来弥补差异，而且一旦这个过程开始了，就很难阻止它。然后管理层开始向未来借款以维持现状，并开始参与收益博弈。这场博弈与经营企业无关，而是成为一个让首席执行官和首席财务官脱离企业业务的重大干扰。

例如，首席执行官可能会推出更多产品给客户，以满足当前季度的指导意见，或者首席执行官可能会拒绝投资短期内无助于盈利的长期资本项目，在某种程度上，首席执行官不可能像往常一样管理盈利，股价也会下跌。安然、世界通讯、泰科（Tyco）、阿德尔菲亚（Adelphia）和南方保健（HealthSouth）等表现优异的企业首席执行官和首席财务官，在这种时候也屈服于达到这一收益数字的压力。

安然就是一个很好的案例。它曾一度拥有诸如管道般强大的全球资产，但后来试图通过成为天然气和能源的做市商来改变其企业模式。安然公司的股价上涨是因为该公司有能力不断超越它的指导，所以它不得不寻找新的增长途径，并将其核心竞争力转移到没有专业知识的领域，例如宽带、水和天气保险。随着这些运作出现亏损，安然管理层开始使用资产负债表之外的合作伙伴关系，以通过从资产负债表中清偿债务来继续增加每股收益。在2000年8月达到高峰时，安然公司的估值为690亿美元——但它在2002年宣布破产。

  谨慎对待发布指导意见的企业。理想情况下，你应该寻找那些只承诺他们能够实际完成任务的管理者，并且不是屈服于分析师所进行的高度可预测收益状况的管理者。如果管理层一直在担心股价，那么这就预示着，管理层更担心的是管理企业的一种感知，而不是管理实际企业。相反，管理层应清楚所涉及的所有风险和不确定因素，并应概述企业如何朝着实现其长期目标迈进。

  有些企业甚至已经停止发布季度财务目标，因为他们不想再承受不必要的压力来实现外部目标。这里有一些案例：

- 吉列（Gillette）：吉列曾经向投资者承诺，它的收入将增长15%至20%。但是在1996年收购金霸王电池（Duracell）后，开始遇到一些无法满足目标的问题，吉列的管理层开始采取诸如向分销商进行渠道填充产品等行动以实现其预测。当詹姆斯·基尔茨（James Kilts）在2001年接任首席执行官时，他很快就完全放弃了发布盈利指导的做法。

- 全球消费品营销商纽维尔（Newell）：纽维尔曾在其年度报告中表示，其目标是每年每股收益（EPS）增长15%；然而，在纽维尔收购乐柏美（Rubbermaid）并且收益下降之后，这部分内容就从年度报告中消失了。

- 消费品公司联合利华（Unilever）：首席执行官保罗·波尔曼（Paul Polman）解释说："长期一贯的交付比目标和指标重要得多，任何更具体的事情只会造成麻烦。"

如果企业确实发布了指导意见，则需要小心管理者不管理收益。首先你应该将季度或年度盈利预测与实际每股企业收益进行比较。然后创建一个图表，突出显示管理层给出的指导，并计算他们超出估算的次数。如果管理层始终坚持自己的估算，那么可以将这些管理团队归类为"专职指导人员"。这应该作为警告信号，最后，你应该仔细审查其会计，以了解企业如何持续超出指导意见。

■ 42. 企业管理层是以集中还是分散的方式进行管理

确定高层管理人员是否使用集中式或分散式结构来经营企业，对你而言非常重要。如果是集中式的，那么企业就会使用自上而下的层级结构进行管理，这些层级结构具有严格的汇报结构，从而形成官僚作风。集中式的管理团队经常告诉员工要完成哪些任务，这些企业的决策流程也非常狭窄，主要是通过得到员工的遵守，而不是做出真正的承诺。这可能会导致员工感到不被信任，并使他们不太可能内化责任，他们害怕犯错，有时会因为恐惧而不做正确的事情。

官僚企业往往难以招聘和留住合格的员工，因为有能力的员工不想在不了解其背后原因的情况下接受命令，规则和限制导致最具创新精神的人逃离该企业或开始创办自己的公司。这意味着企业未来的领导力渠道往往是有限的。

相比之下，如果企业拥有分散的管理结构，那么，一个好处就是，最接近客户的员工就有权做出决策。这些员工常常认为自己正在经营自己的企业。另一个好处是，一线员工向高级管理者传达关于客户的有价值信息要容易得多，因为信息流动起来要容易得多，管理人员会更加了解他们的客户。

许多历史上表现最好的股票，也就是那些在15年以上复合利率超过20%的股票，其公司都使用了分散化的运作结构，例如特利丹、伯克希尔·哈撒韦公司、佩恩国民博彩、康捷国际物流、快扣、大都会通讯（Capital Cities）、美国广播公司（ABC）和万能卫浴公司（Bed Bath & Beyond）。他们成功的一个原因是，这种类型的公司吸引了鼓励创新、独立思考和多元化的员工队伍，最大的财务收益是分散型企业减少了企业的开销。例如，佩恩国民博彩是一家地区性的赌场公司，它是在所有上市赌场中拥有最低开销的公司之一。

让我们仔细看看快扣（另一家拥有分散型管理结构的公司），它的股价从1987年9月1日的每股0.27美元增加到2010年12月31日的每股超过60美元。快扣并未运行严格的自上而下的企业层级，相反，该公司的分店管理者更像是个人店主，企业给予他们在决策制定方面的广泛自由。公司创始人罗伯特·科尔林总是认为，因为大多数的客户互动都是在商店层面进行的，所以将决策转移到该层次是有意义的。分公司管理者最了解客户，因此快扣的店铺管理者可以决定店面所需的库存种类以及为他们的产品收取什么价格。事实上，一些管理人员能够直接与企业供应商进行谈判，补偿结构也与商店级别相匹配，分支机构管理者从他们的商店获取佣金和利润分享。

同样，在董事长兼首席执行官贝尔纳·阿尔诺（Bernard Arnault）的领导下，路易·威登集团（LVMH）的股票价格从1989年到2010年的价值增长了10倍以上。阿尔诺将这一成功的很大一部分归功于公司的管理结构，他说："像这样一个拥有83,542名员工的集团管理团队的一个关键要素就是'分权化'。此外，还需要合适的管理团队，我希望我所有的管理者都能像负责他们的家族企业一样，负责他们的部门。"

你如何识别集中或分散管理的企业

首先，确定企业中谁有责任选择和雇用员工。是人力资源部门还是员工为其效力的管理者？如果是员工所在的小组，那么它是分散的，但如果所有招聘都是通过人力资源部门完成的，那么它就是官僚主义的。理想的情况下，选择雇员的责任应主要取决于对开放部门拥有权力的人。西南航空公司的创始人赫布·凯莱赫（Herb Kelleher）让模范员工参与招聘流程，例如，飞行员为新飞行员提出了招聘建议，因为他们处于判断潜在候选人能力的最佳角度。

其次，与企业的一个客户交谈。你需要确定企业如何解决客户的问题，以及员工是否必须诉诸官僚程序来解决客户问题，或者他们是否有权解决客户问题而不用获得监管部门的批准，想一想，当你不得不将产品退回商店时，你若不填写大量文件，管理者就不批准退货的情况，这是多么令人沮丧。相比之下，四季酒店鼓励所有员工自己解决问题，并奖励那些超越职责要求帮助酒店客人的员工。

再次，通过查看代理声明，请注意前五名执行官员之间的差异，这将帮助你确定该企业是由一位自上而下式首席执行官执行的组织，还是一个扁平式组织。例如，一家企业的代理声明显示如下：

- 首席执行官获得了2,164,423美元的薪水；下一任最高薪执行官收到690,577美元。
- 首席执行官的奖金是700万美元；第二高薪的管理人员的奖金是82.5万美元。
- 首席执行官还获得了590,000份股票期权，而最高收入排名第二的高管则持有90,000份期权。

你可以清楚地看到，首席执行官的薪酬比其他管理团队的成员要高得多。这表明该企业由一位自上而下的首席执行官负责管理。

相比之下，2009年康捷国际物流的代理声明显示，首席执行官彼得·罗斯（Pete Rose）获得的薪水总额为4,782,892美元，与另外4名高级管理人员获得的金额类似，这表明该企业可能是以分散的形式进行运作。

最后，与销售产品和服务的销售人员交谈。销售人员必须确定企业是以集中还是分散的方式进行管理，因为他们需要确定主要决策者才能进行销售。例如，有经验的销售人员会尝试确定职务在企业中的重要性，如果职务不重要，那么这是一个分散式经营的标志。销售人员也会关注他们所销售业务的环境，例如，他们希望了解员工的隔间或办公室是否枯燥单一（集中式）或是否根据企业员工的特点（分散化）进行业务定制。

43. 管理层是否重视员工

大多数投资者认为首席执行官是经营该企业的唯一人员，而员工则被视为可随时缩小规模的商品。事实并非如此，管理者的主要职责是通过其员工的努力来获得结果。如果一位管理者不能通过其他人的努力来获得结果，该管理者就不是一个好的管理者。试着了解管理团队是否重视员工，因为只有重视员工的管理团队才能获得积极成果。

当员工认为自己是和老板共同努力的合作伙伴，而不仅仅是与管理人员未曾见过面的企业员工时，士气会高涨。此外，当一家企业具有良好的员工关系时，它通常还有许多其他的好处，比如良好的客户关系和快速适应不断变化的经济环境的能力。

良好的员工关系可以转化为高股票回报

伟大的管理者知道，如果他们善待员工，员工就会很好地对待他们的客户。

在标准普尔500指数里，表现最好的股票中有一部分是由重视员工的首席执行官经营的。表现最出色的公司之一是康捷国际物流，自1988年首席执行官彼得·罗斯接管货运代理以来，截至2010年7月，其股价上涨了83倍。正如彼得·罗斯曾经说过的那样："你关心员工，员工就会关心客户，这样做就会关心华尔街。"

HCL科技公司（HCL Technologies）的首席执行官维尼特·纳亚尔（Vineet Nayar）于2005年对其公司的员工和客户提出了新的思考方式。纳亚尔在《员工第一、客户第二：将常规管理倒置》（Employees First and Customers Second: Turning Conventional Management Upside Down）一书中讨论了他的想法，即员工能够在公司创造最大价值，因为归根结底最了解客户的还是他们。他的公司提供全球IT服务，专注于确保员工能够满足客户的需求，由于员工了解客户的问题以及如何解决问题，纳亚尔确保员工拥有客户所需要的东西，甚至让管理人员对员工负责。他的业绩令人印象深刻：从2005年到2009年，企业收入增长了3.6倍，营业利润增长了3.4倍。HCL科技公司是在2008年全球经济衰退期间还保持增长的少数几家公司之一，2009年它的收入也增长了23.5%。

阅读关于企业的文章

你可以通过阅读关于企业的文章，来寻找管理者证明他们关心员工的具体事例。这里有一些例子：

- 星巴克创始人霍华德·舒尔茨：霍华德·舒尔茨在2010年的一次采访中，被问到关于他做出的结果不受投资者欢迎的决定，他提出了医疗保健计划，舒尔茨估计星巴克当年支付了约3亿美元的医疗费用。许多投资者希望他降低这笔费用，一位机构投资者甚至打电话给他，并表明他有理由（意味着没有人会批评他）削减医疗保健费用，因为这是在艰难时期。

CHAPTER 8 / 第8章

舒尔茨决定不削减医疗保健计划，表示他更希望得到员工的尊重。

- 好事多的首席财务官理查德·加兰蒂（Richard Galanti）：在2007年至2009年的经济衰退期间，加兰蒂被问到是否考虑将员工支付医疗保健的金额从10%增加到更高的金额，以便好事多每年从1000万美元的此部分支出中节省至2000万美元，但加兰蒂和其他好事多管理者拒绝将这些成本转嫁给员工，他们表示，在艰难时期，他们希望尽可能多地给予员工。

- 西南航空公司首席执行官赫布·凯莱赫（Herb Kelleher）：当西南航空成立时，由于乘客数量不稳定，企业运营艰难并失去了很多资金，创办人赫布·凯莱赫面临着裁员或出售飞机的困境。凯莱赫说："我们一直采取员工第一的方法。幸福和快乐的员工会关心客户，而快乐的客户会成为回头客，从而给予股东回报。"因此，西南航空出售了一架737型飞机并制定了"不裁员"政策，这一政策有助于西南航空的成功：到2010年，西南航空是美国最大的国内航空公司，其市值大于其所有国内竞争对手的总市值。

相反，如果你看到管理层在获得大额奖金的同时削减了员工的福利，这就是一个明显的警告信号，无论管理者说他们对员工有多重视，他们都没有信誉。

例如，当美国全美航空公司处于破产边缘时，它成功地与工会就其合同谈判达成了让步。就在这些谈判几天后，前董事长兼首席执行官唐·卡蒂（Don Carty）就保护高级管理人员的退休金计划做出了安排。后来卡蒂辞职，因为他没有透露这些活动。

企业是否有好的或坏的员工关系

你可以通过询问很多问题来确定一家企业是否有良好或不良的员工关系：

- 管理层是否将员工视为资产或负债？
- 管理层是否谈论员工的贡献？
- 管理层是否认为留住员工至关重要？
- 企业员工是否可以从内部晋升？
- 管理层是否向员工展示如何晋升？
- 企业是否提供大量资源进行员工培训？
- 企业是否吸引了大量求职者？
- 企业是否诚心招聘员工？
- 高层管理者与员工收到的福利之间是否存在很大差异？
- 管理层在裁员时是否尊重员工？
- 管理层是否倾听员工的意见？
- 企业是否有深厚的文化？
- 企业是否有可识别的共享价值？
- 企业的员工留存率是多少？

以下各节将仔细研究这些问题。

管理层是否将员工视为资产或负债

要回答这个问题，请查找文章并注意管理人员如何描述他们的员工。例如，迈克尔·彭博在自传《我是布隆伯格：投资银行家、传媒巨头与纽约市长自传》（*Bloomberg by Bloomberg*）中说："主要资产不是我们的技术、我们的数据库、我们专有的通信网络，甚至不是我们的客户，而是我们的员工，企业必须将员工视为资产。"

管理层是否谈论员工的贡献

钢铁制造商纽柯钢铁（Nucor）公司将所有员工的名字放在年度报告的封面上。这个做法是一个很好的评估指标，另一个指标是纽柯钢铁总是出现在《财富》杂志的"最适合工作的100家公司"名单上。良好的员工关系可能帮助了纽柯成为钢铁行业表现最好的股票之一。

管理层是否认为留住员工至关重要

航运公司UPS了解到，留住其司机是至关重要的，因为有经验的司机掌握了最快的路线，并且在配送时更有效率。有一段时间，UPS管理层发现，司机高更新率的部分原因是装货卡车的体力要求很高，当发现问题时，UPS立即雇用兼职工作人员来装载包裹。这样，司机可以专注于他们的核心竞争力，那就是找到最佳路线，结果，UPS的司机更新率下降了。只要你看到一个管理团队专注于员工的福利，这样员工就可以高效地集中时间，这是一个好兆头。

企业员工是否可以从内部晋升

允许从内部晋升的企业有更多机会留住有价值的员工，因为有才能的员工通常喜欢在不断发展的组织中有机会晋升。从内部进行员工晋升的企业，只有在需要填补专门的职位时，才会聘用外部人员，你可以通过采访员工获取这些信息，询问他们是否大多数职位都是内部候选人，或者公司是否积极招聘外部人员。你也可以致电人力资源部门，询问公司是否有员工从内部晋升的政策。大多数情况下，当公司员工从内部进行晋升时，它会在公司网站或其招聘网站上的投资者演示中强调这一点。

管理层是否向员工展示如何晋升

管理者的工作是帮助其员工成长。伟大的商业领袖有时通过他们对其他人的积极影响来衡量自己的成功,特别是帮助员工发挥最大潜力。反过来,这又激励员工为管理者和公司做出更大的贡献。

在《首先,打破一切常规:世界顶级管理者的成功秘诀》(*First, Break All the Rules: What the World's Greatest Managers Do Differently*)这本书中,研究公司盖洛普(Gallup)寻求提高员工参与度的方法。这项研究是世界上规模最大的了解员工参与度的调查,并且基于盖洛普对1000万例求职面试的分析。盖洛普发现有两个最能预测参与度的员工情绪:"我的意见很重要,或者我可以表达自己的观点","这里有人看到我的进步"。

如果管理者专注于自己而不是发展他们的员工,这会导致员工脱离企业,而管理者将无法在企业中培养未来领导力。

企业是否提供大量资源进行员工培训

如果管理者致力于员工培训,这是一个很好的迹象,表明管理者有一个长期的定位。相比之下,一个短期导向型管理者则会认为花钱培训员工是在浪费金钱,是可以消除的任意性成本。通过阅读《培训杂志》等贸易期刊上撰写的文章,可以找到关于企业通过培训投资员工的案例。

例如,货柜商店(Container Store)的董事长兼首席执行官基普·廷德尔(Kip Tindell)认为,把员工放在第一位是一个有利可图的策略。他认为,一名优秀的员工与三名优秀的员工具有相同的生产力,且有能力的员工很难找到,更难以保留,所以当货柜商店找到他们时,就会付出很多代价并花费大量的资金来培训他们。实际上,入职一年的全职员工平均培训时间为263小时,而零售行业平均培训时间为7小时。这种对员工的投资有助于降低员工更新率,零售行业的平均更新率为110%,而在货柜商店,该数值一直低于10%。这种较低的员工更新率会随着时间的推移降低成本。

企业是否吸引了大量求职者

当许多人听说了有好工作的地方时,都想去那里工作。《财富》杂志和《得州月刊》等地区杂志发布了最佳工作场所名单。每当有企业出现在清单里时,就会有更多的求职者去该企业应聘。

企业是否诚心招聘员工

在20世纪80年代,银行业最积极的招聘管理者是富国银行(Wells Fargo)。寻找具有这种诚心招聘员工特征的企业是一个积极的信号,因为这意味着企业通常具有强大的执行文化。这并不意味着员工在另一家企业中会取得成功,但如果他们被诚心招募,这表明该企业是很受尊重的。你可以与在特定行业工作的猎头进行谈话,并询问他们认为哪些企业是招聘员工的最佳单位,以及相关原因。

高层管理者与员工收到的福利之间是否存在很大差异

一位成功的首席执行官曾告诉我:"如果你不断提醒那些底层的人们'他们不在最高层',那你能期望他们会齐心协力为公司做事吗?"

管理层在裁员时是否尊重员工

观察管理者最有用的指标之一就是裁员的时候。通过分析他们裁员的方式,你将会获得很多见解。当公司解雇员工时,是否尊重员工,或者让保安员将员工押解出去？如果你了解到是保安人员将员工押解出去，这是一个警告信号，说明管理层真的不关心员工。

绩效最好的管理者总是告诉我，当他们不得不裁员时，他们会尊重这些员工。一位首席执行官告诉我，他希望前雇员仍然认为公司足够亲近，并一直成为公司的倡导者和客户。这些管理人员以公开的方式进行裁员或解雇，并始终公开其决定背后的原因和理由。此外，即便是裁员，他们通常也会帮助员工找到新工作。这样，管理团队就能够对那些留下的员工灌输安全感和信心，这样有助于留住更多有价值的员工。

与这种做法相反，有些企业即使宣布裁员，首席执行官们通常也会表现出一定程度的伪善。例如，一位首席执行官表示："忠诚和坚定的员工至关重要。"但与此同时，他裁员数千人。在评估企业是否具有良好的员工关系时，你应该寻找这些负面迹象。

注意那些在企业遇到挫折时迅速宣布裁员的管理团队，例如市场对企业商品和服务的需求暂时下降时，金融服务业、零售业或房地产业在遇到经济衰退时迅速裁员的例子很多，但只要经济一旦好转，他们就会重新雇用同样的人——而且往往支付的工资较高。相反，寻找那些试图通过采取以下行动来紧紧抓住员工的管理团队：

- 消除加班；
- 停止招聘；
- 提供自愿退休计划；
- 减少工作时长；
- 减少每个人的薪水；
- 延迟加薪；

- 减少培训、旅行或营销支出；
- 裁减临时工；
- 延迟资本投资；
- 使用不忙的员工来平衡公司其他地方的工作量。

例如，2000年，在经济条件放缓的情况下，联邦快递货运大规模抵制裁员。联邦快递东方货运公司（FedEx Freight East）的首席执行官帕特·里德（Pat Reed）在2003年表示，他们花了数小时，让员工继续工作，他称这种长期回报是"难以形容的"：一个好处是，创造了忠诚度并减少了人员流动；另一个好处是"它使你能够聘用最好的员工"。在2008年联邦快递（Federal Express）采取裁员之前，它实行了减薪和暂时停止退休供款方案。

管理层是否倾听员工的意见

通过聆听少数员工的谈话，管理者可以比花时间制定战略计划了解更多的创意。许多最好的想法来自现场的员工，因此管理层能够倾听他们并为员工提供将信息传达给总部的渠道，这至关重要。例如，3M公司开发便利贴的想法来自一位员工，星巴克的星冰乐则是由一位店铺管理者发明的。

企业是否有深厚的文化

文化是一个组织的共同价值观和信念，它为员工如何对待顾客设定了基调。所有企业中都有文化，并且这种文化从"这仅仅是一份工作"的心态到"我爱我的雇主"各不相同。企业要共享价值观和信仰，就必须明确这些价值观和信念，并且必须不断地对它们进行塑造，典型的企业文化是通过企业高层管理人员来建立的，因为最高管理层的所作所为会让员工看到自己应该如何行事

CHAPTER 8 / 评估管理层素质——能力：管理层如何运营企业

的态度。

明确的企业文化将吸引最有可能同意这些价值观和信仰的员工，它还会让新员工了解公司重要的事情是什么。例如，全食超市的企业文化对公司的成功非常重要，管理层将现有的超市员工送到新店铺工作，他们这样做不仅仅是为了帮助建立系统或培训，而是为了帮助新员工了解全食超市哪些事情是最重要的，他们把这种调任称为"优格文化"（yogurt culture）。

浓厚的企业文化的主要优势之一，就是企业能够吸引优秀的员工，并且不需要支付最高的薪水来招聘员工，因为大多数有才能的员工会乐意为良好的工作环境而牺牲薪水。此外，当员工认为他们是企业重要部分的一分子时，他们更忠于企业。

相比之下，没有浓厚文化的企业可能是不容忍失败，或者是管理层和员工之间缺乏信任的企业，文化薄弱或文化负面的企业可能会自私自利，往往不具备良好的客户服务，虽然员工在那里领取薪水，但大多数员工并不打算在企业里发展自己的职业生涯。

例如，拥有多家康复中心的南方保健具有强硬的文化氛围，并因员工关系薄弱而出名。当首席执行官理查德·斯克鲁西（Richard Scrushy）对康复中心进行审核时，他经常对相框进行白手套测试：在将手指在挂图上进行擦拭后，他会用手指擦拭中心管理者的衣服，任何灰尘痕迹都会导致审核评分较低。即使南方保健公司迅速成长并且其股票价格不断上涨，管理层和员工的关系也仅仅基于此类或类似的轶事而受到怀疑。无论企业的短期增长如何，薄弱的或有损人格的文化通常代表着一家弱势企业，这应该是对投资者的警告信号。

当你判断一家企业是否具有浓厚的文化背景时，可以寻找在公司工作的员工，因为员工在他们的工作岗位上越幸福，他们通常越会尽力满足客户的要求。公司小道消息是最灵活的沟通方式，因此与少数员工一起进行沟通可以为你提

● CHAPTER 8 / 第8章

供有价值的信息。确定企业是否拥有浓厚而健康的文化的最佳方式是与企业的中层和低层员工交谈，因为这些是最常与客户交流的人。管理层说一件事很重要是一回事，但如果公司的其他成员没有接受它，它就不是文化的一部分。

例如，如果你可以从唐恩都乐（Dunkin' Donuts）那里带走工作人员，并把他们放在星巴克中，你是否认为你会得到同样的服务水平？答案是否定的，因为两者之间的氛围不同，唐恩都乐不会挑选员工并对其培训，以为客户提供个性化的关注和服务。这种差异体现在你的客户体验中，也是星巴克能够为其产品收取溢价的原因之一。

为了更多地了解文化是如何建立的，我采访了全球最大的共同基金公司之一的美国投资管理公司的共同创始人鲍勃·格雷厄姆。美国投资管理公司从1976年一家拥有5名员工、无资产的公司发展成为一家管理着超过570亿美元资产的公司，1997年与景顺集团（Invesco）合并时的估值为16亿美元。美国投资管理公司成长为高级资产管理公司的最大优势之一是其员工流动率极低，这对于投资管理行业的企业来说，现在仍然是罕见的。造成员工流失率低的主要原因是美国投资管理公司以拥有浓厚和活跃的文化而闻名，这使其能够吸引有才能的员工，并留住他们。格雷厄姆回忆道："在美国投资管理公司工作时感到兴奋，因为它被称为与人为善的公司，人们希望在那里工作。有趣的是，人们因为构建了自己引以为傲的东西而不会离开这里。"

这对美国投资管理公司的增长及其成功至关重要。在《人是产品：美国投资管理公司的历史》（*People Are the Product: A History of AIM*）一书中，联合创始人泰德·鲍尔（Ted Bauer）评论说："在投资企业中，人就是产品，你的产品库存每晚都会走下电梯，并在早上返回。如果人们感到高兴，他们的工作效率会更高。"

我问格雷厄姆，美国投资管理公司为何能够建立其他公司不能建立的如此浓厚的文化，格雷厄姆的理念是，至少在一个方面进行塑造，即他们的企业在友谊的方面进行塑造。格雷厄姆说："建立任何成功的企业都需要人才，企业可以通过文化吸引优秀的人。从一开始我们的理念就是我们希望这家企业能够像我们的友谊一样进行运作，我们三个人——鲍勃·格雷厄姆、加里·克鲁姆（Gary Crum）和泰德·鲍尔——都是朋友，我们相处得都很融洽。事实上，我们雇用了我们想成为朋友的人。如果我们认为在工作之余都不愿意花时间与之相处，那么我们就不会雇用他们。当你聘用这些人时，一个很大的好处就是，无论何时遇到不可避免的分歧，总会得到友好的解决。"

格雷厄姆和他的联合创始人正在建立这种文化，格雷厄姆说他们想要提供一种不同类型的工作环境，让员工有机会参与一个小型的家庭经营。格雷厄姆解释了美国投资管理公司的文化支持其增长的一些方式，即"我们提供了更好的创业环境，我们希望人们有一种感觉，他们可以控制自己的命运"。格雷厄姆将此理念归因于泰德·鲍尔，泰德·鲍尔十分重视帮助员工发展："泰德一直愿意为年轻人提供很多承担责任的机会，这是培养人才的好方法，因为他们真的很重视责任。"通过员工的不断发展并承担更多责任，格雷厄姆说他们也因此避免陷入停滞。

除了提供创业机会之外，美国投资管理公司还吸引了喜欢现在所谓的工作与生活保持平衡的员工，格雷厄姆说："我们相信员工应该过一种平衡的生活，家庭才是重要的。我们期望员工在工作之外有自己的生活。"

我还问格雷厄姆，美国投资管理公司如何设法避免过度竞争文化的陷阱，而这种文化在大多数华尔街公司中占主导地位。换句话说，他们为形成充满凝聚力的团队环境做了什么？他告诉我，他们把那些破坏企业文化的员工或者只是不适合这种文化的员工排除在外，这让那些留下来的员工更加容易投入工作。那些员工做出了非常可观的贡献，他们一起完成了工作。格雷厄姆说："我们想

● CHAPTER 8 / 第8章

要避开那些具有需要打败身边人的态度的员工，因为美国投资管理公司没有残酷的文化，员工并不需要担心谁获得了声望。"

美国投资管理公司的商业增长和日益浓厚的文化，显示出一系列难以复制的好处，并带来有益的结果。美国投资管理公司能够吸引有才能的创业型员工，并通过为他们提供健康的工作环境而让这些员工满意。反过来，这些创业型员工是帮助美国投资管理公司成长的引擎，这也为他们提供了更多的晋升机会。

你需要在你评估的企业中寻找类似的元素，当你找到美国投资管理公司培养的文化元素时，即有才华、快乐、充满活力的管理人员和员工吸引更多相同的人，你已经发现了企业成功的基础。

企业是否具有可识别的共享价值

许多具有浓厚文化的企业，对共享价值持有共同的看法。例如，比起不培训员工而节省的支出，高级管理人员可能会重视培训员工所能带来的长期收益；同样，比起减少其服务人员或减少补货过程带来的好处，一家企业可能会看重卓越的服务和大方的退货政策。管理人员和领导者在沟通和展示对企业重要的事情中起着核心作用，他们通常对员工理解和接受这些价值的程度负责，这些价值观为企业运营的日常决策奠定了基础。

为了解如何确定一家企业具有强大有力且定义明确的价值观，我采访了全球星基金会董事会联合主席李·瓦尔科纳（Lee Valkenaar）。瓦尔科纳自1987年以来一直在全食超市担任各种职务，包括从2004年到2008年担任全球支持机构（Global Support）的执行副总裁，2001年至2004年担任大西洋中部地区董事，他帮助建立了全食超市如今广为人知的文化。在瓦尔科纳看来：

当你明确了公司的价值观时，它就会让员工有机会识别这些价值观，因为他们在自己内部识别这些价值观。当员工看到自己产生共鸣的事物时，他们可以与这些价值观保持一致。具有价值的企业的主要优势之一是通过给予员工一种企业所有权，增加了成功执行的可能性，从而为员工创造了价值。

许多公司的价值观通过设想和使命来表达，你需要确定这些价值是否融入了企业的政策和程序，或者只是一个挂在墙上的声明。如果公司将它们纳入文化，融入政策、规程和实践，那就到了需要执行的时候了。人们可以而且应该对知道并遵守这些"共享价值政策"负责，就像他们对出勤政策负责一样。

例如，尽管你可能会在任务声明中看到它，但大多数企业并不认为为员工授权至关重要。被授权的员工可能会让一些高级经理感到害怕，同时，为了让更多人说出自己的想法，授权也需要管理者投入大量的时间和精力来进行决策。当企业真正认为赋予员工权力很重要时，就会鼓励员工发表意见。全食超市每个月都会召开团队会议，征求员工的诚实反馈。根据瓦尔科纳的说法，一些会议可能很激烈，有时员工有个人议程，或者只是想发泄他们的个人挫折感。对于一些高级管理人员来说，虽然听员工说出不喜欢已实施的政策并不容易，但高层管理人员的倾听，却是至关重要的。

要确定企业是否真的具有共享价值，你需要提出以下问题：

● 价值观如何在组织中体现？在全食超市，一个共同的价值观是整个组织应该有更公平的薪酬水平。为了实现这一目标，管理人员为高级管理人员制定了工资上限，与全职员工相比，这限制了他们的工作量。根据2010年代理声明，薪酬被限制在全职团队成员年薪的19倍。

CHAPTER 8 / 第 8 章

- 价值观是否可识别和明确？它们是否能够在公司网站上找得到？首先查看公司网站"关于我们"标签中的内容，如果此部分没有提到任何价值观或使命，那么它们就不是组织的核心部分。

- 管理层是否不断提到它们？管理层对企业价值观的强化，以及公众对企业价值观的认可，是否向员工传递了企业最重要的信息？员工是否知道公司的价值观？如果你走到企业的任何员工身边，询问这些价值观是什么，那么，任何一名员工是否能够回答这个问题？如果员工不能做出回答，那么很可能该公司在表达它的价值观方面做得并不好。

- 公司是否让员工了解并融入其价值观？如果主管或员工违反核心价值观，这种行为是否受到容忍？如果一家企业认真地通过使用共享的重要定义进行沟通、教学和运作，那么如果员工忽略了某个共享原则，企业就不会视而不见。

  比方说，一家公司在纸面上承诺相互尊重的环境，但员工不买账，那么这不是一个共享价值。很多公司在纸上都有价值观，认为善待人是重要的，但正如瓦尔科纳所说："如果企业不主动管理破坏企业文化的员工，那么它可能不符合组织的价值观。"

- 价值是否与成本相关？在星巴克，医疗保健成本占成本的很大一部分，但是对于公司来说，提供良好的福利是很有价值的，因为这就是它吸引和留住那些让顾客满意的员工的方式。观察对一件事的直接投资常常是辨别其对公司重要性的唯一途径。

最后，瓦尔科纳举了一个没有将这些价值观融入其企业文化的案例，即该企业制造的产品在产品外部写着"美国制造"，而内部标着"中国制造"的标签。设想这件产品的生产之路：从生产到零售，都包含了设计者的创意。想象一下，当在一个美国生产的产品打上"中国制造"时,你能读出什么隐含信息。

你可以思考,这种事情会发生在一个完全相信国内采购的公司吗?另外,如果公司确实承诺开放合作,那么即使在产品生产后,也有人可能会表达忧虑。最后,如果公司认为客户应该确切地知道他们正在购买什么,那么该公司可能会完全停止采购该产品。

任何公司都可以说它希望针对对客户的信任或购买美国制造,与员工进行公开交流,但是这个例子说明了为什么说到和做到不同。瓦尔科纳认为,员工和领导层之间的明显脱节使得这一切发生,如果该公司真的把自己的价值观融入到自己的企业中,那么混乱可能永远不会发生,或者至少在产品上架之前就已经解决了这个问题。

企业的员工留存率是多少

如果企业的员工留存率特别高,它通常会在其网站、年度报告或牌匾上提及。例如,电动机制造商保德电机(Baldor Electric)在其总部设有牌匾,显示在该公司工作超过10年的员工的姓名以及每个人加入公司的日期,牌匾上的大多数员工已经在这家企业工作了15年以上。对于企业来说,高员工留存率有很多优势,包括招聘成本降低、客户关系更好、盈利能力高于竞争对手。

例如,尽管好事多比沃尔玛所有的山姆会员店(Sam's Club)向员工平均多支付了40%的薪酬,并为其员工提供了更多福利,但好事多员工的人均利润远远高于其竞争对手山姆会员店。造成这种情况的原因之一是好事多具有低员工流失率,为6%,而山姆会员店员工流失率为21%。好事多的首席执行官吉姆·辛内加尔(Jim Sinegal)说:"支付给员工更多的酬劳,不仅是正确的做法,而且对企业也有好处。"他进一步表示,如果好事多给员工支付了最低的工资,那么,它将得到与付出相等的回报,即"它也没有支付给员工合适的分红,这就不会让员工感到快乐，这使得他们会寻找其他工作。此外，管理人员会花费所有时间雇用替代人员，而不是运营企业"。

44. 管理团队是否了解怎样雇用好员工

最重要的管理决策涉及雇用和晋升员工。管理者的头号工作是挑选合适的人员，然后将他们放在正确的位置，实质上，管理是一种通过他人完成工作的艺术。通用电气公司前首席执行官杰克·韦尔奇（Jack Welch）说："我的工作不是要了解每家企业的一切，而是要选择将要经营企业的人员，并决定每家企业获得多少资金，以及如何在这些企业中转移人员、资金和想法。我对每家企业的具体运营没有深入了解。"

如果管理团队拥有优秀的人才可以信任和依靠，那么执行企业计划变得更加容易；反过来，才华横溢的管理者会雇用其他有才华的员工，从而加强整个组织。因此，如果管理层能够很好地聘用员工，这是管理者具有能力的一个很好的表现。

你不仅需要确定高层管理人员的能力和任期，还需要确定担任重要运营职位的管理者的能力和任期。首先根据职位确定企业中的所有主要管理者，你可以希望构建一份管理层时间表报告，类似于表8.1中针对区域性博彩企业佩恩国民博彩所示的报告。

要构建此时间表，请使用历史代理声明来确定企业的最高管理者，并要确定代理声明中未显示的其他管理者，请在美国证券交易委员会网站（SEC Network）上所有表3、表4和表5中进行筛选，这些表描述了办公人员、董事和受益所有人的持有股份和任职情况，为了便于查看，你可以及时存档。

创建管理时间表报告的另一个好处是，你将能够注意到企业中是否有很多

表8.1 2001年至2010年佩恩国民博彩的管理层任期表

	2001年	2002年	2003年	2004年	2005年	2006年	2007年	2008年	2009年	2010年
首席执行官	彼得·卡利诺（Peter Carlino）	彼得·卡利诺	彼得·卡利诺	彼得·卡利诺	彼得·卡利诺	彼得·卡利诺	彼得·卡利诺	彼得·卡利诺	彼得·卡利诺	彼得·卡利诺
总裁/首席运营官	凯文·德桑蒂斯（Kevin DeSanctis）（02/01）	凯文·德桑蒂斯	凯文·德桑蒂斯	凯文·德桑蒂斯	凯文·德桑蒂斯	凯文·德桑蒂斯（10/06）	×	蒂姆·维尔莫特（Tim Wilmott）（02/08）	蒂姆·维尔莫特	蒂姆·维尔莫特
运营高级执行副总裁	×	×	伦恩·迪安杰洛（Len DeAngelo）（07/03）	伦恩·迪安杰洛	伦恩·迪安杰洛	伦恩·迪安杰洛	伦恩·迪安杰洛	伦恩·迪安杰洛（08/08）	×	×
首席财务官	贝尔·克利福德（Bill Clifford）	贝尔·克利福德	贝尔·克利福德	贝尔·克利福德	贝尔·克利福德	贝尔·克利福德	贝尔·克利福德	贝尔·克利福德	贝尔·克利福德	贝尔·克利福德
高级副总裁/区域高级副总裁	×	×	×	×	×	×	×	托马斯·伯克★	托马斯·伯克	托马斯·伯克
高级副总裁/区域高级副总裁	×	费纳摩尔	费纳摩尔	费纳摩尔	费纳摩尔	费纳摩尔	费纳摩尔	费纳摩尔	费纳摩尔	费纳摩尔
副总裁/秘书	罗伯特·伊波利托（Robert Ippolito）	罗伯特·伊波利托	罗伯特·伊波利托	罗伯特·伊波利托	罗伯特·伊波利托	罗伯特·伊波利托	罗伯特·伊波利托	罗伯特·伊波利托	罗伯特·伊波利托	罗伯特·伊波利托
公司发展	史蒂芬·斯奈德（Steven Snyder）	史蒂芬·斯奈德	史蒂芬·斯奈德	史蒂芬·斯奈德	史蒂芬·斯奈德	史蒂芬·斯奈德	史蒂芬·斯奈德	史蒂芬·斯奈德	史蒂芬·斯奈德	史蒂芬·斯奈德

★伯克自2002年起加入佩恩国民博彩，之前担任Argosy Riverside和Bullwhackers总经理

注：×表示没有任职人员

● CHAPTER 8 / 第8章

管理者流失，这是一家企业的负面迹象。我了解到，当一家企业最好的指标正在恶化的时候，就是最有能力的企业高层管理人员开始寻找其他工作或离开公司的时候。你可以使用你的时间表来查看管理人员流动率，以提醒你在分析企业中存在的任何潜在问题。

在完成时间表报告的撰写后，通过搜索新闻稿和新闻汇总网站（例如道琼斯的法克提瓦或律商联讯）中发现的历史文章，来研究每位管理者的背景，其实你会经常发现在公司发布的新闻稿中，描述了新雇用管理人员的背景。然后，你可以通过将管理者的姓名与以前的雇主合并来搜索其他文章。在你阅读文章和新闻稿时，请确定聘用的管理者是否具备完成这项工作所需的经验和知识，还要特别注意他们过去是否处理过类似的客户群，如果高层管理人员正在招聘其他具有丰富客户经验的管理者，那么这是一个积极的迹象；但是，如果他们聘用他们以前的同事或其他客户群经验不足的管理者，那么这应该成为一个警告信号。

例如，艾美仕市场研究公司（IMS Health）是一家医药信息和咨询公司，首席执行官大卫·托马斯（David Thomas）聘请曾在其前雇主美国国际商用机器公司工作过的管理者。这些新员工没有任何关于客户基础的专业知识或经验，其实，大量的新闻发布和新闻报道会提醒你许多其他的IBM员工最终都进入了艾美仕。其中包括：

- 艾美仕公司欧洲销售高级副总裁，约翰·舒尔茨（John Schultz）（在IBM工作20年）；
- 艾美仕公司美国销售高级副总裁，布鲁斯·博格斯（Bruce Boggs）（在IBM工作26年）；
- 艾美仕公司欧洲、中东和非洲地区（EMEA）总裁，阿德·阿尔-

萨利赫（Adeh Al-Saleh）（在IBM工作19年）；

● 总裁兼首席运营官，大卫·卡鲁西（David Carlucci）（在IBM工作25年）。卡鲁西后来成为艾美仕的首席执行官。

向我们公司发出的警告信号是，首席执行官看起来似乎雇用了他的前同事，而不是招聘更合格或有制药行业经验的管理者。作为使用这种雇用方法取得成功的一个指标，我们需要注意的是，托马斯在2000年被任命时，艾美仕公司的股价大约是每股25美元。在卡鲁西于2006年接任首席执行官时，它一直保持在每股25美元至26美元的范围内，然后在该公司于2009年被收购时降至每股22美元。换句话说，在9年时间里，艾美仕未能为股东创造任何市场价值。

相比之下，儿童抚养服务公司（supportkids）的创始人凯西·霍夫曼（Casey Hoffman）主要雇用单亲家长作为管理人员，因为这些管理人员能够设身处地为客户着想，了解他们的生活，理解许多与顾客相同的挫折和困难，这使得他们比不了解客户群的人更有效地执行工作。因此，霍夫曼担任首席执行官期间，儿童抚养服务公司的年收入增长率为28%。

你怎样确定管理者是否知道如何选择优秀的员工

如果招聘和留住真正想在那里工作的员工，那么企业就会为其提供有利的成功机会。一方面，彻底参与企业的员工可能留存更长时间。另一方面，如果一家企业没有很好地雇用员工，那么大多数员工会轮流出入关键岗位，从而降低长期生产力。懂得如何招好员工的管理者是有经验的，即只招聘那些符合他们标准的员工，而不是雇用当时最好的候选人。因此，请注意那些肯为雇用员工而花费时间的企业。

接下来，你需要确定员工是否来自具有相似文化的企业。例如，如果一名员工在具有官僚风气的英国航空公司（BA）工作了20年，并且曾在佩恩国民博彩等分散型企业中受雇，那么对于公司和该员工来说，企业和员工不太可能形成一种良好的文化契合。相反，如果大多数公司招聘来自具有相似文化的企业的员工，那么文化契合的可能性更高。

慧眼识珠的管理者通常会雇用具有某种性格特征的员工，如诚信或态度，而不是技能。四季酒店的创始人伊萨多·夏普（Issadore Sharp）表示，他首先雇用有态度的员工，然后培训其余的方面。他在《从领先到极致：互联网时代下的创业、创新与管理哲学》（Four Seasons: The Story of a Business Philosophy）一书中说，"我可以教任何人做服务生，但是你不能改变有些人根深蒂固的糟糕态度。我们寻找的是那些说'我以成为门卫为荣'的人"。西南航空公司的创始人赫布·凯莱赫（Herb Kelleher）回应了这种看法，他说："你没有足够的时间、技术或药物来让他们改变态度。"

企业阐明自身吸引合适员工的价值观和属性的能力如何

吸引合适的员工对于企业来说至关重要。由于所形成的文化，企业在一定程度上吸引了员工，喜欢并擅长协作工作的员工会选择这些类型的公司，而其他员工可能会选择在更加结构化的环境中工作。企业吸引的员工类型取决于企业类型，例如，在零售业中，你必须拥有强大的客户服务文化。如果你访问零售商店并发现员工不是以客户为导向的，那么这是一个明确的指标，表明他们的招聘工作做得不太好。

企业聘用对工作充满热情并忠于企业的员工的唯一途径，是明确地向潜在员工传达企业的价值观和属性。这样，如果员工认为自己的价值观和偏好符合企业，他们就可以自主选择企业。一些企业擅长表达他们独一无二的东西，例如，在全食超市，潜在员工被告知他们将有一个在团队中工作的四周试用期，在该试用期后，三分之二的团队成员必须接受该员工，该员工才能永久加入该公司，而不喜欢团队环境的潜在员工很可能不想在面试过程中花费过多的时间。因此，全食超市的潜在员工可以自行选择企业。

适合清晰明确的工作环境的员工，不希望在没有层级或预定沟通渠道不确定的环境中工作。例如，埃克森美孚在向员工解释其具有高度结构化的工作环境方面做得很好，在解释为了让员工晋升而需要很长时间方面也做得很好。向员工做了解释之后，它预计员工能否长期待在公司，即那些对自己的进步感到沮丧的员工可能会离职，但留下来的员工更有可能成就自己的职业生涯。

一种类型的员工不一定比另一种更好，但是企业确实需要做好沟通工作，让员工了解它是什么类型的公司。如果你注意到这家企业的员工流失率很高，或者员工没有融入企业或不作为，那么这是一个迹象，表明它并没有清晰地向潜在员工传达其价值观。

是否雇用到坦诚的管理者或雇员

你想确定管理者是否聘用到坦诚的员工或不惧挑战高层管理团队的员工，可以采用以下的方式：坦诚的员工会在他们认为管理者追求有缺陷的策略时发表意见，而拥有不同个性或规划的员工可能会认为管理者比员工知道得更多。

实质上，坦诚是员工表达真实意见的意愿。也许你参加过一次正式会议，另一个管理者正在做一个你认为不可行的演讲，但是你准备等待老板的回应之后再继续质疑这个计划，如果老板批准，你很可能就不会说出来。一位开放的首席执行官会鼓励其他员工开诚布公，不会未经过同意，就毫无目的地采取行动，也不会考虑糟糕的想法。因此，形式化压制了坦诚，而非正式则鼓励它。了解企业招聘坦诚员工的一种方法是了解其拥有的工作场所的类型，并询问员工参加的会议是否满是预先制作好的、精心策划的或僵硬的演示。如果会议是开放的,员工可能会更加乐于提供有价值的反馈。

例如,经营透析治疗中心——达维塔(DaVita)的首席执行官肯特·西里(Kent Thiry),鼓励员工为他带来坏消息。西里经常对员工进行调查,他会坚决地对收到的反馈意见进行快速处理,他通过使用这些信息来避免今后的错误。

同样,摩托罗拉公司在20世纪80年代由罗伯特·高尔文(Robert Galvin)担任首席执行官时,被公认为是一家伟大的企业。在此期间,管理者取得进展的唯一途径就是挑战现有的假设,而不是支持现状。高尔文鼓励他的员工告诉他真相并挑战他,因此有一个广为传颂的故事:一位年轻的中层管理者曾经来到高尔文面前,并说:"鲍勃,我听了你今天早上提出的观点,我认为你大错特错。我要证明这一点,我要把你击倒。"高尔文对同伴的回应感到自豪:"这就是我们在半导体领域战胜得州仪器(Texas Instruments)的领先优势!"

但是,随着摩托罗拉高层管理人员的变化,这些员工不再乐于坦率表达。因此,摩托罗拉开发的创新产品较少,而且从1990年到2010年底,过去20年间,其股价(即使在分拆后)的增长率仅略有增加。

如果高层管理人员不鼓励雇用的员工表达自己的想法,那么这家公司很可能会遇到问题,使其成为糟糕的投资。

首席执行官选择什么类型的董事会成员

通常情况下,首席执行官对引进董事会成员起着重要作用,特别是当首席执行官长期经营该企业的时候。你需要关注首席执行官是否会带来密友、有声望的其他董事会成员、政治人物、朋友、顾问或律师作为董事会成员。因为这能够帮助你对管理层进行深入的了解。例如,如果他们引进政治家,那么许多管理者将缺乏商业经验,这可能表明首席执行官引入的人是对自己忠诚的人。查看在首席执行官任职期间出现在企业中的董事会成员的类型,会提醒你首席执行官是否将企业用作个人发展工具以使自己受益，或者首席执行官是否在经营企业的同时，还把股东利益考虑在内。

大多数公司历史上出现的最大的欺诈行为都涉及董事会成员，其利益与管理层的捆绑比股东和企业更加明确。例如：

- 安然公司的董事会以不审查就批准公司交易而闻名。董事会成员并不经常对财务报告或任何其他事项提出质疑。他们为什么会这样？因为这样做的董事会成员就会面临着失去每年留任董事会获得的高达380,000美元的风险。

- 陷入会计舞弊的电信企业——世界通讯的董事会几乎完全与首席执行官伯纳德·埃伯斯保持一致：这些董事会成员大多数是内部人士，甚至外部人士都与埃伯斯具有强大的个人和财务关系。

- 在有线电视企业阿德尔菲亚通讯公司（Adelphia Communications Corporation）中，家庭成员占董事会的大部分，由此，阿德尔菲亚的创始人被控违反安全规定。

- 内部人士控制了企业泰科集团董事会，即首席执行官丹尼斯·科兹洛夫斯基（Dennis Kozlowski）所在的董事会里，12个职位中有8个是泰科员工。科兹洛夫斯基因涉及未经授权的薪酬而被判重大盗窃罪。

寻找代理声明"关联方"部分中的董事与首席执行官之间的利益冲突。例如，你可以在南方保健的代理声明（南方保健的首席执行官涉及企业会计丑闻）中找到以下内容：

- 作为南方保健咨询合同的一部分，一位董事每年赚取25万美元，

CHAPTER 8 / 第 8 章

为期7年。

● 一位董事与南方保健首席执行官斯克鲁西（Scrushy）共同财产投资是395,000美元。

● 一家公司的董事在一家新建的南方保健医院接受了560万美元的玻璃安装合同。

● 南方保健员工（斯克鲁西、六位董事和一位董事的妻子）拥有的一家公司也与南方保健有业务往来。该公司为医控公司（MedCenterDirect），是一家在线运营的医院供应公司。

还要注意公司代表某些董事向慈善机构捐赠的款项，因为这通常会成为一个危险信号。例如，在安然公司中：

● 约翰·门德尔松（John Mendelsohn）博士是董事会成员和审计委员会成员：他从安然、肯和琳达·莱那里收到了捐赠给其管理的癌症研究中心的大量捐款。

● 另一位审计委员会成员洛尔·约翰·维克哈姆（Lord John Wakeham）作为安然咨询顾问，多年来，每年获得报酬72,000美元。

● 另一名审计委员会成员温迪·格雷姆获得了5万美元的安然捐赠，用于其在乔治梅森大学负责的项目，该项目是莫卡特斯（Mercatus）中心监管研究计划。

这些是潜在的利益冲突，并且它们是明确的警告信号。

45. 管理团队是否关注削减不必要的成本

一方面，节俭的管理者不一定是一个好的管理者。我过去曾相信一个节俭的管理者是一个好的管理者，但是随着时间的推移，我了解到，尽管习惯节俭的管理者能够认识到降低成本的机会，但他们可能不会投资于重要的项目。当公司不为客户的利益而投资时，节俭是不好的现象。

另一方面，在继续投资核心业务的同时减少不必要的成本是件好事。例如，如果你访问了零售商99美分店的总部，你会看到染色的地毯、破损的文件柜、折叠式餐桌以及作为艺术品显示的报纸头版。显然，创始人戴夫和雪莉·戈尔德选择不在总部花钱，因为客户不关心企业办公室是什么样子。正如戴夫戈尔德所说："我不介意花钱，我只是不喜欢浪费钱。"相反，99美分店投资于有利于顾客的东西，在商店上花钱，并确保其购买者（为顾客找到最好的产品）得到很好的补偿，事实上，该公司在买家身上花的钱是他们在其他任何地方赚的钱的两倍。

另一位相信投资其核心业务的同时减少不必要的成本是件好事的首席执行官，是电视公司探索通信公司（Discovery Communications）的首席执行官大卫·扎斯拉夫（David Zaslav）。扎斯拉夫让充满创意的领导者，而不是企业领导者，负责每个频道，并优先考虑品牌建设、观众建设和优良内容，他的想法是，人们总是需要高质量的内容。扎斯拉夫认为该公司分为两部分："在右半部分是更好的内容，更好的表演，更好的角色:《致命捕捞》（*Deadliest Catch*）和欧普拉（*Oprah*）。左半边是剩余的一切。如果我们能够从左侧拿出2美元，放在我们的右侧，即在内容和品牌上投入1美元或1.5美元以上，就会推动我们的增长轨迹。"

除了关注企业是否会削减成本，还要关注企业削减的成本类型。当星巴克首席执行官霍华德·舒尔茨在2009年和2010年削减成本时，他避免了直接影响客户的削减。相反，他通过消除供应链的低效率、浪费和某些部分的支撑结构来降低成本。星巴克还减少了开支，但与此同时，它还在不断投资最重要的事情：例如，维护员工福利并为员工培训投入更多资源。舒尔茨在2010年表示，他的客户满意度得分实际上升了，达到有史以来的最高水平，因为"我们再投资于我们的员工，我们再投资于创新，并且我们再投资于公司的价值观"。

另外，请思考一下：如果管理团队不断宣布削减成本计划，会说明什么问题？这表明他们不关注持续削减不必要的成本，这些类型的企业通常也是连续重组的企业。例如，在2005年至2010年，惠普公司首席执行官马克·赫德（Mark Hurd）在任职期间获得了32亿美元的重组费用和33亿美元的减记，用于与收购有关的无形资产的摊销。这种购买和重组战略帮助惠普在赫德任职期间实现7.5%的年收入增长和22%的每股收益增长。然而，赫德不断通过增加合同制造和其他削减成本措施来重组劳动力，他还通过收购公司，如电子数据系统公司（Electronic Data Systems）、3Com公司（3Com）和帕尔姆公司（Palm），来扩大服务、网络和移动设备的市场，这些收购结合正在进行的重组，让"一次性收费"不断重演。问题在于，一旦这些巨额成本削减得如此之快，企业越来越难在产品质量不下降的情况下进一步削减成本。

■ 46. 首席执行官和首席财务官在制定资本分配决策时是否纪律严明

资本分配是管理团队对企业产生的超额自由现金流量进行投资的方式，管理层有权决定何时何地应该对这些超额自由现金流进行投资或分配。针对这些超额自由现金流，管理层可以采取以下五种行动：

1. 将企业中的资本再投资于新项目。

2. 在资产负债表上持有现金。

3. 分红。

4. 回购股票。

5. 收购。

很难找到同时擅长经营企业和分配资本的首席执行官,其主要原因是经营企业和分配资本是两种完全不同的技能,且精通一项技能与精通另一项毫无关联。作为一个团队,首席执行官在资本分配方面拥有不同程度的能力。

最好的资本分配者是那些远离企业的日常运营的人——例如伯克希尔·哈撒韦公司首席执行官沃伦·巴菲特,佩恩国民博彩首席执行官彼得·卡利诺和布鲁克菲尔德资产管理公司首席执行官布鲁斯·弗拉特。此外,最好的资本分配者也会将日常操作委托给企业中的其他管理者,例如,卡利诺将日常运营委托给首席运营官蒂姆·维尔莫特,这让这些首席执行官能够看到大局,不会陷入细枝末节之中。

历史上最好的企业资本分配者之一是亨利·辛格尔顿,从1960年创立该公司到1986年,长期都担任公司的首席执行官。在约翰·特雷恩(John Train)的《金钱的主人》(*The Money Masters*)一书中,沃伦·巴菲特称,他相信"亨利·辛格尔顿拥有美国企业最佳经营和资本分配记录"。当特利丹的股票在20世纪60年代以极高的价格交易时,辛格尔顿用高价股作为货币进行收购,辛格尔顿收购了130多家小规模、高利润率的制造和技术企业,这些企业的管理层能力很强,运营可靠。当特利丹的市盈率从20世纪70年代开始大幅下跌时,他回购了股票,在1972年至1984年间,他将股票份额减少了90%以上,他在1972年以每股低至6美元的价格回购股票,到1987年时每股价格超过400美元。

确定管理人员是否善于分配资本的最好方法是审查他们的历史决策,无论他们是回购股票还是进行新的投资,你可以通过查找他们严守纪律的案例,来判断他们是否是一个好的资本分配者。

例如,在2008年第四季度的电话会议上,佩恩国民博彩的首席执行官彼得·卡利诺讨论了为什么该公司没有在新墨西哥州霍布斯的赌场旁建造一家酒店,因为酒店会鼓励游客过夜,从而帮助赌场产生更多的现金流。卡利诺表示,初步估算兴建酒店的价格为3000万美元,但他认为直到酒店建设成本接近2000万美元时,建造酒店才有意义。考虑到佩恩国民博彩在2009年产生了超过3亿美元的可分配免费现金流量,这笔1000万美元的差额并不算大,即使酒店增加了现金流量,卡利诺也表明他在继续进行资本投资之前会严守纪律,等待正确的交易。

相比之下,大多数首席执行官可能会建设酒店,并希望过夜游客产生的额外现金流量来弥补1000万美元的差额。但卡利诺的资本纪律帮助佩恩国民博彩成为过去15年来最伟大的复合股票之一,从1994年5月首次公开募股到其2010年末的股票价格超过每股27美元,增长幅度超过27%。

■ 47. 首席执行官和首席财务官是否会适时回购股票

每股收益是确定企业股票份额的最重要的衡量指标。因为股票回购会减少净发股票的数量,所以它们会增加每股收益,如果股票价值被低估,这些股票回购可以大幅增加企业的价值。由于回购的时间将取决于股票的价值、企业的现金数量以及需要多少现金,所以,管理层可能决定一次性回购股票,或者你可能会看到管理层每年都会计划用于回购的预定数额。

股票回购背后有几个常见的动机:

- 通过适时回购股票,来增加企业价值。
- 抵消期权稀释。

让我们更详细地看看回购的两个原因。

通过适时回购股票,来增加企业价值

通过在股价被低估时进行回购,管理层可以大幅增加企业价值。例如,如果企业每股价值50美元,管理层以每股25美元的价格购买10%的股票,那么管理层已经自动将企业价值增加到每股52.50美元(每股25美元乘以10%等于每股2.50美元,再加上每股50美元)。如果管理层每股支付100美元,那么股票正在降低股东价值,因为为股票支付的价格越低,管理层为股东创造的价值就越高。

确定管理团队是否适时回购股票的最好方法是审查其历史。例如,西联汇款公司通过回购股票,产生了大量超额自由现金流,因此股票回购是有道理的。2006年,西联汇款公司从第一数据公司(First Data Corporation)分拆出来时,管理层宣布将每年投资10亿美元进行股票回购。2008年,当股票交易价格超过每股23美元时,西联汇款回购了13亿美元的股票,然而,随着股价在2009年跌至每股14美元以下,管理层撤退,并称经济衰退限制了其回购股票的能力,并且只会回购4亿美元的股票。凭借原本稳定的现金流和强大的资产负债表,西联汇款拥有足够的现金来购买股票,相反,随着股票价格的上涨,西联汇款开始回购股票,宣布恢复每年回购10亿美元股票的计划。尽管节约现金非常重要,但在这种情况下,考虑到强劲的现金流,这是没有根据的,并且清楚地表明,西联汇款的管理团队回购股票的时机并不合适。

汽车地带(AutoZone)是一家汽车零部件零售商,其管理团队过去曾多次进行过适时购买。汽车地带自2002年8月至2010年8月的每股收益（EPS）增长率为15.7%，而其同期净收入增长率为6.23%。这一差异的主要原因是汽车地带做出的股票回购，将净发股票数量从1.04亿股减少到了4,850万股，减少了53%，股票回购带来了明显的附加价值：在8年期间，每股收益增长15.7%。如果汽车地带没有回购任何股票，那么每股收益将只增长6.23%，这将导致股价下跌。

表8.2进一步检验了汽车地带是如何通过股票回购的方式，在8年内增加价值的（把8月作为年底）。当你评估管理团队是否通过股票回购增加了价值时，你可以使用类似的表格，回购股份的数额和数量可以在10-K报表中"股票回购"的独立部分找到。

表8.2　2002年到2010年汽车地带股票的回购历史

年份	净发股票（以百万计）	回购股票（以百万计）	每股平均支付价格	支付数额（以百万计）	回购股份后的每股利润	回购股份前的每股利润
2002年	104.4	12.6	$55.47	$699.00	$4.10	$4.00
2003年	94.9	12.3	$72.44	$891.00	$5.45	$4.84
2004年	85	10.2	$83.14	$848.00	$6.66	$5.29
2005年	78.5	4.8	$88.96	$427.00	$7.27	$5.33
2006年	75.2	6.2	$93.23	$578.00	$7.57	$5.31
2007年	69.1	6.0	$127.00	$762.00	$8.62	$5.56
2008年	63.3	6.8	$125.00	$849.00	$10.14	$6.00
2009年	55.3	9.3	$140.00	$1,300.00	$11.89	$6.13
2010年	48.5	6.4	$175.63	$1,124.00	$15.23	$6.89

资料来源：汽车地带2002年至2010年8月25日年底的10-K报表，基本每股利润数据来自标准普尔资本智商。

同样，当企业发行新股（例如股票期权）时，它会破坏价值。例如，通用汽车公司报告1985年至1995年净收入增长率为4.82%，但同期每股收益仅增长2.68%，因为通用汽车公司增加了在此期间净发股票的数量。

抵消期权稀释

在确定股票回购是否增加企业价值时，不考虑为弥补期权稀释而做出的回购。大多数投资者并不把回购已发行的期权作为资本配置，但这是管理层控制的一个领域，也是资本配置的另一种形式。你可以创建一个表格，其中包含给定年份中发行的股票期权数量与回购的股票数量进行的比较，以了解股票回购用来抵消期权稀释的百分比。在10-K报表中，有一个标题为"股票计划"的部分，你可以在其中找到该企业发行的期权总数。表8.3是微软公司（Microsoft）的一个案例。

表8.3 微软的期权发行和回购

	2010年	2009年	2008年
回购股票（股份数量，以百万计）	380	318	402
发行期权（股份数量，以百万计）★	101	90	68
股票回购用于抵消期权稀释的百分比	27%	28%	17%

★包括股票奖励和共享绩效股票奖励：共享绩效股票奖励（SPSAs）是一种股票奖励形式，其中最终收到的股份数量取决于微软针对特定绩效目标的表现。

从表8.3可以看出，抵消期权稀释的股票回购数量平均占比为25%，剩下75%的回购可能增加价值。在评估管理层如何有效使用回购时，请使用此百分比而不是所有回购。

要记住的关键点

- 以股东回报来衡量企业，长期表现最佳的企业都是由目标不仅仅是单纯创造利润的首席执行官来管理的。

- 大多数成功的企业都是建立在数百个小决策之上的，而不是一个精心制定的战略计划。

- 良好的管理团队在投资大量资金之前，会努力验证一个概念，即他们不大可能立刻投入大量资金，以求获得巨大回报。

- 最容易出现失败的战略计划是那些目标过于狭窄的战略计划，如设定财务目标（如指导意见）的战略计划。

- 分散式的企业吸引独立思考和多元化的劳动力，这样会鼓励创新。

- 许多历史上表现最好的股票——也就是那些在15年内复合利率超过20%的股票——都使用了分散化的运作结构。

- 当一家企业拥有良好的员工关系时，它通常还有许多其他的优点，比如良好的客户关系和快速适应不断变化的经济环境的能力。

- 如果管理者致力于员工培训，这是一个好迹象，表明他们对企业有长期的定位。

- 避免投资那些在企业遇到挫折时迅速宣布裁员的管理团队。

- 如果企业文化受到赞美和尊重，企业就能够吸引优秀的员工。

- 很少有管理决策与选择合适的人在合适的职位上一样重要，良好的招聘意味着合理的判断。

- 最好的资本分配者是那些远离企业日常运营的人。

THE INVESTMENT
CHECKLIST

第 9 章

评估管理层素质——
积极和消极特质

CHAPTER 9 / 评估管理层素质——积极和消极特质

在第8章中，我们考察了管理层如何运营企业，本章将向你介绍如何评估管理人员自身的积极和消极特质。许多投资者依靠管理团队的性格特点、教育程度和技术知识来评估他们是否有能力领导企业，这些都是重要的素质，但还有更重要的素质，尤其是如果你要与管理团队进行长期投资，你最好还是考虑一下该团队中管理人员的特点和价值观。例如：

- 管理层对经营企业充满热情吗？
- 管理人员有没有诚信？
- 管理者是否捏造会计数字来满足指导意见？
- 管理者在犯错时是否足够谦虚地承认错误？

当你开始评估管理人员的特征时，寻找一种可以帮助你预测未来行为的行为模式。谈到管理人员时，预测未来行为的最佳因素就是评判其过去的行为，你需要全面了解管理人员是什么样的，为了做到这一点，请看看管理人员在过去取得的成就，更重要的是，需要研究管理人员是如何实现这些目标的。公开的采访是其真正洞察力的最佳来源之一，还有关于管理人员的深度报道文章，在你阅读并形成对管理人员的看法时，请确保你获得的不仅仅是简单的引用或一些注释引用，如果大部分的问题都从中得到了验证，那么，它能够减少某些评论断章取义的可能性，这就是评估管理层有力的证据。

管理者的习惯和价值观是决定管理者是否会长期成功或失败的最重要因素，本章中的问题将帮助你确定绩效最佳的管理人员具备的常见特征，以便你可以对他们进行长期投资。

48. 首席执行官爱钱还是爱企业

大多数投资者会花费大量的时间，试图去确定管理层是否有正确的财务激励结构来创造股东价值，而不是检查管理人员是否对企业充满热情。外部的激励措施，比如大规模的补偿方案，永远不会像内部激励那样强大，因为热情比金钱的激励作用更大。在被问及如何确定与哪个管理人员合作时，伯克希尔·哈撒韦公司首席执行官沃伦·巴菲特说："我问自己的最重要的问题是'他们爱的是这笔钱还是这家企业？'"

为什么热情很重要

热情是企业或任何行业长期成功的必要组成部分。如果你曾经问过成功的商人怎样取得成功的建议，那么你可能会收到的最常见的建议是，你需要找到喜欢做的事，然后付诸行动。通过做自己喜欢的事情并做得很好，你会更开心，社会很可能会通过给予你更多的回报作为奖励，最终金钱也会随之而来。他们也可能会建议你不要为了钱而追求工作，事实上，大多数赚了很多钱的人并没有把赚钱作为他们的主要目标。例如，当创业者创业时，他们通常会怀有许多热情，他们并没有对自己说，"我想成为一名企业家"，然后寻找一家企业开始做事或进行收购。

同样的成功规则也适用于上市公司首席执行官和其他管理人员：如果他们对自己管理的企业不感兴趣，他们很可能在长期管理企业方面做得不好。苹果公司的创始人史蒂夫·乔布斯在2005年向斯坦福大学的学生致开幕辞时说道："做好工作的唯一方法就是热爱你的工作。如果你还没有找到它，继续寻找，不要停下。"

花很多年来创建一家企业的过程很漫长，有时可能会很无聊。首席执行官如果对自己所从事的行业没有真正的兴趣，他们如何才能有效地做事呢？相反，只有首席执行官和其他管理人员对企业充满热情才会投入工作，不断从错误中吸取教训，并找到别人看不到的机会和解决难题的方案。热情变成坚韧，这是成功的必要因素，因为回报常常在遥遥无期的未来。

如何识别热情

你可以通过回答以下问题来识别热情：

- 企业是管理者的职业还是一份工作而已？
- 无论出价多少，首席执行官是否都会拒绝出售该企业？
- 管理人员是对金钱感兴趣，还是被金钱所激励？
- 管理人员是否专注于表象而非企业？
- 管理人员参与什么类型的慈善活动？
- 管理人员是否属于不断进步的终身学习者？

企业是管理者的职业还是一份工作而已

首先询问企业是管理人员的职业还是工作。当你回顾管理者的背景时（你可以在代理声明或者关于管理者的文章中找到这些背景），确定他们是否长期留在同一行业，或者他们是否在不同行业之间跳槽。如果他们长期留在同一行业，那么他们很可能喜欢他们的工作。通过查看以前的职位，了解他们所做的工作是否具有一致性或模式化。

例如，儿童托管提供商光明地平线公司（Bright Horizons）的创始人一直热衷于帮助孩子在生命中度过最美好的幼儿时光，他们认为，数百万美国家长希望并需要工作，但无力承担高质量的儿童托管，于是，他们决定用光明地平线公司来满足这种需求。对创始人背景的快速调查告诉你，这个夫妻团队在成立公司之前还在苏丹拯救儿童基金会担任过国家董事，因为他们以前的背景是帮助孩子，显然他们追求的是自己热爱的事业。

无论出价多少，首席执行官是否都会拒绝出售该企业

如果有人提出从首席执行官手中购买企业，那么，首席执行官会如何回应？一位真正充满热情的首席执行官会说，他不会出售这家企业，并会拒绝这些提议。相反，如果价格合适，大多数首席执行官都会出售。假如有人为购买一家企业而提出10亿美元的购买建议，企业的首席执行官估计会得到5000万美元的收入，如果你是该企业的首席执行官的话，你会怎么做？你会因为这么高的报价而卖掉它吗？

这是2006年在线社交网络脸书的创始人马克·扎克伯格面临的情况，当时他被维亚康姆（Viacom）、雅虎（Yahoo）和其他要收购其公司的管理人员们起诉到法庭，但是扎克伯格不断抵制他们的报价，并提出自己不想出售这家企业。

他表示，他并不是仅仅为了钱而发展脸书，并且多少金钱都无法购买他的企业。最有趣的不是扎克伯格是否做出了一个好决定，而是这样一个只有20岁出头的年轻人对他的企业充满强烈热情，以至于他不会以10亿美元或100亿美元的价格出售它。扎克伯格喜欢对企业进行严格的管理和财务控制，并希望以他自己的方式做事。钱是次要的，扎克伯格曾说过，"我们正在从事比致富更伟大的事情。"这是真正的热情。快进到2011年，脸书的价值在600亿到750亿美元之间。

管理人员是对金钱感兴趣，还是被金钱所激励

你如何确定管理人员是否对金钱感兴趣，而不是被金钱所激励？你只要看看他们的消费习惯和他们的生活方式，就会知道答案。充满热情的管理者很少花时间在其他活动或爱好上，并且几乎没有外在的财富迹象，他们只是专注于手头的企业。相比之下，另一些管理人员通过拥有大房子和漂亮的财物寻求社会认可。两者之间的区别在于，一些管理人员对金钱感兴趣，而另一些管理人员通常被金钱所激励；对金钱感兴趣的管理人员倾向于保守的消费习惯，而被金钱所激励的管理人员倾向于拥有自由的消费习惯。

例如，沃伦·巴菲特的个人消费习惯一直保持不变，而他的净资产在过去几年中大幅增加。同样，美元商店零售商99美分店的创始人戴夫和雪莉·戈尔德自1963年以来一直生活在同一个家中，戴夫开着一辆老式的丰田普锐斯。当我问雪莉·戈尔德为什么他们的消费习惯没有变化时，她回答说："我们拥有的所有东西都是通过金钱实现的。"金钱就像得分一样，并不会显著改变他们的个人生活方式。

虽然支出和生活方式可以成为判断管理者经营企业动机的一个指标，但它并不总是确定的。一些高绩效的首席执行官居住在大型豪宅中，如零售商有限品牌（维多利亚的秘密的所有者）的创始人莱斯利·卫克斯奈，他可能有自由

● CHAPTER 9 / 第9章

的消费习惯，但他的经营动机不仅仅是赚钱。深入研究管理者以了解他们的动机来源。

要开始研究首席执行官的生活方式，首先需要收集一系列关注首席执行官的文章，并使用道琼斯的法克提瓦等新闻存档服务。例如，道琼斯的法克提瓦等新闻存档中，有很多关于保险公司康赛可公司（Conseco）首席执行官斯蒂芬·希尔伯特（Stephen Hilbert）的文章，以及他传奇的生活方式。有关希尔伯特的文章报道了在他位于印第安纳州卡梅尔的23,000平方英尺的豪宅中的豪华派对，并报道了他的家里有印第安纳大学大会堂的全尺寸复制品，以及他和朋友在打篮球时穿着胡希尔人的制服。大多数投资者忽略了他的个人生活方式，因为从1988年到1998年，康赛可公司股票价格复合每年上涨46%。然而，希尔伯特的个人生活方式的这些方面应该是警告信号，因为这些表示他被金钱驱使而不是仅仅对金钱感兴趣。

康赛可公司后来发生了什么事？2002年12月17日，康塞可公司申请破产，投资者以前赚取的高回报完全被摧毁。

如果你找不到有关管理人员生活方式的文章，你可以查看他们住所的价值，这会让你看到他们的生活方式。某些资产（如住宅房地产）的所有权通常是相当透明的，你可以检查管理人员居住的县级住宅房地产。例如，在得克萨斯州奥斯汀，你可以搜索网站"www.traviscad.org"，这是当地征税司法管辖区的网站，你通常可以通过姓名搜索房产。首先，找出管理人员居住在哪个城市，然后确定县和征税管辖区的名称，在大多数情况下，该县将列出在线房产的所有权，你可以看到房屋的税收价值及其大小。

例如，假设你有兴趣了解沃伦·巴菲特的生活方式，那么，一个简单的在线搜索会告诉你，首先你需要知道奥马哈的税务评估员在道格拉斯县，然后，你前往道格拉斯县税务评估员网站，输入"沃伦·巴菲特"。在该网站上，它列出沃伦·巴菲特拥有1921年的住宅，占地四分之三英亩，拥有5,830平方英尺的五间卧室，以及一个手球场，2010年的价值是660,200美元。

如果你想尝试更全面地搜索房地产，公共记录公司已经将许多当地公共记录结合到国家数据库中，允许你搜索不同的县和州的持股，这将产生第二住所、度假屋等信息，请记住，这些财产可能以首席执行官的名义或以配偶或商业实体的名义持有。

管理人员是否专注于表象而非企业

对企业真正充满热情的管理者参加外部社交活动的时间较少。苹果公司创始人史蒂夫·乔布斯，当他是世界上最富有的人之一时，并没有在社交上花费大量资金，他声称没有多少时间进行社交活动。他的任务是制造与厨房电器一样普遍的电脑，但当时人们把这看作天花乱坠的广告宣传，不予理会。

寻找管理人员在企业之外的干扰是很重要的。代理声明中的传记是一个很好的起点，因为它列出了前五名高管的其他活动，例如担任其他上市公司和非营利机构的董事会成员。你要了解他们是否将大量时间用于其他活动，比如，他们是否在社区享有社交声望的董事会任职？如果是这样，这个组织会占用其多少精力？你需要尝试深入了解管理者加入董事会的动机：是为了社会声望，还是因为他或她真正对非营利组织的使命感兴趣？请记住，仅仅因为诸如社区、多样性或其他社会责任目标等重大理由，管理人员就献身其中，这不一定表示他具有良好的职业操守。例如：

- 当时担任安然主席的肯·莱（Ken Lay）在1999年捐赠了110万美元，为密苏里大学哥伦比亚分校的经济学家肯尼思·L.莱（Kenneth L. Lay）教授提供经费，但在安然失败后，莱后来因阴谋和欺诈而被定罪。

CHAPTER 9 / 第9章

- 阿尔弗雷德·陶布曼（Alfred Taubman）给安阿伯的密歇根大学送去了大量的礼物，以他命名的建筑包括陶布曼医学图书馆和陶布曼保健中心，大学内甚至还有一所陶布曼建筑与城市规划学院。然而，他在2001年因苏富比拍卖行限价而被判入狱一年。

- 泰科国际集团前首席执行官丹尼斯·科兹洛夫斯基向薛顿贺尔大学（Seton Hall University）捐赠了数百万美元，其斯德尔曼（Stillman）商学院被安置在一栋以科兹洛夫斯基命名的学术大楼内。然而，他被判定掠夺了泰科6亿美元。

很多时候，你可以通过参加大型社交或慈善活动来推断管理人员的动机。例如，当我在一家大型得克萨斯石油公司搜索有关首席执行官的信息时，所有关于他的文章都与他出席高调的社交活动有关。我无法理解他是否能够为经营企业留出时间！后来我采访了他，问他为什么有足够的时间参加所有这些社交活动，他回答说他任用了有能力的人来管理这个组织，虽然这似乎是一个理性的答案，但他的缺席损害了公司的发展，股价下跌，最终他被董事会解雇。

管理人员参与什么类型的慈善活动

慈善事业可以成为鉴定管理人员品格的绝佳窗口。慈善事业中有相当数量的公开披露，你需要确定管理者关心什么，他们在社区中寻求社会接受吗？还是他们真的热衷于他们的慈善事业？就慈善事业而言，如果管理者过度参与社会现场慈善事业，那么这是一个警告信号——也就是说，与社会慈善本身相比，更多的是社会认同，这表明管理者具有外部动机，倾向于成为那些社会地位高的人，这些管理人员很多时候会运用企业资产来支持他们的社交攀登。当你看到一家企业为最好的社会职能贡献资金时，那么管理人员可能会利用这家企业来提高他或她在社区中的社会地位。这些类型的捐赠通常与公司无关，而是用于增加社会影响力。

为了反驳一个普通的慈善家始终拥有更大善意的观点，请分析以下这些案例：

- 所有安然公司的核心领导层都是活跃的慈善家，休斯顿地区的许多非营利组织都从他们的捐款中受益。
- 世界通讯和伯尼·埃伯斯作为密西西比慈善机构和大学的捐助者而闻名，并在社区中受到尊重。
- 阿德尔菲亚曾是美国最大的有线电视公司之一，曾经赞助圣诞节盛会，并将癌症患者送往医疗机构接受治疗。

然而，所有这些企业现在都已经停止运营，许多高管人员一直在监狱服刑。

研究了管理人员的慈善捐赠或慈善模式，你可以真正了解到什么？或者你在哪里可以找到企业或个人捐赠的方式和数量？请在你阅读过的有关你的公司或管理层的新闻报道中寻找关于赠予的文章。大多数企业和个人捐赠是直接的，并没有统一报告，但有些捐赠可能是通过基金会，如果管理人员或公司创建了基金会，你应该能够查看基金会的纳税申报表，因为它是公共记录。你可以从美国国税局申请，或者只需检查一个在线提供商，如指南星（Guidestar），查看表格990，表格中将详细说明哪些群体收到了捐款，其所在位置和捐款的数额，基金会做出的未来捐款承诺以及捐款人的姓名和金额。公司会在他们的网站上公布一些此类信息，但不是全部。通过查阅一年多或两年的信息，你就可以看到他们赠予的一般模式和重点是什么。

其他提供更多信息的方式包括，通过将首席执行官的配偶添加到你的网站和地区报纸中，进行搜索；你也可以查看首席执行官在其董事会服务的非营

● CHAPTER 9 / 第9章

利组织的出版物和网站，或者提供他们所属的母校或大学的名单或荣誉名单。此外，还有一些公司收集并累计曾经公开的捐赠记录，你也可以进行查找。所有这些都可以让你了解你正在评估的管理人员的社会优先级。

管理人员是否属于不断进步的终身学习者

终身学习者是那些永远不满足现状的管理人员，他们会不断寻求改善他们经营企业方式的方法，这种驱动来自他们对企业的热情。对于管理层来说，持续改进是非常重要的，特别是对于长期成功的企业来说。你需要寻找那些将成功视为继续成长，而不是最终成就的管理人员。

例如，金融信息和媒体公司的同名创始人迈克尔·彭博写道："我们必须改进才能保持均衡，我们彭博社的每个人都必须提高自己的技能，我们所有产品的每个要素都必须得到改进，因为大多数公司都是被迫升级的。"

与那些改善者相反的是那些自满的管理人员。自满的管理人员往往认为一切都很好，并且往往缺乏对企业的热情，他们有时会感到满意，有时会感觉无所谓，因此通常会变得平庸。他们往往仍然以过去做生意的方式进行投资，例如伊士曼柯达公司（Eastman Kodak）在20世纪90年代拒绝承认数字摄影对其胶卷业务的威胁。

另一个例子是手机制造商诺基亚，它是欧洲最成功的公司之一，事实上，在1998年，它是全球最大的手机制造商。诺基亚能够迅速进入行业的顶峰，但一旦达到顶峰，它就会变得自满。诺基亚首席执行官康培凯（Olli-Pekka Kallasvuo）倾向于关注市场份额而不是创造新产品，他在2007年1月苹果推出iPhone时忽视了手机与计算机合并的趋势，并且他继续专注于制造呼叫人的手机，而不是检查电子邮件、获取路线或查看天气的手机。iPhone推出后，诺基亚的股价下跌了49%，并且康培凯的首席执行官的位置最终被人取代。

■ 49. 你能否识别管理人员是否诚实

基本上，诚实的首席执行官不会投其所好、说其愿闻，并且当你提问时，他们会告诉你他们的真实想法。相反，如果一位首席执行官经常说"我们会朝这个方向前进"，但行动的方向却不同，那么，一定要谨慎。如果首席执行官设置了某些行为标准或绩效预期，但个人却违反了这些，那么你应该认识到管理人员缺乏诚实的品质。

你怎么能知道首席执行官是否诚实？一个指标是他们所说的和所做的之间是否一致。例如，伯克希尔·哈撒韦公司首席执行官沃伦·巴菲特一次又一次地说了同样的事情，并且在他的行动中坚持了下来。相比之下，政客们的言行举止往往不一致，他们为了当选，常常说一套，做一套，这就是为什么很多人对他们持怀疑态度。

观察行为一致性的另一种方法是观察管理人员在不同情况下的行为。在经历过压力、逆境或危机之后，你才能真正认识某人的品格，因为危机会在行为中制造极端现象。一位中国亿万富豪企业家曾告诉我，除非他遇到的这个人是诚实的人，否则他不会与这个人做生意，他解释说："当你面临危机或道德状况时，你会怎么做。"他还说，如果需要花费20年的时间，来等待一个诚实的人，他也非常乐意等待并与他们做生意。不仅仅如此，这位企业家还有一套严格的适用于自己的规则，而且他很少让生意伙伴感到失望。

确定管理人员是否诚实的最佳方法之一，是确定该管理人员面临什么样的困难，并了解管理人员采取了何种行动。如果你无法确定管理人员展现诚实的状况，那么你面临的风险是，你不知道在遇到困难情况时，管理者将如何行事。你可能想等着观察管理人员采取行动后，再增加投资金额，但只有直到你看到管理层遇到这样的情况，并观察他们如何采取行动后，才会开始增加投资金额。

CHAPTER 9 / 第 9 章

事实上，有很多通过会计欺诈提交虚假结果的首席执行官们的案例（本书中已经有很多内容），这些首席执行官常常担心失去新资本的使用权，拖欠贷款契约，或担心华尔街分析师如何看待他们。这些首席执行官通常也没有考虑到他们的行动带来的广泛影响。你需要知道你正在评估的管理人员在遇到不利情况时是否会采取正确的处理方式。

例如，我曾经参加过得克萨斯州一家银行的年会。会议开始之前的早上，银行发布了一则新闻稿，宣布它已与得克萨斯州的亿万富翁达成了一笔交易，由此他将给他们注入大笔资金，以稀释现有股东。我们公司认为这笔交易对现有股东是不利的，但我想在会上与公司管理层进行核实。年会持续了半个小时，当首席执行官接受观众提问时，我举起了手。不久之后，首席执行官从主席台下台并宣布会议结束。出人意料地，我走到首席执行官面前，再次试图问他一个问题时，他说他将出席董事会会议，但我注意到大部分董事会成员仍然在房间里相互寒暄。那一刻，首席执行官没有表现出诚实。在其他情况下，我对这位首席执行官的评价比较好，因为他通常直截了当，但在这个小小的举动中，他的表现缺乏诚实。由于激进的贷款，这家银行最终破产。

相比之下，当我研究零售商99美分店的联合创始人戴夫·戈尔德的背景时，我开始寻找能够让我洞察其品格的文章。寻找的过程中，我找到了一篇文章，描述了戈尔德是如何承认为99美分店收购企业时犯的一个错误。与其他大多数其他首席执行官一样，他没有注销这笔投资，而是用他的个人资金从公司收回了这笔资金，这笔资金差不多是3400万美元，这是他的公司以前支付的两倍。我从来没有听说过首席执行官为了让股东受益而回购"错误"，尤其是以两倍的价格。我认为我对戈尔德有深刻的了解，并且知道这是我想与之合作的首席执行官的类型，当股价下跌时，我对该企业进行了投资。

在企业正常运营期间，想要评估管理人员是最困难的。与理想条件相比，恶劣条件会让人更加了解管理层。当你阅读关于企业或美国证券交易委员会文件的历史文章时，请着手确定企业遇到困难情况的时期，如经济衰退、产品召回、负面媒体报道不准确或过度夸大、诉讼等，阅读在此期间撰写的季度电话会议的文章、新闻稿和成绩单，并注意管理团队如何应对这些困难情况。如果你正在评估企业任期有限的管理人员，请查看以前企业的文章和电话会议记录，观察管理人员是向股东披露了更多信息，还是守口如瓶？

例如，在2007年开始的经济衰退期间，一些管理人员披露了很多信息，因此他们的股东可以更好地了解企业的运营情况，以及管理团队如何应对经济形势的困难，而其他企业则不希望管理人员披露信息，理由是缺乏可见性。然而，这是一个站不住脚的借口，因为管理人员们不需要预测未来，但他们确实需要披露他们应对困境的方法。你需要确定管理人员如何应对困难的情况，然后评估他们采取的行动，也就是说，你需要确定管理人员是冷静而有计划地处理消极情况，还是被动地做出反应？理想情况下，你应该寻求与长期解决问题的管理人员合作。

以下是管理层通常应对困难的几种方式，识别这些管理人员采取的行动将帮助你决定他们是否是理想的合作伙伴。

- 一些管理者允许当前的逆境把他们压倒。在这种情况下，管理层试图逃避问题而不是面对问题。例如，当贝尔斯登（Bear Stearns）即将破产时，首席执行官詹姆斯·凯恩（James Cayne）却被发现正在打高尔夫球或参加桥牌比赛。可见，他忽视了公司面临的风险。
- 一些管理者试图将问题归咎于他人或无法控制的事件。在这种情况下，你通常会看到大量由公关公司精心制作的新闻稿，管理人员们会发表他们正在评估、审查或分析问题的陈述。这表明高级管理人员没有采取

● CHAPTER 9 / 第9章

行动，但采取行动却是他们应该做的。

● 一些管理人员很快就会反击而不去思考问题，而且往往会走向错误的方向。这些管理人员往往会宣布裁员，以便在他们的企业面临困境时迅速地削减成本。

● 一些管理者决心克服挫折，但不解决问题；相反，他们采用的快速补救措施，只能在短期内解决问题。例如，我分析的一家零售商发现，其部分销售下降的原因是它在商店里没有足够的购物车。管理团队很快发送了新的购物车，但之后当供应再次耗尽时未能跟进，所以零售商当然在几个月后发现自己处于相同的情境。

● 最好的管理人员，是那些能够快速公开地说明如何考虑问题并概述如何解决问题的人。同样，你可以寻找管理者诚实行事的故事。例如，斯特雷耶教育公司首席执行官罗伯特·西尔伯曼透露，2010年冬季学期新生入学人数下降了20%，这是西尔伯曼10年任职首席执行官期间最大的降幅。尽管西尔伯曼不知道下降的确切原因，但他在收到信息时向股东们报告了这一负面消息，然后他在第二天早上召开了一次特别电话会议，回答股东的问题。他向股东提供了尽可能多的信息，并解释了他是如何对此做出反应的。

● 同样，在2001年世界贸易中心恐怖袭击当天，布鲁克菲尔德地产公司时任首席执行官的布鲁斯·弗拉特不得不面对当时出现的一些问题。媒体传出虚假报道，即布鲁克菲尔德所在的世界贸易中心旁边的四栋办公大楼不稳定并即将崩溃，尽管工程师们已经断定它们结构良好。弗拉特雇用一辆汽车将他从布鲁克菲尔德在多伦多的总部带到曼哈顿（因为在袭击发生后当天没有飞机飞过），并且他调查了布鲁克菲尔德拥有的四座办公楼，在看到这些建筑物并向工程师证实它们状况良好之后，弗拉特能够更好地纠正媒体舆论并向租户提供良好的信息。他是第一个在下曼哈顿区开始维修的房东,即他立刻将卡车装满了胶合板,然后他承诺租户可以在8周内返回。弗拉特说:"我们认为尽快返回房屋很重要。尽管存在预算的风险,但我们需要评估实际情况,做出决定,并帮助我们的租户。"弗拉特履行诺言,在8周内,租户能够返回办公室。

■ 50. 管理者对股东的言行是否明确和一致

最好的管理团队在与客户、员工、供应商和股东的沟通中应保持明确和一致。他们需要按照现实的情况沟通事情,而不会试图操纵信息。

你会发现管理层和企业的关系越明确,他们就越负责任。相反,无论管理者何时做出复杂的事情,他们可能会隐瞒危险或错误判断,加上不完整的披露,也会使你很难评估管理人员的能力。尽管这对管理人员来说可能是好事,即可以降低该管理人员被替换的概率,但显然会让你对企业的评估更加困难。

以下各小节内容,将介绍几种用来确定管理层在沟通中是否明确和一致的方法。

阅读公司年报中的股东信函

你可以通过阅读由首席执行官撰写的股东信函,来了解首席执行官与股东进行沟通的方式。按顺序进行阅读,而不是只阅读一封股东信函,你将获得对首席执行官和企业更深入的了解。综合来说,寻找管理人员与首席执行官清楚沟通企业表现的信件,能够详细描述并解释以下几点内容:

- 企业重视什么。

● CHAPTER 9 / 第9章

- 管理者做出决定的动力是什么。
- 企业或管理者遇到的问题。
- 监控企业健康状况的重要指标。
- 首席执行官如何计划解决企业面临的问题,是需要寻找的最重要的信息之一。

相反,如果股东信函看起来是由公关公司撰写的,或者是在10-K报表中发现的管理层讨论和分析部分(MD&A)中披露信息的抄送副本,那么很可能首席执行官并不想让投资者了解他们的真实想法。

例如,如果你阅读伯克希尔·哈撒韦公司首席执行官沃伦·巴菲特写的股东信函,你可能会注意到理解他写的东西和他沟通中的真实性是多么容易,巴菲特写的东西确切地说出了他想说的话。

相比之下,在可口可乐公司2003年度股东信函报告中,前首席执行官道格拉斯·达夫特写道:"我很高兴地报告,我们公司在2003年创造了每股1.77美元的创纪录收入。"这个好消息发生在公司刚刚宣布1.97亿美元费用之后,自从达夫特被任命为首席执行官以来,股价下跌了20%。达夫特接着解释说,这是一个"特别具有挑战性的商业环境"——换句话说,这是将结果归咎于外部环境。此后不久,达夫特从可口可乐公司退休。

阅读电话会议记录

一旦你认为自己对企业了解颇多,请阅读企业的近期以及历史电话会议记录。电话会议记录是很好的信息来源,因为如果你无法访问管理团队,那么,这就是了解他们如何沟通的最佳地方。通过阅读这些电话会议记录,你可以清楚地了解管理层如何思考和行动。

CHAPTER 9 / 评估管理层素质——积极和消极特质

监督管理人员如何解决电话会议中的企业问题。电话会议中存在企业最近遇到的问题，比如，管理人员的沟通是否公开和诚实？或者他们是否试图避免这个问题？你需要监测有多少问题未得到答复，同时，还请注意观察管理人员是否使用借口，如管理人员说这些信息是私人拥有的，因为许多管理团队会以出于竞争原因无法与股东分享信息作为借口。这里有一个非常有用的指标，即我发现如果企业的战略更多地基于隐藏信息不让竞争对手发现而不是超越竞争对手，那么企业就不太可能取得长期的成功；此外，如果企业管理人员的问题没有与特定的财务指导有关，那就说明企业没问题。相反，你也希望监控有多少未解决的企业具体问题，例如市场营销、历史合并或收购、人员或法律问题。大多数情况下，这不是私人信息，管理人员应该能够回答这些问题，或者至少告诉你他们如何考虑这个问题。

例如，在2004年11月4日与一家拥有广播电台的多元化媒体公司进行的电话会议上，一家机构分析师询问管理层是否有近期的电台格式变化计划，管理层回应说："我们不会透露我们在无线电部门可能采用的任何格式变化。我相信你懂得。"事实上，这不是私人信息，这是无线电公司最重要的组成部分之一。如果管理层不想回答有关其企业最重要部分的问题，投资者应将管理层的行为视为警示信号。

在很多情况下，你会发现管理者在回应问题，而不是回答问题。换句话说，他们会用一个与问题无关的陈述来回答这个问题，但这会让管理人员看起来好像他们正在回答这个问题。

例如，有一位首席执行官被问到企业利润率为什么出现了下降，这位首席执行官没有直接回答，而是就长期以来围绕他如何迅速改变世界以及说经济不确定问题，进行了长时间的讨论。这就说明，这位首席执行官在回应问题，而不是回答问题，因为首席执行官至少可以对下降的真正原因进行介绍，比如由于材料成本增加，导致了利润率下降。

电话会议的第一部分通常由首席执行官或首席财务官从预先准备的脚本中读取，而且电话会议的大部分时间都花在了这部分上，我有时会认为，管理层这样做，是为了限制问答时间。

出于这个原因，我更愿意投资佩恩国民博彩等企业，这些企业跳过剧本，准备好的套话不多，并直接切入问题。佩恩国民博彩公司首席执行官彼得·卡利诺表示："我发现我的大部分股东都可以阅读脚本会话，所以我认为最好花更多的时间回答问题，而不是阅读公司网站上的脚本。"多年来，管理人员已经开始从他们的电话会议中删除这些脚本会话，以便有更多时间让股东提问。这是一个非常积极的信号，因为它表明管理人员想要解决股东的问题或疑虑。他们知道股东在不用稿子的电话会议模式中，才能获得最有价值的见解。

例如，在2010年8月的电话会议上，服装零售商城市旅行者宣布将发布详细的管理层说明，以便其财报电话会议更加有针对性。同样，2010年7月，磁盘驱动器制造商希捷（Seagate）和生物制药公司吉利德科学公司（Gilead Sciences）都宣布，他们将开始减少在电话会议中，为那些已准备好的言论花费的时间，并在通话前几小时就发布信息，以便投资者有时间接收信息和提出问题。这些都是管理层向股东敞开心扉的积极信号。

以下部分将讨论一些你可以问的问题，以便更好地了解管理人员与股东、客户、员工和供应商的沟通方式，比如，管理人员在面对逆境时如何沟通？管理层是否在沟通中只强调好消息？

管理人员在面对逆境时如何沟通

最好的管理人员投资人选，不会找借口说明他们在面对逆境时不能与客户、股东、员工或供应商沟通的原因，相反，当经济混乱或竞争压力很大时，他们会公开沟通。相比之下，最差的管理人员是面对问题时爱面子的人，他们通常会转而采用冗长的不能解决问题的新闻稿，他们也会绕开问题而不是直面问题。

当星巴克创始人霍华德·舒尔茨于2008年1月回到公司时，他发现公司内部和外部存在的问题，都导致了销售的下滑。返回公司后，舒尔茨立即向他的18万名员工及其家属承认自己让他们失望了。他说道："你们的领导让你们失望了，尽管我不是首席执行官，但我一直担任主席。我应该知道更多的问题，这是我的责任。"舒尔茨说。一旦他做到了这一点，这对他的公司来说是一个强大的转折点，因为肩上的担子不在了，他现在可以前进。他在接受采访时说："你必须诚实而真实，不要隐瞒。我认为今天的领导者必须展示透明度和脆弱性，保持真实和谦逊，还有向人们灌输信心的能力，而不是通过自上而下的按等级的方式进行沟通。"

管理层是否只在沟通中强调好消息

你需要确定管理层强调的信息。例如，在10-K报表中，有一个标题为"所选财务数据"的部分，这是一份预计决算表，用于汇总收益表和资产负债表，该表是管理层强调其认为重要的某些财务项目的指标，例如针对某种收费类型调整后的税息折旧及摊销前利润。本节可能会让你对管理层报告和不报告的内容有所了解。

例如，在2000年期间，根据其预计决算表，互联网公司信息空间（InfoSpace）是少数有利可图的互联网公司之一，该公司报告说，公司在当年已经获得了4600万美元的预估利润。当时的首席执行官纳温·詹恩（Naveen Jain）于2000年底在美国有线电视新闻网络（CNN）的金融网络上兜售该股票，宣称："我们的无线企业正在火热发展中！"事实是，按照美国通用会计准则（而不是预计决算表），信息空间公司在2000年损失了2.82亿美元，但首席执行官强调预估目标，这实际

● CHAPTER 9 / 第9章

上并不代表企业的真实收益。最终，信息空间的股价一直在下跌，而以高峰价格投资的1美元在2005年仅值3美分。

当你聆听或是阅读管理者的发言时，你要问自己一些问题，以下部分内容将讨论这些问题：

- 是否能够轻松地听懂管理人员所说的话？
- 你是否从管理人员那里学到了东西？
- 管理人员是否使用企业术语？
- 管理人员是否使用欺人之谈？

是否能够轻松地听懂管理人员所说的话

在我公司实习的克里斯·洛扎诺（Chris Lozano）在奥斯汀的得克萨斯大学做了一次演讲，并与两位企业家进行了会谈，一位是风险投资公司的创始合伙人，另一位是西南航空公司的创始人赫布·凯莱赫。根据洛扎诺的说法，这是一个有趣的对比，他说风险投资家正在责备观众，而凯莱赫正在参与和观众之间的对话。洛扎诺说："当我听取风险投资家的意见时，我认为我正在和他进行一场拳击比赛。"如果你发现很难听懂管理人员的意见，那么这可能是一个警告信号。

你是否从管理人员那里学到了东西

在你阅读或听取管理人员的意见后，问问自己，你是否正在向他们学习运营企业的更有效的方式。例如，当我分析零售商99美分店时，我通过创始人戴夫和雪莉·戈尔德了解了很多关于零售企业的情况，一方面，他们的教导增强了我对成功经营零售企业基本原理的理解；另一方面，如果你发现自己想要教一个管理团队如何经营自己的企业，这可能是你遇到无能管理团队的一个信号。

管理人员是否使用企业术语

许多管理人员喜欢使用企业术语或泛泛的陈述。当你试图辨别他们的意思时，你可能经常发现自己在脑海中进行了两次对话。问问自己，"他们是否使用了很多企业术语，如战略或思想领导这个词"？这可能表明，这些管理者并不真正了解他们的企业，而是更关心如何向他人展示他们的聪明才智。当管理人员使用企业术语时，他们可能会对自我推销更感兴趣，而不是向股东清楚地解释企业运营情况。

管理人员是否使用欺人之谈

欺人之谈是指有人说了相互矛盾的事情，例如"我们没有为市场设定时间，但我们会继续持有现金，直到今年年中情况可能会好转之后"。

例如，路透社首席执行官汤姆·格洛瑟（Tom Glocer）曾在一份声明中对公司说过："虽然我们承认2005年非常艰难，但我们自信地设定了预算，显示路透社在4年里首次增加了收入。"路透社首席执行官接着补充道，其并没有在备忘录中发布收入指导，该备忘录已于当周早些时候发布给工作人员。并且声明说："这个声明并不意味着收入对整个2005年将是积极的。2005年的预算尚未完成，2005年也没有发布收入指导。"

下面是另一个例子：2006年2月21日，有一家锌矿开采商格里芬矿业公司（Griffin Mining）遭到披露，即"由于在调试工厂时不可避免地出现初期磨损问题，运营成本高于预期"。面对这种情况，你应该问的关键问题是，如果磨损问题是不可避免的，为什么不体现在预算中？

另一个例子：在2001年10月3日的一次会议上，奎斯特通讯公司（Qwest Communications）首席执行官约瑟夫·纳卡西奥（Joseph Nacchio）表示，不要试图说服听众，让他们相信奎斯特做得很好，他会"让这些数字在10月31日为自己说话"。10月31日来临时，该公司没有达到该期望，纳卡西奥表示，"你们中的一些人会记得，在最近的一次会议上，我表示结果将为自己说话。事实上，考虑到目前的经济状况以及合并和其他一次性费用的影响，我们没有解释，也没有明确地为自己发声"。纳卡西奥于2002年6月辞职，此时，美国证券交易委员会正在调查人们声称的会计操纵事件。

■ 51. 管理层是否独立思考，并不受同行业者行为的影响

管理人员面临的一种最棘手的挑战，就是观察竞争对手获得的所有利润，而不是试图模仿这种成功，因为有时这些利润可能来自不可持续的方面。

例如，J. P. 摩根的首席执行官杰米·戴蒙没有追随鲁莽的竞争对手，因为他们追逐质量低劣的抵押贷款证券并寻求更高的费用。当时，J. P. 摩根的大部分股东都抱怨戴蒙太保守了，因为他放弃了赚取数百万美元利润的机会，然而，当2009年的金融危机让他的一些竞争对手退出市场时，而戴蒙是在这个困境中渡过难关并加强企业的少数首席执行官之一。

确定管理人员是否独立思考的一种方法，是观察股东是否会试图影响管理人员，以使短期利润最大化。不可否认，很多股东会试图影响管理人员，来实现短期利润的最大化，但是，最好的管理人员应该始终保持长期的关注点，这意味着他们往往要在看到具体结果之前努力多年。例如，在2009年，网上零售商亚马逊的创始人杰夫·贝索斯谈到了一些投资者在单一报告期内祝贺亚马逊取得成功的方式。他说："我总是告诉人们，如果我们一个季度经营良好，

那都归功于我们在三年、四年、五年前做过的工作。不是因为我们这个季度做得很好。"

长期思考的另一个例子是霍华德·舒尔茨经营星巴克的方式。多年来，投资者都表示星巴克应该撤销其公司拥有的门店并以特许经营取而代之，因为这将显著增加星巴克的自由现金流量，并提高资本回报率。尽管在经济上这是一个很好的论点，但舒尔茨一直拒绝特许经营星巴克的门店，他认为，这种行为会破坏公司的客户服务文化，而这是星巴克成功的关键。因此，他为了长远的利益管理企业，并展现了独立思考的能力。

确定管理人员是否独立思考的另一种方法，是看他们是否不断与自己的竞争对手进行对比，或者他们是否试图模仿竞争对手过去的成功。复制别人的成功很困难，当企业试图复制它认为使竞争对手取得成功的东西时，这可能表明管理团队没有完善的企业计划。

例如，在1998年到2000年的技术热潮期间，我记得有人试图提出，使他们致富的是基于技术的概念，显然，这些人大多没有考虑满足客户的需求；相反，他们试图模仿别人的成功。最近，投资者已经开始对冲基金，并希望取得很大成功，但他们未能意识到的是，今天许多身家亿万的对冲基金管理人员并未明确着手创建大型基金。这是天时地利条件下的意想不到的后果，而且这些后果不是无中生有的。

同样，当一家拉斯韦加斯赌场吸引日本赌客进入百家乐赌场时取得了很大的成功，竞争对手试图复制他们认为是成功的原因，即他们花费数百万美元建造更大更精致的百家乐房间，并提供更多引诱这些日本赌客的服务。有一段时间，日本赌客访问了对手的赌场，但他们还是总会回到原来的赌场。竞争对手变得更加沮丧，并继续投资数百万美元，但没有取得任何成功。根据调查发现，特定赌场成功的原因是管理人员花时间学习这些日本赌客的语言和文化，原来的赌场在了解他们的想法和想要的东西方面，做得很到位，而竞争对手的赌场之所以无法复制，是因为他们只复制了他们可以看到的。这应该是一个警告信号，因为竞争对手没有设计一个合理的计划，来专注于他们最擅长的事情。因此，请注意那些仅仅因为竞争对手获得成功，就宣布生产或发布与竞争对手类似产品或服务的企业。

52. 首席执行官是否会自我推销

有的企业由喜欢自我推销或具有传奇个性特点的首席执行官来运营，你需要小心投资这些企业。这些首席执行官经常在媒体上露脸，并一直出现在商业杂志封面上，因为他们正在宣布能够夺取头条的增长规划或转型消息。这些首席执行官让自己成为品牌，而不是让企业成为品牌。

想要识别这些首席执行官很容易，因为他们吹嘘自己的成就，并且经常完美排练，表达能力强，热情高涨。换句话说，他们专注于好大喜功，他们通常也具有如下几个特点：

- 派头十足。
- 魅力十足。
- 进行积极的推销。
- 往往会成为关注的焦点。
- 掌控讨论。
- 持有比其他人更聪明的态度。

大多数时候，这些特征掩盖了潜在的问题。

大多数公司董事会选择这些意志坚强、以自我为中心的首席执行官,因为他们认为这种类型的首席执行官将能够应对艰难的挑战。然而,虽然这些首席执行官擅长自我推销,但他们往往给企业带来很多问题,因为他们花费了过多的时间来设法满足华尔街的期望,从而牺牲了公司日常的业务。

识别这些类型首席执行官的一种方法,是监控他们为了推销自己的企业,而在参加由华尔街卖方研究公司赞助的投资者会议上花费的时间。同时,查看和投资者关系的企业网站,确定首席执行官、首席财务官或其他管理人员参加的华尔街活动数量。如果他们每月出席超过两到四次,那么你很可能与一位正在努力提高公司股票价格的推销式的首席执行官打交道。

与往常一样,推销企业的首席执行官也有例外的状况。如果该企业依赖华尔街为其扩张提供资金,那么有必要引起投资者的兴趣,因为许多企业在此之后会发行债务或股权来扩大企业或收购。例如,如果他们通过参加高收益会议以激发投资者对债务发行的兴趣,那么这对于管理团队来说是必要的能力。相反,投资者需要留意那些吹捧股票的首席执行官以及不需要华尔街为其企业融资的首席执行官。

首席执行官可以通过其他方式来宣传他们的股票,比如花费大量时间与电视台和其他媒体交谈。如果你看到首席执行官不断在财经新闻界露脸,那很可能他们只是在吸引人们关注其公司的股票。小心那些仅关注股票价格的首席执行官,虽然大多数投资者认为这是一个好兆头,但事实并非如此。

例如,在电信公司——世界通讯公司的1998年度报告中,首席执行官伯纳德·埃伯斯吹嘘公司收入增长了132%,股价上涨了137%,并承诺这两种趋势会继续下去。埃伯斯在1997年告诉记者说:"我们的目标不是要占领市场份额,也不是全球化。我们的目标是成为华尔街的第一大股票。"仅此陈述本应导致你出售股票。埃伯斯利用其公司的高价股进行多次收购,例如电信公司MCI;实际上,他进行了75次以上的收购。那么，世界通讯公司有多么杰出？答案是，世界通讯公司最终破产了，这件事广为人知，而埃伯斯因涉嫌会计欺诈而被起诉欺诈和共谋。

一些表现最好的首席执行官默默无闻且不会推销

一些最好的首席执行官就如同同事一样，他们以团队为导向，言辞柔和，他们能够获得员工的信任。事实上，许多取得了创造财富最长期记录的首席执行官都比较默默无闻，并且不进行自我推销，例如1996年至2008年担任韩国三星电子（Samsung Electronics）首席执行官的尹钟龙，三星从商品化存储芯片和其他商品化产品制造商成功转型为设计创新数字产品的公司，例如尖端手机。与自我推销者相反，尹钟龙拒绝了许多采访，重要的是，在尹钟龙任职期间，三星电子的市值增值达到了1270亿美元，尹钟龙用结果说话。

从2000年到2010年，一些最好的复合型股票的管理团队花少量的时间与华尔街会面，例如四季酒店、斯特雷耶教育、全食超市、晨星和康捷国际物流。康捷国际物流和晨星的管理团队并不会每个季度都与分析师会面，而是要求股东发送电子邮件或撰写问题，然后以公开发布的8-K报表形式回答这些问题，以便所有股东都能阅读他们的回复。四季酒店的创始人伊萨多·夏普通常不会与分析师见面，并且缺席季度电话会议。我曾经在一家旅馆跟踪过他，并问他为什么不会见分析师，他说他宁愿花时间和他的员工在一起，他说："如果我花一个小时和你在一起，那么，你可能持有我的股票一年，然后出售它；或者我可以利用那段时间与可能留在这家企业超过20年的忠诚老员工在一起。"

要记住的关键点

- 谈到管理层的特点时,未来行为的最佳预测因素就是过去的行为。

- 热情比金钱的激励作用更大。

- 当情况不利时,而不是较为理想时,你可以更好地了解管理层。

- 管理人员的最好投资人选是那些能够快速公开地交流他们如何考虑问题,并概述其如何解决问题的人。他们按照真实情况来沟通事情,不会试图操纵信息。

- 你会发现管理层和企业的关系越明确,他们就越负责任。相反,无论何时管理者做出复杂的事情,他们可能会隐瞒危险或错误判断。

- 关注股票价格的首席执行官不关注他们的企业。

- 一些最好的首席执行官就如同同事一样,他们以团队为导向,言辞柔和。

THE INVESTMENT
CHECKLIST

第 10 章

评估增长机会

正在增长的企业将能够创造很多价值。投资于不断增长的企业的主要优势在于你可以享受延迟税收复利的好处,这是因为你可以长时间持有该股票而无须出售股票。这种优势已经成为许多长期投资者成功的基础,尤其是沃伦·巴菲特。

增长确实带来很多风险。任何公司的未来都存在不确定性,但是当你购买增长型公司时,你通常会为未来的增长以及当前的现金流和盈利性付费。这就要求你确定增长是否能够持续下去、持续多久,以及以何种速度发展。

本章旨在帮助你减少投资不断增长的企业的不确定性。我们先看看一家企业如何发展。

53. 企业是通过并购(M&A)增长,还是有机增长

你可以通过查看10-K报表中的现金流量表来回答这个问题。在现金流量表的投资部分,有一个标题为"收购"的小节,能够计算过去5到10年间,企业运

营所花费的现金流量占总收入的百分比。根据收购花费的百分比，企业可以按照连续的增长方式进行分类，一方面是那些有机增长的企业，另一方面是连环收购者，而选择性收购者属于中间的某个地方。例如，通过比较以下公司，得出结果：

- 营利性教育企业斯特雷耶教育没有进行任何收购，但多年来稳步增长。有机增长的企业通常不会支付高价购买额外的客户，他们也不必担心花时间将新企业和员工整合到自己的运作当中。

- 美敦力公司（Medtronic）是一家医疗器械制造商，于2002年、2008年和2009年进行收购，我们称之为选择性收购者。选择性收购者通常不会为了扩大规模而增长，而是通过购买来扩大他们现有的产品线。通过这种方式，他们不必花费宝贵的时间试图获得新领域的专业知识。

- 斯泰瑞赛科公司是一家医疗处理公司，是一家连续收购公司，每年收购企业的现金流量经常支出30%至150%。对于一家连环收购者来说，潜在的风险就是为一个公司付出的代价太大，或者在资产负债表上投入太多的债务。

这是管理层发展企业的三种基本方式，虽然每种方式都可以成功，但是，与收购相关的风险显然更大，包括承担过多的债务、收购过多、难以整合目标公司。

确保置于收入背景中的增长

你必须始终将增长置于企业现有收入的背景下。许多管理团队会突出强调某个部门的增长，例如每年增长50%，但该部门可能只占公司总收入的1%，因此，这种高增长率不会实质性增加企业的内在价值。

54.管理团队发展企业的动机是什么

管理团队经常在面临压力的情况下，来发展他们的企业，因为收入增长会提高股价。这种压力可能导致高级管理人员犯下错误，特别是如果核心业务增长放缓，并且当他们通过发起新举措，或通过在不相关的企业领域进行收购来寻求增长的时候。许多这些新的风险投资和收购可能会失败，管理层会花费宝贵的时间来出售或关停它们。无论何时管理层在其核心业务之外推出新的增长计划时，你应该特别关注，因为这会增加管理层即将犯错的可能性。

例如，当杰克·格林伯格（Jack Greenberg）在1999年成为麦当劳的第四任首席执行官时，随着国际市场的成熟以及对美国高脂肪食品的担忧损害消费，麦当劳的增长开始放缓，格林伯格宣布他将专注于改善核心业务，但与此同时，他还将通过收购墨西哥餐饮连锁店小辣椒（Chipotle）等其他餐饮企业寻求新的增长平台。这一增长举措的结果是，麦当劳在2001年首次宣布季度亏损，且核心业务仍在恶化，格林伯格提出了辞职。在格林伯格任职期间，股票价格从1999年5月他加入该公司时的每股45美元降至2002年12月31日他宣布辞职时的每股15美元。

麦当劳随后宣布，在麦当劳待了28年的詹姆斯·坎塔卢波（James Cantalupo）将成为首席执行官。坎塔卢波的第一个公告是，麦当劳不再试图做太多事情，并且他出售或关闭了大部分在格林伯格任职期间进行的收购。随着麦当劳重新关注其核心业务，股价从2002年底的每股15美元上涨至2010年12月31日的每股70美元以上。

55. 历史增长是否有利可图，是否会持续下去

为了企业增值而带来的增长，必须是有利可图的，但这些增长常常无法转化为利润。

例如，太阳能行业正在快速增长，但截至2009年，由硅树脂制成的生产能源的太阳能电池板比传统方法的制作成本高很多，因此，即使这个行业正在增长，它也无利可图。

同样，当互联网行业第一次发展时，它也发展得非常迅速，但大多数企业没有盈利，而且难以预测哪些企业会赢得胜利。

为了评估历史增长是否有利可图，首先，可以将企业毛利率和营业利润率进行比较，也可以将企业3到5年内的营业收入增长与单位增长进行比较，观察随着销售单位数量的增加，毛利率和营业利润率是保持不变，还是增加或减少？例如，随着转账企业西联汇款的交易次数增加，毛利率从2005年的46.9%降至2009年的43.4%，营业利润率从2005年的31.8%降至2009年的25.2%。

然后，再比较3年至5年期间的营业收入增长与单位增长。西联汇款的每笔交易的营业利润从2003年的每笔交易9.44美元减少到2008年的每笔交易6.51美元。对于西联汇款，你可以得出结论：过去5年的交易增长利润较低，你需要判断该趋势是否将继续下去。

56. 企业未来的增长前景如何

首先阅读10-K报表中的企业描述部分和管理层讨论与分析部分，在管理层讨论与分析部分，管理层经常讨论企业的增长机会。

例如，让我们看看直觉外科公司（Intuitive Surgical）2010年10-K报表的管

理层讨论与分析部分。直觉外科公司制造了达芬奇（da Vinci™）外科手术系统，该系统为复杂的外科手术提供微创替代方案。在10-K报表中，直觉外科公司的管理层透露，达芬奇手术系统的安装量从截至2007年底的795个系统增加到截至2009年底的1,395个系统。显然，该企业正在快速增长，并代表这可能是一个很好的投资机会。相反，如果你看到已安装的系统从795个增加到800个，那么这可能表明该企业缺乏未来增长前景，你应该为该股票支付更低的价格。

正如斯特雷耶的首席执行官罗伯特·西尔伯曼所说："使企业具有吸引力的不是它可以在任何一年中增长的速度，而是它可以以任何速度增长的年数。"任何快速增长的企业都会经历增长率在某个时候放缓，因此，你需要确定增长能持续多久。首先，你必须询问商业模式是否可以广泛复制，或者是否只能在特定地理位置复制。

例如，酒店特许经营商精品国际酒店集团可以在整个美国或其他地区授权其凯富酒店品牌，同时，像拉夫劳伦（Polo Ralph Lauren）这样的服装制造商也有类似的潜力。

从企业过去的成功中形成未来增长预期时要小心，请记住，你不会从昨天的增长中获益。例如，如果你知道甜甜圈生产商卡卡圈坊成功地在埃克森加油站的展示柜中销售甜甜圈，请不要认为该策略适用于所有的埃克森加油站。危险就在于取得一个成功的例子后，就计划着继续做，事实上，事情很可能会发生变化：例如，更多的竞争对手可能会进入市场，或者卡卡圈坊可能会开始蚕食自己的销售，因为它开始在埃克森加油站附近开设新的门店。

有时候，我们能够很容易确定企业的未来发展前景。例如，让我们来看看以小商场为基础的零售商熊熊工作室（Build-A-Bear），该工作室可以让孩子们制作自己的毛绒动物。从2004年到2009年，管理团队在该公司的10-K报表中表示，它相信它可以在北美的350个地点（主要是商场）开设门店。截至2009年底，熊熊工作室已经开设了291家门店，因此其增长前景有限，未来增长将来自现有店铺的销售增长或特许经营企业的增长。同时，就满足其要求的可能位置来说，熊熊工作室的门店已经接近饱和点，这表明新店的增长幅度不大。

在其他情况下，辨别企业未来的增长前景则非常困难。例如，预测住宅建筑商的未来需求、利率和供应成本增加并不容易。因为在预测该行业的企业增长之前，你需要掌握所有这些元素。

要了解收入增长的来源，请将其与企业中的其他相关指标进行比较。例如，铁路企业的收入可能会增加，但如果平均每吨英里的收入（基本上是计算货物总重量乘以运输里程数）却没有增加，这意味着还有其他的收入增长来源。如表10.1所示，对于铁路公司诺福克南方（Norfolk Southern）来说，可以将收入增长与企业的具体指标进行比较。

表10.1　运营指标与每股收益（EPS）的比较

诺福克南方铁路公司	2005年	2006年	2007年	2008年	2009年
每吨英里收入（以百万计）	203,000	204,000	196,000	195,000	159,000
每股收益（摊薄）	$3.11	$3.57	$3.68	$4.52	$2.76

在这种情况下，我们将平均每吨英里的收入与每股收益进行比较。通常来说，你可以从表10.1中看出，随着平均每吨英里收入的下降，每股收益也会下降。相反，如果平均每吨英里的收入下降，每股收益增加，那么这可能表明企业正在采取其他措施，例如削减成本，来提高每股收益。这些是收入增长的非可持续来源。

为了预测潜在的增长，你必须了解是否存在长期趋势，通过增加需求来帮助企业实现繁荣。你还必须知道企业是否投资创新来开发新产品或服务。不断增长的企业是扩大其客户群或向现有客户销售更多产品/服务的企业。

企业是否因长期增长趋势而增长

长期增长趋势是受人口或社会变化驱动的持续趋势，即人口或社会变化可能会延长对企业产品或服务的需求。例如，考虑女性就业人数的增长情况：从1948年到2000年，女性从业者从1948年的29%增加到2000年的50%。这是一个社会变革，它推动了女性购买更多的正装，推广了冷冻食品（因为女性做饭的时间受到限制），以及由于女性可支配时间的减少而造成的其他社会变化。

一定要区分这种长期增长和短期周期性变化。这些短期变化也被称为商业周期变化：这些变化是随着整体经济的增长和收缩而起起伏伏，像钢铁制造商这种周期性企业的收益对商业周期特别敏感，并随着经济波动而变化（非周期性企业往往不会随着经济而出现起伏）。

如果一家企业受益于长期增长趋势，其增长将比单一的商业周期更持久，而商业周期也会令长期增长持续下去。事实上，处于长期增长趋势的企业，其每股收益往往在每个随后的主要商业周期中都会达到顶峰。

此外，要小心区分不断上涨的商品价格和长期增长趋势。例如，石油和天然气公司可能因石油价格的上涨，不是销售产品数量的增加，而显示收入增长。你需要至少研究3到5年内行业中相关商品的价格，以确定由于商品价格变化与单位增长变化导致的收入增加或减少的百分比。

为了更好地理解如何对增长型企业进行投资，我研究了在早期发现重要趋势方面最成功的投资者——男爵基金（Baron Funds）的创始人罗恩·巴伦（Ron Baron），他在早期识别长期趋势并获利方面非常成功。巴伦一直是许多成功企业的早期投资者，包括养老院运营商马诺尔看护（Manor Care）、赌场永利度假村（Wynn Resorts）、营利性教育提供商德锐（Devry）和斯特雷耶教育、人力资源公司罗致恒富（Robert Half）和在线钻石零售商蓝色尼罗河（Blue Nile）。尤

● CHAPTER 10 / 第10章

其令人印象深刻的是，他不仅投资于这些企业，而且还长期持有这些股票——事实上，他已经持有几家企业股票长达几十年。早在他们开始扩展增长阶段之前，他就发现了这些企业中的大部分企业，他之所以能够识别大部分这些企业，因为它们是由对企业的机会有着清晰认识的企业家所掌握，而怀疑论者没有看到机会。正如巴伦经常说的，"我们投资于人，而不仅仅是建筑物"。

例如，巴伦很早就投资了蓝色尼罗河的创始人马克·瓦登（Mark Vadon），瓦登认为，不仅批发钻石经销商将他们的库存放在他的在线零售网站上，而且消费者也会在线购买这些高端产品。虽然其他投资者持怀疑态度，但随着瓦登绕过传统零售渠道并降低消费者支付的价格，蓝色尼罗河成为第一批成功实现互联网零售的企业。

为了确定长期增长的趋势，巴伦说道，需要考虑某一行业是否会是你的孩子或孙辈将会工作的地方，还是你父母和祖父母工作的地方。首先他的公司寻找那些在未来5年、10年或20年有强劲就业增长的行业，然后他的公司寻找这些行业中最好的公司。如今，他的公司正在投资创新企业，解决即将面临的最大挑战，如电池供电运输和替代能源。

具有长期增长趋势的其他企业案例，如下所示：

● 广告费用从传统媒体（如有线电视）转向在线渠道，有助于促进互联网搜索企业谷歌的发展。

● 越来越多的年轻专业人士推迟生孩子，而是购买宠物，这有利于销售动物产品的企业，如宠物商店零售商宠物市场（PetSmart）和宠物超市（PETCO）。

● 人们比以往任何时候都需要大学学位才能找到好工作，这有利于营利性教育机构，如斯特雷耶教育和阿波罗集团。

你需要确定并衡量可能支持你正在考虑投资的企业,是否具有进行增长的长期增长趋势。首先研究支持长期增长的基本趋势,并试图提出具体的见解,而不是集中分析广泛的方面,例如"老龄化的婴儿潮时期出生的人口将增加养老院的需求",或者,如果一家企业出售商品给20到25岁的男性,那么你需要研究这个群体,来了解他们如何思考和购物。你可以找到例如以下的这些研究来源:

- 市场研究公司欧睿(Euromonitor)或英敏特(Mintel)
- 民意调查公司哈里斯(Harris)和马里兹(Maritz)
- 趋势研究公司"trendwatching.com"等网站
- 美国环境系统研究所(ESRI)商业信息解决方案等区域人口统计资源
- 《广告时代》(Advertising Age)等杂志

你可以查看全球市场研究(Market Research World)的网站,以查找由主要市场研究公司进行的这类报告和其他研究的大量摘要。例如,在"谁在购物"系列的"谁在购买生活用品"中,你会发现这样的信息:2000年至2005年,家庭茶叶支出增长了28%。你还可以了解每个不同年龄段的购买模式:2005年,25到34岁的人在购买茶叶上花费了16.44美元,而35—44岁的人花费了28.08美元。大多数的这些资源来自政府数据的推断信息:例如,茶叶支出的统计,是基于劳工统计局的消费者支出调查。

此外,任何商学院的图书馆都会为你提供目前市场研究和人口统计内容网站的链接。

创新

增长型企业必须始终寻求新的方式来补充其增长。例如，在DOS操作系统推出8年后，微软通过引入Windows Office来补充增长，2009年，Windows Office占其收入的40%。

创新是管理优先吗

通过长期分析企业的研发费用支出，监控管理层对研发的投入，并计算用于研发费用的销售额百分比。

例如，一家领先的兽医检测和诊断产品供应商——爱德士实验室（IDEXX Laboratories），自1992年以来已将其收入的6%以上用于研发，以改进其现有产品并开发新产品。从2007年到2009年，爱德士的研发投入接近7000万美元，比最接近的竞争对手的投入高出12倍，接近所有竞争对手投入总和的7倍。这使企业能够不断提高兽医诊断的质量，并不断拓宽竞争优势。事实上，爱德士控制着65%以上的市场份额，现在它已成为参比实验室市场上最大的全球参与者。

研发工作是否成功

仅仅因为企业在研发方面的投入占很大比例，并不意味着它会创造出成功的产品。研究创新的哈佛大学教授克莱顿·克里斯坦森（Clayton Christensen）提醒了我们关于研发支出方面的两个相当微妙的事情：首先，大多数创新都是从错误的方向开始的，因此，提前花更多的钱可能意味着浪费金钱；其次，当资源最为稀缺时，往往会取得突破。克里斯坦森估计，93%最终成功的创新实际上是从错误的方向开始的：

第一次走出门外的可能性非常低，所以，如果你给研发者很多钱，这就给了他们很长一段时间追求错误策略的特权。

由此可见，不要只看花了多少钱，你需要评估过去的研发投资有多么成功，而做到这一点的最好方法是，计算创新带来的销售额百分比。例如，泵制造商固瑞克（Graco）每年将其收入的3%至4%用于研发费用，并且致力于从过去3年推出的产品中获得30%的年销售额，实际也非常接近这些目标：2007年、2008年和2009年，固瑞克从新产品中分别创造了21%、26%和26%的销售额。

自1990年以来，医疗设备制造商美敦力公司平均花费其销售额的10%用于研发项目，而其大多数竞争对手把销售额的8%至12%用于研发项目。但是，该公司在创造新医疗产品方面的成功明显与众不同，例如，美敦力通过不断投资新技术，并率先推出新产品，一直控制着近50%的心脏起搏器市场，因此，美敦力的大部分竞争对手都无法抢走它的市场份额。此外，美敦力也花费了大量的研发费用，用于神经调节、糖尿病和脊柱产品等新兴技术。从20世纪90年代中后期开始在这三个领域进行的投资，使美敦力在这些领域获得的收入，从2000财年的25%增加到2010财年的40%，并使美敦力在这三个领域占据主导地位，例如，美敦力的骨移植产品在脊柱市场占据主导地位。显然，美敦力拥有一个成功推出新产品的研发渠道。通过检查新产品和服务产生的销售百分比，你可以了解管理层是否成功投资研发。

企业是否通过开发转型产品和服务而增长

预测新产品的需求是非常困难的，主要困难在于你没有现有的模式来推断，即使你有很早的销售数据，但通常会对其进行低估或高估。当你试图估计新产品的需求时，请记住，大多数新产品发布会失败。

苹果或谷歌等创新者是最难预测的企业，因为它们的产品和服务具有变革性，这些企业很快就占据了各自行业的主导地位。由于这些企业创造了全新的市场，因此没有先例可以用作合理预测的依据。

例如，大多数投资者很难估计苹果iPhone的未来销售额。根据苹果和高德纳咨询公司（Gartner Research）的调查，截至2010年底，苹果已售出近9000万部iPhone；此外，苹果在不到3个月的时间内也销售了超过300万台iPad平板电脑，使之成为历史上最快达到10亿美元收入的消费类电子产品。相比较这个数据，大多数华尔街的预测都要低得多。

为了进一步说明预测问题，这里以任天堂（Nintendo）为案例进行分析，即任天堂（Nintendo）在2006年11月未能预测自己的电子游戏机Wii的成功，造成了产品短缺。那么，在对他们推出的变革性产品知之甚少的时候，如何评估这些公司是否值得投资呢？

首先，你可以召集使用产品的朋友，或寻找客户讨论产品的留言板，以了解他们对新产品或服务的看法，从而调查目标客户。其次，确保你在试用产品或服务至少3个月后对其进行调查，因为如果你与早期的iPhone或Wii购买者谈过，你会听到非常积极的回应。当Wii第一次出现时，我与全国各地认识的15名十几岁孩子的父母进行了交谈，我问他们，孩子是否要求购买Wii以及他们的孩子的朋友是否也在购买它们。我还访问了位于得克萨斯州奥斯汀市的五家不同电子产品商店的销售人员，他们在那里销售产品，询问产品是否畅销。答案是一致的，即Wii是一款热门产品，并可能为任天堂产生更多销售额，使其成为潜在的良好投资机会。

用市场份额数据推断公司的潜在增长

为了评估公司的增长前景，许多分析师和行业协会对市场总规模进行了一些估计,确定目标公司所占的百分比,然后他们根据市场份额确定一家企业是否具有可观的增长前景。

要做到这一点,首先阅读10-K报表中名为行业或市场规模的部分,管理团队通常会在本节中披露市场规模和市场份额。例如,血液测试仪器制造商易缪可公司在其2010年5月31日发布的10-K报表中估计,全球血液银行试剂和仪器市场每年产生12亿美元的销售额,而当时易缪可公司的销售额为3.29亿美元,这表明易缪可公司拥有27%的市场份额。这也表明易缪可公司在未来几年拥有充足的发展和增加收益的机会,这可能使其成为一个良好的投资机会。

虽然对企业有动机报告大于实际的市场规模的假设总是最好的,但你需要谨慎接受由管理团队或行业协会提供的市场份额估计值。同时,你还需要弄清楚如何计算市场份额数据,了解竞争对手如何估算市场规模,以及他们是否使用相同的标准和相同的市场定义。

在市场成熟的情况下,你需要注意以下几件事情。首先,确保市场规模没有扩大得很离谱。你可以阅读至少5到10年的10-K报表,了解企业是否改变了计算市场份额或定义市场的方式,例如,一家有效满足大型企业客户的商业服务公司开始将中型企业纳入其潜在市场规模,尽管这些较小企业购买和使用该公司产品的动机较小。

在另一个例子中,我注意到我关注的医疗废物企业在一年内报告的市场份额较少,尽管它已经成为美国主要的医疗废物处理公司。随着该公司扩展到国际市场,它开始报告反映其全球市场份额的更小数字,并且通过这样做,他们显示出更多的增长机会。然而,新市场是不同的市场,必须根据增加收入的潜力和潜在利润分别进行评估。

其次,你还要留意缩小的有效市场,这可能会增加现任者的市场份额。例如,达林国际公司(Darling International)是美国最大的回收公司,该公司通过回收和处理动物副产品，来制造肥皂、化学品和橡胶等的材料。当我的公司计算达林的市场份额时，我们注意到它每年都在增加，且有效市场规模正在缩小。同样的回收也在进行中，但由于较大的公司购买了较小的牧场和屠宰场（自行内部回收加工），所以达林国际与其竞争对手之间仅有少量小型操作可供选择。达林国际正在增加其市场份额，但在一个不断萎缩的市场中，总客户越来越少。

最后，你还需要留意重叠的部分、分布和地理位置。例如，当我的公司分析西联汇款公司的市场份额时，有几个混杂因素在起作用。在找到几种不同的估计值和衡量实际跨越国际边界的数额之后，我的公司深入了解了估计的来源：我们比较了来自国家银行、美国政府机构、国际货币基金组织、世界银行、智库和学术研究的信息，我们发现，这个行业的低报是一个可预测的标准，但很难估计市场的真实规模。在一个案例中，最初体现总体市场规模增加的结果证明，是西联汇款自己的数据被纳入国家估算的方式发生了变化，换句话说，没有任何变化，但由于新的市场规模估计更大，使得西联公司的市场份额出现了缩水的状况，这可能会导致投资者避免投资西联汇款；然而，使得西联公司的市场份额出现缩水的主要的复杂因素，是存在大量的汇款黑市或非正规部门。我们现在认为非正式细分市场是另一个竞争对手，并且能够确认的是，西联公司的增长通常来自这一细分市场的份额。

观察增长正在放缓的迹象

有很多迹象表明，企业的增长可能放缓，其中包括：

- 企业瞄准新的客户群。
- 企业试图改变其核心商业模式。

- 企业开始支付更高的股息。

让我们更详细地看看这些标志。

企业瞄准新的客户群 一种识别企业增长是否放缓的方式，是一家企业开始瞄准新的客户群。例如，一家营利性大学阿波罗集团于2004年试行了一项新计划，目标是在凤凰城大学核心业务增长开始放缓的情况下吸引新客户，它创建了一个名为阿克西学院（Axia College）的全国在线社区学院，旨在帮助学生申请大专学位。阿克西学院的目标服务对象是18至23岁的学生，而不是30岁左右需要学士学位的成年就职者。截至2010年底，阿克西学院学生占阿波罗集团学生总数的近50%。

然而，尽管阿克西学院是阿波罗集团快速发展的部门，但阿克西学院为阿波罗集团带来的利润低于凤凰城大学，因为相对于获得学士学位的学生，阿克西学院的学生只能够获得一半的学分。此外，阿克西学院学生的应收款率较低，大专学生应收款的增加构成了阿波罗的坏账支出的大部分，这是因为阿克西学院学生的退学率比传统学士学生高，从2005年8月到2010年8月，经营利润率从31%下降到27.9%。因此，即使阿波罗集团新客户的增长抵消了部分增长放缓的影响，但与传统核心客户相比，新客户群的利润也大幅减少。

企业试图改变其核心商业模式 另一种识别企业的增长是否放缓的方式，是企业开始改变其核心商业模式。例如，计算机制造商戴尔一直在改变从制造电脑到提供计算机服务的商业模式，戴尔在这方面进行了数次收购，例如以39亿美元收购佩罗系统（Perot Systems）。这个新的企业策略表明，戴尔销售计算机硬件的核心业务正在走下坡路。

企业开始支付更高的股息 还有一种识别企业增长前景有限的信号，是很高的派息率，例如当企业以股息形式支付超过30%的收益时。你可以通过获取企业支付的股息并将该数字除以企业收益来计算派息比率。

例如，巧克力生产商好时公司（Hershey Company）在2010年以股息形式支付了50%的收入，这是消费必需品行业的典型支付比率。卷烟制造商雷诺兹美国公司（Reynolds American）在2010年支付了其75%以上的收入，并将其支出增加到2011年的80%以上。显然，这两家企业的增长前景并不像它们过去那样高，且两家公司的管理团队都认为他们不需要将收益重新投入到企业中。

谨防企业为增长付出过高的代价

增长型公司通常拥有高附加值的市盈率（P/E），原因在于，当投资者预期收益增长时，他们愿意支付更多，从而增加了市盈率。例如，你可能会购买以20倍市盈率进行交易的企业，每股盈利1美元，如果它的增长能在明年增加一倍，那么你实际上只需要支付明年收入的10倍。

避免为增长型企业支付高倍数，因为如果预期盈利增长放缓，股价将下跌。例如，尽管在这3年内互联网搜索企业谷歌的每股收益从每股13.50美元增加到每股25美元，但其股价从2007年10月到2010年10月持平，股价持平的主要原因是投资者担心增长放缓，他们不愿为增长放缓支付更高的价格。在谷歌的例子中，这一时期的市盈率倍数从45倍下降到21倍，而现在谷歌的市盈率较低，这可能是一个很好的投资机会，尤其是如果你认为谷歌可以继续按其历史汇率计算的每股收益来增长，但如果你认为谷歌的每股收益在未来几年不会增长，那么你需要支付较低的市盈率。

此外，如果你付出高昂的代价，并且企业的收入继续以较快的速度增长，那么增长最终会让你摆脱困境。当我的公司第一次开始买入杂货店全食超市时，我们为最初的购买支付了调整后每股收益的20倍，即每股40美元，但我们相信全食超市的高增长率会增加企业收入，我们实际上为企业支付了更低的倍数。

在未来两年，随着经济在2007年进入衰退时期，全食超市盈利增长放缓，股价下跌至每股8美元。盈利随后恢复了历史增长率，截至2010年底，全食超市股价上涨至每股50美元以上。可见，即使全食超市的增长推迟了，其盈利增长也弥补了我们为最初购买而支付的高价。

对历史增长负责的管理团队是否仍然领导企业

如果一家企业发展多年，那么，确保负责这一增长的管理团队仍然坚守岗位，这一点非常重要。在预测企业增长时，一些投资者会错误地认为，无论管理团队如何，只要企业都在增长即可，但是如果管理团队发生重大变化，那么从过去的增长进行推断就有风险。例如，对于苹果公司而言，投资者显然对经营公司的人感兴趣，对史蒂夫·乔布斯健康状况的担忧直接影响到股票的价格。

■ 57. 管理团队是过快还是稳步发展企业

投资者经常误将快速增长的企业视为良好的投资。事实上，增长过快的企业是风险最大的投资类型之一，因为增长可能无法进行控制。此外，一家企业或一个行业如果拥有急速增长而不是逐渐增长的特点，就会吸引更多的竞争，这也会降低盈利能力。

你需要确定管理团队是遵循有计划的增长战略，还是散漫无章的增长战略。因为高增长率并不能保证盈利能力，特别是当管理团队遵循不规范的增长战略时。相反，如果公司正在以一种严谨的方式发展，那么管理团队将能够控制增长，创造更多价值。以下部分描述了你可以用来确定企业是否以纪律严明的方式增长以及增长速度是否过快的指标。

企业是否用自己的财富创造增长

与那些通过发行债券或股票为增长融资的企业相比，使用自己的现金去创造增长的企业，未来有更加可持续的增长。首先，与债务和股权相比，内部产生的现金流是更便宜的资本来源。其次，企业不会暴露于资本市场的变幻莫测之中，例如2008年的债务市场冻结。你可以通过计算企业现金在营运资本中捆绑时间的长短，来估计企业使用内部资金进行增长的速度。

为此，需要计算企业的现金循环周期（CCC）。现金循环周期衡量了在客户为产品付款时，最终返还货币之前，这些货币在企业中被捆绑的时间长度。它是通过添加和减去以下内容来计算的：

- 未兑现库存的天数（DIO）
- 加上未兑现销售额的天数（DSO）
- 减去未兑现应付账款的天数（DPO）

现金循环周期的天数越少，企业将内部自由现金流调动到增长的速度越快，因为较少的资金与库存或资本设备捆绑在一起。

例如，房屋建筑商必须不断融资，因为他们通常没有现金来发展企业，他们的现金循环周期从200天到400天不等。而一家软件公司通常拥有10天的现金循环周期，这使其能够通过内部自由现金流回收来支持其大部分增长。因此，软件企业的风险较低，因为它可以在内部为其增长提供资金，并不依赖外部资金来源来发展其企业。

家庭用品零售商万能卫浴公司的创始人沃伦·艾森伯格（Warren Eisenberg）和伦纳德·范斯坦（Leonard Feinstein）有一条黄金法则，即他们永远不会用债务来为其扩张进行融资，他们只有在拥有资本时才会开设新店。因此，在第一个10年中，公司增长缓慢：公司从1971年开始建立一家商店，到1992年万能卫浴公司上市时，增加到37家。但到上市后的第九年年底，店铺数量在没有使用债务的情况下增加了10倍，市场价值增加了20倍。

企业是否因短期收益而增长

当企业增长时，支出通常以高于收入的速度增长，这对短期收入产生了负面影响。例如，有线企业首次进入新市场时，必须进行大量的前期投资才能安装线缆，这些支出中的大部分都是在有线电视公司能够注册用户并创造收入之前完成的。因此，在头几年，折旧和利息费用占收入的很高比例，并且企业将出现亏损。然而，随着有线电视企业增加用户数量，到第三年或第五年，其利润率开始增加，现金流转正。因此，当企业增长时，它可能掩盖了企业真正的潜在自由现金流。

例如，全食超市将其大部分自由裁量型自由现金流投入新店开业，这些新店的支出掩盖了全食超市核心业务所产生的强劲的自由现金流。因此，虽然看起来整个食品市场的交易价格高于市盈率，但是实际上它的交易量是较低的，且只要当新店开张速度放慢时，高自由现金流量就显现出来了。例如，2008年9月，全食超市运营现金流量为3.35亿美元；一年后，2009年9月，当新店开张放缓时，营业现金流量增加至5.87亿美元。

在评估不断增长的企业的收益时，你需要确定管理团队是否以牺牲短期收益为代价而进行长期投资，要做到这一点，你必须了解新投资何时能够达到盈利能力。例如，对于面向成人就职者的营利性大学斯特雷耶教育，投资一个新校区需要在第二年结束时实现盈利，因此，对2010年新校区的投资将在2013年才可以盈利。通过了解投资需要多长时间才能获得盈利，你将知道新校区的初创损失将对两年到三年的收入产生负面影响,你可以调整收入。此外,随着有利可图的校园基础越来越大,新校园的创业亏损对收入影响更小。例如,斯特雷耶教育于2003年在14个校区的基础上开设了3个新校区,这些新校区对企业收益的影响要比它在60个校区的基础上开设11个新校园时产生更大的影响。

因此,在评估增长型企业时,你需要调整企业收入,以考虑较高的短期支出的影响,从而计算企业的真实收入。

企业是否在人力资本的限度内增长

员工增加的速度会限制企业增长的速度。如果企业收入以每年30%或更高的速度增长,并且企业需要以相同的速度增加员工数量,则企业将不得不以每两年半的时间增加一倍的员工数量。企业不仅需要保留现有员工,还需要聘用和培训新员工,这会造成很多风险,因此,对于一家企业来说,以不超过聘用合格员工能力的速度增长至关重要。

精神航空公司(Spirit Airlines)以在佛罗里达市场提供低票价而闻名,提供的单程票价低至9美元。精神航空发展迅速,一年内增加多达13个目的地。不幸的是,精神航空公司的员工数量没有覆盖他们的能力范围,客户投诉精神航空公司在售票柜台、预订和客户服务中心缺乏足够的人员,以至于精神航空公司一度比任何其他航空公司拥有更多的投诉。在这种情况下,客户当然是对的。如果你从2006年查询了美国运输部的数据,并将员工数量与飞机数量进行比较,你会发现精神航空公司的低票价竞争对手每架飞机有77名员工,而精神航空公司每架飞机只有61名员工。显然,精神航空公司试图增长得太快,但没有保证人员增长。

让一家企业拥有足够的优秀员工来执行其增长战略,这一点至关重要,这为增长提供了坚实的基础,并使其更具可持续性。在斯特雷耶教育,它开设的校园数量受到其内部可为其提供服务的领导团队数量的限制,即斯特雷耶教育不依赖雇用外部人员来增长;相反,斯特雷耶教育从内部晋升,它着眼于其内部人员,并确定哪些人具有领导技能来承担更高层次的任务,一旦管理层计算出有多少个领导者,那么它就决定了它在某一年应该开放的校园数量。这种策略让许多认为斯特雷耶教育能够以更快的速度增长的投资者感到沮丧,但尽管如此,这一战略确保了斯特雷耶教育公司增长的可持续性。

是否具备适当的基础设施来帮助企业增长

你可以将企业基础设施视为支持增加新员工、增加库存或建立新网点的增长所必需的所有事情。有四大类支持企业增长的基础设施:

1. 财务部门:通过会计、财务、税务和监管部门管理资金流动。
2. 运营部门:控制销售、分销系统、呼叫中心、订购系统、制造设施、法律、通信、政策和规划、行政管理、项目管理以及健康和安全。例如,如果零售商店难以获得库存,它将联系运营区域内的人员。
3. 人力资源部门:为员工处理招聘、工资和福利。
4. 技术部门:处理企业所有的信息技术,例如网络和计算系统。

1987年,航空公司美国全美航空(USAir)以3.85亿美元收购太平洋西南航空公司(Pacific Southwest Air),以扩大其西海岸航线。此后不久,美国全美航空以16亿美元收购彼得蒙(Piedmont),使得美国全美航空公司的规模变成了原来的3倍。在收购这两家公司后,美国全美航空了解到其信息系统无法处理收购彼得蒙带来的流量增加,出现了电脑定期故障、客户服务受到影响,甚至把机组人员安排在错误的行程日期等问题。可见,美国全美航空公司的增长明显超越了其企业基础设施,这使得合并前的美国全美航空的盈利能力比行业平均水平高6到7个百分点,降到合并后比行业平均水平低2.6个百分点。所以,如果你在20世纪80年代考虑投资一家航空公司,那么你应该已经舍弃了美国全美航空公司,因为它的增长超越了其基础设施。

企业是否找到合适的扩张地点

零售行业中最好的管理团队往往以机会主义的方式扩展他们的商店数量,而不是设定一个特定的目标,在特定时间内开设一定数量的商店。当管理团队采取机会主义策略时,管理层会等待正确的地点,如繁忙十字路口的拐弯处,而不是指示其房地产部门在城市中找到一定数量的地点。

相比之下,当管理团队设定寻找特定地点的具体目标时,房地产部门将寻找可用的地点,而不是寻找理想的地点。通过遵循这一战略,管理团队正在制造问题,因为几年后,公司可能不得不花费大量时间和大量费用来关闭没有收益的地点。这种策略相当于向前两步,向后一步。

餐饮连锁店朗德里(Landry's)的董事长兼创始人蒂尔曼·费尔蒂塔(Tilman Fertitta)证实了这一观点:

> "你需要增长,但你不能以开始拥有次要地点这样的速度增长。这就是每个人似乎都在做的事情。"朗德里曾经在一年内为连锁餐厅"乔的蟹小屋(Joe's Crab Shack)"开设了40家连锁店铺,但后来不得不售出这些连锁店。费尔蒂塔承认:"如果你观察这40家门店的表现,就能够看出它们代表着开张以来最差的一年。"

有机杂货店全食超市也遵循纪律严明的开店策略,即不找到理想的位置就不开店。例如，全食超市花费了10年的时间才为其在加利福尼亚州旧金山的第一家商店找到合适的扩张地点，由于其精心的扩张战略，全食超市自创立以来并未关闭任何开业的店铺。全食超市的店面开发副总裁吉姆·苏德（Jim Sud）在2010年第四季度的电话会议上总结了该公司的战略：

我们不打算靠门店来达到某种增长数量、某种比例，或某种目标。如果找到了自认为能为我们带来丰厚回报的良好地点，我们就会开设门店。同时，我们也不打算为了达到某种期望而人为地做这件事，但现在，我们找到了一个真正符合我们严格标准的地点。现在，我们仍然为这个事实感到很自豪，因为在我们30多年的历史中，我们自己开设的门店从未失败过，所以我们下定决心保持这个记录。

要记住的关键点

- 投资于不断增长的企业的主要优势在于你可以享受延迟税收复利的好处。

- 使企业具有吸引力的不是它可以在任何一年中增长的速度，而是它可以以任何速度增长的年数。

- 与那些通过发行债券或股票为增长融资的企业相比，使用自己的现金去创造增长的企业，可持续增长更多。

- 有机增长的企业比那些为了增长而依赖收购的企业风险更小。

- 需要关注管理层面临增长压力的情况，压力的迹象包括推出新举措，并在公司专业领域之外收购企业。

- 通过创新或长期行业趋势的支持，企业增长更具可持续性。为帮助你识别长期增长，请考虑行业的就业增长潜力，问问你自己这个行业是否会是你的子女或孙辈工作的行业。

- 请小心从企业过去的成功中，所形成的未来增长预期，请记住，你不会从昨天的增长中获益。

- 避免为增长型企业支付高倍数，因为如果预期盈利增长放缓，那么股价将下跌。

- 通过了解企业是否瞄准新的客户群、试图改变其核心商业模式或开始支付更高的股息，你可以识别增长放缓的企业。

- 增长型企业有较高的短期支出，可以通过相应地调整收益，以获得真实的基本收益情况。

THE INVESTMENT
CHECKLIST

第 11 章

评估合并与收购

为了获得更多的增长和利润，许多管理团队将合并与收购视为扩大企业的绝对成功的方式，为此，他们通常愿意付出任何代价来获得短期胜利。但是，合并与收购活动可能对企业构成严重风险，因为执行不力或无纪律的合并与收购，已被证明是破坏企业价值的最快方式之一。作为投资者，你如何评估公司的合并与收购活动是创造价值还是破坏价值？

评估合并与收购活动的一种方法是了解管理层的动机：为什么高级管理层合并或收购另一家公司？另一种方法是通过使用七个问题的清单（本章会进行讨论）来评估过去的收购是否成功，以深入了解管理层进行收购的基本缘由。通过这两种方式，你可以预测未来的合并与收购决策是否会为企业增加价值，从而预测这家企业对你来说是否值得投资。

■ 58. 管理层如何做出并购决定

了解管理层如何做出合并和收购决定，这至关重要。投资管理公司第一曼

● CHAPTER 11 / 第 11 章

哈顿（First Manhattan）的高级董事总经理托德·格林（Todd Green）表示，了解如何制定收购决策与为什么制定收购决策通常同样重要。格林还表示，理解管理层如何考虑收购是投资者减少成功评估公司机会不确定性的少数具体方法之一。

格林认为，在试图预测公司从现在到5年后的变量（比如经济状况，未来利率将会如何，以及投入成本将会如何）中，可以减少预测过程中不确定性的有形因素，在于了解管理团队如何考虑收购。换句话说，了解他们在想什么，他们认为潜在的好处是什么。

走出了哥伦比亚大学商学院，格林是在1981年加入第一曼哈顿之后参加的第一次会议上学到这一宝贵经验的。参会的有一家报纸出版和电视广播企业的首席执行官和首席财务官，会上有15个人聚集在会议桌旁，并准备提问，但格林已经在公司做了功课，并渴望通过这次会议能够了解更多内容。当第一曼哈顿的高级合伙人阿特·赞克尔（Art Zankel）向管理层提出关于早期收购相对较少的问题时，赞克尔花了一个半小时的时间向管理层询问收购的优点、前景、成本和风险，这让格林很惊讶，因为赞克尔没有花时间谈论代表公司的大部分价值的出版业务。

会议结束后，格林问赞克尔为什么要花一个半小时的时间询问这样一次小小的收购，赞克尔说："如果你能够理解今天3000万美元收购背后的动机，那么你可能会更好地预测或者理解他们明年3亿美元收购背后的动机，或者他们5年后做出的30亿美元的收购动机。"这教会了格林认识到研究过程中最重要的部分之一，就是让自己置身于进行收购或资本分配决策的角色，通过了解他们过去的想法，来评估他们将来行事的方式。

格林用这堂课评估了他的一位核心控股公司的新首席执行官。当格林了解新任首席执行官时，他能够理解首席执行官对收购的看法。当格林了解首席执行官过去进行过广泛的合并与收购活动时，他了解到他现在投资的公司在5年内将会大幅增加，大幅增加的主要原因是新收购。因为他理解首席执行官对于收购新公司的前景、成本和风险的想法，以及收购的动机，格林相信这些收购很有可能失败，因此他出售了该公司的股票。

收购背后的动机是什么

通过了解收购背后的动机，你可以发现管理层思考过程中的问题。一般来说，收购背后有两个共同的动机或原因。

管理层进行收购的第一个动机，是简单地增加企业规模。通常情况下，你会发现自负的管理团队想要负责管理更大的企业，当他们考虑增长时，首席执行官和首席财务官常常对收购过程本身感到迷恋。相反，这些首席执行官和首席财务官可能会厌倦或不关心运营企业所涉及的日常细节，他们可能被隔离开来，并且大部分时间都花在公司办公室。这些首席执行官和首席财务官经常聘请投资银行家来寻找收购目标，然后转而在不相关的企业领域进行收购，一旦开始，购买企业的过程让他们很难停下来，因为他们陷入了兴奋之中。例如，有两个听起来令人惊讶的案例，可口可乐公司曾经闻所未闻地购买过一个养虾场，吉列曾经购买过石油企业。这些类型的收购通常会破坏股东价值，因为它们倾向于将管理层的注意力从核心业务中分散出去，不久，管理层经常会将这些相同的企业以低于购买价出售出去。

当然，有时候通过收购来扩大企业是有意义的。通过收购整个企业而不是一次性地收购客户，来获得大量客户，往往更容易和更有效地利用公司的时间。如果管理团队正在收购一个与其现有客户群相似的客户群，那么这种策略的风险通常较低。

管理层进行收购的第二个动机，是他们认为自己可以改善收购企业的运营状况。管理层经常认为，它可以通过协同效应改善所收购企业的运营，而这些协同效应可以使两家公司更有效率地合作。通常有两种主要的协同作用类型：

- 收入协同效应包括交叉销售给合并后的公司客户，获得进入新市场的潜在权利，或由于竞争减少而提高定价能力。
- 成本协同效应包括通过提高收购公司的效率来提高利润率；减少重复成本，如公司间接费用；由于购买力增加而降低采购成本；以及税收优惠。与收入协同效应相比，成本协同效应通常更容易实现。

例如，以下是卡特彼勒（Caterpillar）公司公开其收购采矿设备公司比塞洛斯（Bucyrus）的动机：

此次收购是基于卡特彼勒扩大其在采矿设备行业领先地位的关键战略要求，在快速增长、改善基础设施的新兴市场、快速开发城市地区和经济工业化的趋势的驱使下，卡特彼勒能够利用商品强劲的长期前景。此次交易的推动动机，是卡特彼勒公司估计2015年开始的年度协同效应超过4亿美元，这源自合并采矿设备企业的综合财务实力和补充产品供应。

尽管听起来很有希望，但是当你听到管理者在进行收购时说出协同效应这个词时，你应该非常怀疑他们所承诺的成本节约或收入增长是否会实现。有很多未能实现协同效应的例子，例如联合航空公司（United Airlines）在20世纪80年代收购赫兹租车公司（Hertz Rent）和威斯汀酒店（Westin Hotels）时，这些收购是基于联合航空将向旅游客户交叉销售机票、租车和酒店的想法，然而，交叉销售的预期收入协同效应从来没有实现，因为大多数客户基于方便才选择了他们的酒店，而不是因为它是套餐的一部分。

协同评估通常在市场繁荣期间增长，因为收购公司预计由于交叉销售或成本降低而增加收入。很多时候，当管理层想要合理化地定位一个更高的价格来赢得交易时，就会引发协同效应。问题在于，在电子表格上放置数字要比在现实世界中真正实现这些成本节约或收入机会要容易得多。

例如，当游乐园企业雪松集市（Cedar Fair）在2006年以12.4亿美元收购了派拉蒙公园（Paramount Parks）时，它支付了12个月的利息、税项、折旧及摊销前收益的10.6倍，这似乎很高，但雪松集市证明了这个高倍数的合理性，理由是它已经确定了这笔交易中将实现的2,000万到3,000万美元的协同效应，这些协同效应将把支付派拉蒙公园的倍数从利息、税项、折旧及摊销前收益的10.6倍降至8.5倍。到2009年2月，在第四季度的财报电话会议上，雪松集市的首席财务官告诉投资者，"减损支出的1,600万美元完全归功于收购派拉蒙公园"。截至2010年2月，首席执行官迪克·金泽尔（Dick Kinzel）再次在第四季度财报电话会议上告诉投资者，"某些被收购的公园"的表现会导致支出减少，他还表示，尽管派拉蒙现金流为正，但派拉蒙和其他收购公园的表现"低于预期"。协同效应管理部门认为，它可能实现的结果在现实世界中变得更加难以实现。

当两家合并后的企业为不同的客户提供服务或者处于不相关的领域时，协同效应最不可能实现。例如，1999年，残疾人保险公司优努姆公司（Unum）和普洛威登（Provident）合并，合并前的优努姆公司在集体保险市场运营，普洛威登为个人提供服务，两家公司的高管认为，每家公司的销售人员都能够销售其他公司的产品，从而产生协同效应。不幸的是，两家公司合并之后，每个组织的销售人员都不想就交叉销售进行合作，而合并也带来了集团和个人客户价格上涨的意外后果，导致客户转向竞争对手。优努姆最终在2007年取消了合并并退出了个人市场，从合并时的1999年到2007年，合并后的企业的股价下跌了一半。

一些企业将同一行业中的许多小企业合并为一个大企业，这被称为整合。管理团队参与整合的原因是他们认为可以减少重复的间接费用，增加供应商的购买力，降低债务利息成本，并结合广告。然而，通过殡仪馆、医疗行业、汽车经销商、食品服务公司和垃圾处理企业等行业的整合，大多未能为投资者创造价值，而且许多使用大量债务的企业都倒闭了。

例如，卢云集团（Loewen）是一家加拿大殡仪馆公司，在七十年代和八十年代合并了许多殡仪馆，在此期间，卢云集团的股价因投资者收益不断增加而被抬高。到1989年，卢云集团拥有131个殡仪馆，并在1990年收购了另外130个殡仪馆。随着卢云集团开始努力赚取利润，投资者意识到，卢云基于其收购热潮所产生的协同效应尚未实现，例如，卢云发现客户不重视全国性品牌的名称；相反，大多数客户选择了基于推荐和以往经验的殡仪馆，结果是，卢云保留了当地殡仪馆的名字。收购后的卢云集团唯一能够实现的业务是，可以通过防腐和收购灵车来降低一些成本，但显然这还不足以带来更多的好处，1999年，卢云集团申请破产。

当然，一些协同作用确实存在。其中的共同要素是客户群是一样的，比如卡夫公司（Kraft）收购了通用食品公司（General Foods），或者游泳池供应商泳池公司（Pool Corporation）。泳池公司认识到，水管设施或建筑产品经销商对水池承包商的服务并不理想，泳池公司还认识到客户重视本地服务，更重要的是供应品的实用性。通过结合重点收购和有机增长，泳池公司没有采取在泳池供应分销业务中整合所有企业的策略，而是专注于在每个城市都加强其市场地位。泳池的成功可以归因于这样一个事实，即它致力于在其运营的每个本地市场中建立强大的市场份额，从而赋予其定价能力。1990年，泳池公司拥有8个销售中心；根据其2010年的10-K报表，到2010年，泳池公司的销售中心增长到291个。

59. 企业过去的收购是否成功

企业过去的大多数合并与收购都失败了。其中一些原因如下：

- 收购候选人不会一直保持优惠的价格；因此，管理层通常会为收购支付多余的费用。
- 大多数待售的企业不够良好，收购方通常最终会购买大量"问题"。
- 企业之间的文化差异导致有价值的员工流失。

有七种方法可以评估收购是否成功，以下各小节更详细地介绍这些（和其他）因素。

收购是否符合企业的核心竞争力

当一家企业收购另一家企业时，如果它是在同一行业内完成的，那么成功获得收购的可能性就会提高，例如惠普在2002年收购康柏（Compaq）（两家都是电脑制造商）的案例，在宣布收购之后，惠普的管理层设定了一个在合并后的一年内削减24亿美元成本的目标，事实上，他们在合并后的一年内实现了37亿美元的年度储蓄，实际结果超过了这一目标。相比之下，无论何时，一个管理团队在其企业核心竞争力之外收购另一家企业时，当企图了解被收购的企业并开始忽视其核心运作时，就有可能分心，诸如改善核心业务的客户体验等事情会被搁置一旁，相反，这个管理团队会把时间花费在整合收购上。此外，如果管理团队开始在被收购的企业中遇到问题，可能没有内部资源来解决问题。

例如，1997年，全食超市的联合创始人约翰·麦基收购了一个目录维生素企业，他认为这将适合全食超市的发展，但是，当维生素企业遇到问题时，全食超市没有任何人知道如何解决这些问题。麦基得到的教训是，全食超市的核心竞争力在于零售业，收购维生素企业时，公司的管理团队不知道该如何做，也没有人力资源来解决目录维生素销售带来的问题。换句话说，对收购成功至关重要的不仅仅是产品类型，分销和销售的方式也很关键。最终，维生素企业被清算。

当你看到一家企业在其核心业务之外进行收购时，这可能表明原始企业的盈利能力或销售额正在下降或老化。其他时候，管理层的自负可能会参与其中。例如，曾有一度，能源巨头安然控制了美国大部分天然气和电力市场，然后，它试图在宽带容量方面垄断市场，开始扩展其核心业务以外的业务，安然甚至试图成为世界上最大的水务公司。但是，安然公司在这些企业上损失了数十亿美元，于是，该公司开始操纵其会计数字来掩盖这些损失，最终于2001年提出破产申请。安然公司可能是一家公司收购其核心竞争力以外的其他企业的极端警示故事，但当你考虑投资于开始这样做的公司时，记住这是个典型的例子。

管理团队是否深入了解其正在收购的企业

收购相关企业（或至少是管理团队知道如何管理的企业）的公司更有可能在其合并与收购战略中取得成功，从而更好地进行潜在投资。例如，丹纳赫（Danaher）是一家大型企业集团，主要通过收购实现增长，在其经营长河中每月都会收购一家企业。公司拥有各种各样的工业企业，它们生产牙科手术器械、手工工具、检测仪器以及其他医疗和诊断设备。在截至2010年的过去20年里，丹纳赫的股票每年已经返还25%。丹纳赫能够成功收购企业，因为他们能够减少很多潜在风险，他们通过熟悉将要收购的企业的运作，来做到这一点。例如，在丹纳赫开始收购医疗技术企业之前，其管理团队对该行业进行了3年左右的研究，进行了400多次客户采访以及与行业专家和竞争对手的多次采访。

为了进一步降低风险，丹纳赫高管在收购该公司之前，参观工厂并寻找改善目标公司业绩的方法，他们通过实施他们所称的"丹纳赫业务管理系统"（Danaher Business System）来估计他们能够提高该公司多少的利润率，这是一套用于识别潜在效率的管理工具。这个系统要求所有员工，从门卫到首席执行官，都想方设法改善工作方式。

在大多数收购中，丹纳赫都保留现有管理层，并为他们提供激励机制，以提高股票和红利的形式改善业绩。在收购之前花时间了解一个行业，并在收购之前了解其可能如何改进企业，这使得丹纳赫在收购方面取得了成功。

思科（Cisco）采取类似的策略，即在收购另一家企业之前，在其内部定期开发产品，思科试图回答开发产品本身是否更便宜或者购买其他企业是否更好的问题。通过这种方式，企业对了解产品如何发挥作用建立了深刻理解，并深入了解其是否可以与潜在收购候选产品进行竞争。

企业在收购后是否保留其客户

评估收购是否成功的最好方法之一，是在收购后监控客户留存率。如果一家企业在收购3年后能够保留大多数客户，那么这是一个积极的迹象，表明它正在进行良好的收购。

无论所有权如何变更，一些行业的客户留存率都很高。例如医疗处理企业的客户留存率很高，斯泰瑞赛科公司是一家医疗处理公司，在购买另一家公司后成功保留了其客户。相比较而言，广告公司客户合约平均每两年更新一次，客户流失率较高。如果广告公司收购其他代理机构，则应考虑到客户可能不会与收购机构续签合同，那么，这会增加收购失败的可能性，因为客户退出使得被收购机构的收入下降。

第11章

企业在收购后是否保留其雇员

收购经常会破坏公司文化。当一家企业收购另一家企业时，它通常会试图规范所收购的企业，这可能会损害被收购企业的创业精神，使其价值降低。例如，当雷曼兄弟收购资金管理公司纽伯格伯曼（Neuberger Berman）时，它扼杀了这种文化，许多有才能的资产管理者离开了这家公司，开办自己的公司，许多这些资产管理者的离开导致了雷曼兄弟的价值被破坏。

尝试了解管理层对被收购企业员工的态度。例如，全食超市始终尊重被其所收购公司工作的人员。实际上，全食超市通常会提拔所收购企业的一些员工，来创造一种信任氛围。收购方没有傲慢的态度，这往往会让被收购公司中最有才华的员工留下。

思科了解到收购斯特塔（Strata）后留住优秀员工的重要性，因为收购完成后，思科试图加速销售，最终不仅失去了销售额，还流失了30%的员工。自1993年首次收购以来，思科已收购了近150家公司，并制定了一系列使收购成功的原则和实践：购买小型产品，在产品的生命周期中尽早购买，最重要的是，让被收购公司的人员高于一切。自2002年以来，思科收购公司的员工中有超过90%留在该公司。

当思科今天收购一项企业时，它很大程度上保留了收购企业的业务，以留住员工。为了将其价值观转移到被收购的企业，它使用了一个指导思想，即思科管理者支持新收购的公司的管理者。早期，思科与被收购公司的员工公开沟通，并为他们提供了企业计划的重要信息。这个过程给了员工所有权，而不是在员工寻找其他工作时，创造不确定性和大量更新的简历。思科企业发展副总裁奈德·胡博（Ned Hooper）表示，他们构建了收购计划，通过这一调整期来挽留人才，之后，他们可以用不同的眼光看待思科。"对我们而言，人才是战略资产。我们需要专业知识"。

在1999年，当思科收购一家光网络设备制造商思伦特公司（Cerent Corporation）时，思科确保其员工在第一天就做好准备。在思科接管该公司后，早上来上班的员工发现了新的名片和奖金计划正等着他们，他们还找到了他们的新健康计划信息，并可以随时访问思科的计算机系统。在最初6个月里，思科只流失了400名思伦特员工中的4人。寻找早期与员工进行沟通的收购方，这样员工就不用担心自己的工作，可以专注于销售和客户满意度。

思科收购精睿（Linksys）说明了长期留住人才的重要性。当思科在2003年以5.5亿美元收购这家家庭和小型企业路由器公司时，它希望保留创建精睿路由器的人员。思科认为市场具有数十亿美元的潜力，但这种潜力存在于市场营销未来版本的路由器，只有它的创造者才能够设想将要创造的路由器，也可以这么说，该产品的未来就在员工头脑中。留意收购后留住员工的企业，因为这通常表明管理团队正在进行良好的收购。

管理层是自律的，还是具有为收购付出高昂代价的风险

即使是好的管理团队，通常也会为收购付出高昂的代价，这对于作为投资者的你来说是一个巨大的风险来源。例如，2007年10月，网上拍卖行易趣（eBay）承认，它在2005年以26亿美元收购互联网电话服务公司讯佳普（Skype）科技时付出了过高的资金，并且减记14亿美元。这笔减记占易趣在2007年产生的税息折旧及摊销前利润总额的53%。

公司过多付款的原因很简单，即他们不知道目标公司的真正价值，因为他们经常认为若是他们去了解目标公司的价值，会增加更多他们需要去解决的问题。当然，卖方更可能知道真实价值，并且不太可能以低于优惠条件达成交易。还有一个难以估值的原因——兴奋，收购是非常令人兴奋的，经常会导致管理

者失去客观性。

通常很难辨别企业是否已经支付了合理的价格，另外评估所支付的价格是否会增加时，至少需要3到5年才能确定收购是否成功。强生公司（Johnson & Johnson）的管理层经常在3年后对其合并与收购进行事后分析。前首席执行官拉尔夫·拉森（Ralph Larsen）在其2000年的年度报告中表示，他们还指出要特别注意清除收购的公司：

虽然公司积极寻求其他公司和具有产品线的公司构建合并与收购，但我们也具有一个流程来持续评估那些业绩不佳的企业，或者不再满足我们的增长目标并且在别人的手中会更好的企业。例如，在过去的10年中，我们已经剥离了21个企业或产品线。

在某些情况下，收购方更有可能为收购过多付款：

- 一方面，如果有很多竞争者在拍卖的情况下与投资银行的投标书竞标，那么价格可能会很高。另一方面，如果卖方关心谁是买方，那么这是一个好兆头，因为价格成为次要考虑因素。例如，伯克希尔·哈撒韦公司能够以优惠的价格购买许多企业，因为卖家想卖给伯克希尔·哈撒韦首席执行官沃伦·巴菲特。家具零售商威利（R. C. Willey）的创始人——比尔·蔡德（Bill Child），于1995年5月29日将其企业以1.75亿美元的股票出售给伯克希尔·哈撒韦公司。蔡德说："当我和学生、商界人士谈话时，我告诉他们如果他们有机会与沃伦·巴菲特交往或成为合作伙伴，那就快点做吧。这将是你一生中最好的决定。"

- 企业的管理团队可能担心竞争对手正在侵犯其核心业务，或为其客户开创一个新的市场。例如，由于玩具制造商美泰（Mattel）公司担心学习公司（Learning Company）制造的软件和游戏威胁到其企业，因此收购了该公司，并因此次收购几乎破产。当美泰1999年5月收购学习公司时，尽管玩具行业以个位数的速度在增长，但它的核心业务仍在下降，美泰没有进行详细了解。美泰收购了学习公司，将企业业务转型，转变为一个玩具公司以外的公司，并刺激增长。当时的管理层公开表示，他们希望每年将美泰的收入增长10%。到了2000年底，美泰最终以2700万美元的价格出售了学习公司，尽管它在一年半前花了36亿美元的收购费用。那时美泰已经取代了购买学习公司的首席执行官。当被问到为什么他们卖得这么少时，这位新任首席执行官说："因为那是当时最好的报价，但如今每天现金损失约100万美元。我们需要停止流血。"

● 交易越大越有野心，管理层过多付款的风险就越大。当管理层使用"转型"或"改变运营"这两个词来形容合并或收购后企业的运营理念时，你可以识别这些交易。美国在线（AOL）的创始人，前任首席执行官兼董事长史蒂夫·凯斯（Steve Case）表示："现在美国在线与时代华纳（Time Warner）的合并已经结束，我们有一家新公司来建立一个新世界，一个将引发媒体和通讯环境转型的世界，以创新的方式联系、沟通和娱乐，这将丰富人们的生活。"凯斯进一步解释说："这些无可匹敌的资产，使美国在线与时代华纳能够加速互动媒体的发展，并利用数字音乐、互动电视和宽带互联网服务等转型机遇。"合并后不久，美国在线时代华纳的股价从峰值下跌了90%。

● 一方面，如果公司经营良好，通常就能吸引客户，以获得更高的报价。另一方面，如果企业是受损，通常就会以较低的价格出售。学习公司的销售价格就足以说明，即它的销售额在美泰公司持有的整个时期内一直在下降。

● 市场下跌时进行的收购，其收购价格通常低于市场上涨时的收购价格。2009年，美国经济衰退后，酒店企业以低价出售。根据新罕布什尔州朴次茅斯酒店调查公司的居住经济计量数据，2009年酒店房间的平均销售价格为58,190美元，一年后增长86%，至107,988美元。可见，2009年购买酒店企业的企业支付的价格，低于2010年收购酒店企业的企业。

成功的收购者有一个严格的收购标准。例如：布鲁克菲尔德资产管理公司、佩恩国民博彩、思科、丹纳赫和伯克希尔·哈撒韦公司，如果这些企业的首席执行官认为他们将付出太多代价，他们愿意放弃交易。

例如，在佩恩国民博彩公司，首席执行官彼得·卡利诺没有陷入与投资者卡尔·伊坎（Carl Icahn）签订购买拉斯韦加斯未完成的枫丹白露（Fountainbleau）度假村的招标战，因为他认为如果他提供更高的价格，他会付出太大的代价。正如卡利诺在季度电话会议中所说："我们达到了我们提出的限度，然后就放弃了。以高价购买企业就像踩水一样，为什么要利用我们资产负债表上的火力对准不会真正增加股东价值的机会？"

同样，布鲁克菲尔德资产管理公司的布鲁斯·弗拉特即使投入了大量的时间，也经常停止交易。当投资银行摩根士丹利（Morgan Stanley）出资30亿美元收购伦敦著名的办公发展公司金丝雀码头（Canary Wharf）时，弗拉特提出了竞争投标。随着招标继续进行，当股东要求增加与交易规模相比相对较少的2000万美元的现金时，弗拉特终止了这笔交易。

当你阅读有关企业或存档电话会议的历史文章时，请查看管理团队因价格或其他因素而离开某些收购目标的示例。这是一个积极的指标，表明他们是纪律严明的收购者。

评估支付的价格

评估管理层收购企业所支付的价格，你需要记录管理层为收购支付了多少费用，并记录它是使用现金还是已发行股票或债务；还需要记录企业支付的比率是多少，如企业价值和息税前利润、税息折旧及摊销前利润、自由现金流的比值。如果企业支付高倍数，如税息折旧及摊销前利润的10倍以上，那么管理层预计税息折旧及摊销前利润将在未来增长；企业支付的倍数越低，管理层未来预测收购企业时犯错的空间就越大。以下示例说明了如何确定管理层是否为将要收购的企业支付了一个合理的价格。

在过去的10年中，佩恩国民博彩公司收购了6家赌场企业，其税息折旧及摊销前利润共计为4.54亿美元，为其税息折旧及摊销前利润的7.2倍，低于行业平均竞争对手在同一时间段支付的8.6倍。为了确定佩恩国民博彩是否为收购所有这些企业都支付了高价，你需要了解10年期间税息折旧及摊销前利润，与之相比是增加了还是减少了。2010年，这6家企业的税息折旧及摊销前利润略高于4.54亿美元，这意味着佩恩国民博彩交易支付的倍数仍为不包括维护和开发资本支出的7.2倍。这表明它不仅付出了优惠的价格，而且佩恩国民博彩还能够成功管理这些赌场。另外，佩恩国民博彩的竞争对手收购的大部分赌场在同一时期的税息折旧及摊销前利润下降了10%至40%。由于大多数赌场是以8.6倍的倍数获得的，他们实际上支付了更高的倍数，因为税息折旧及摊销前利润下降，这意味着它们并不是成功的收购方。这说明佩恩国民博彩公司拥有比竞争对手更有效地识别、准确定价和经营赌场的能力。

2009年5月，当汇款企业西联汇款收购国际货币转账公司卡斯特姆豪斯（Custom House）时，它支付了3.7亿美元的现金，而卡斯特姆豪斯当时正在创造1亿美元的收入。西联汇款企业支付了其销售额的近4倍，这一价格使得卡斯特姆豪斯很难为西联汇款提供高现金回报的投资回报。为了使西联在未来5年内获得10%的投入资本回报率，卡斯特姆豪斯的内在价值将需要增加到6亿美元，这意味着卡斯特姆豪斯需要在第五年结束时产生约4000万美元到6000万美元的资金。考虑到2009年的收入目前为1亿美元，这不是一件容易的事。按照这个价格，西联汇款公司正在赌博未来是否可能显著增加卡斯特姆豪斯的现金流量潜力。

企业怎么看待所需支付的账面价值？如果一家企业为收购的账面价值支付溢价，这是一个昂贵的增长方式；如果企业一开始没有支付高昂的账面价值，那么企业就可以更容易地获得合理的账面回报。例如，塔吉特公司（Target）构建其所有商店都是从头开始，因此按账面价值建造商店。相反，如果塔吉特以高的账面价值购买其他零售商，例如，如果塔吉特支付了两倍的账面价值，那么它的投资回报就会较低。

为了进一步说明这个概念，请考虑这个例子：如果一只股票的账面价值是100美元，市场价值是100美元，并且它的账面收益率是12%，那么你的购买回报率就是12%。相比之下，如果你以150%的账面价值购买股票并获得12%的账面收益率，那么你只能获得8%的购买回报率。仅基于估值，你更愿意购买哪只股票？

如何为收购进行融资

你需要确定收购融资的方式，这将让你深入了解管理团队的风险承受能力。一般来说，收购融资的方式有四种：可以在资产负债表上使用现金，可以发行债券，也可以发行股票，或三者兼而有之。让我们更详细地看看每种融资方法。

使用现金为收购融资　如果收购是通过资产负债表上的现金进行融资，那么管理层非常保守。伯克希尔·哈撒韦公司首席执行官沃伦·巴菲特所做的大部分收购都是用现金支付，这些保守的收购促成了伯克希尔·哈撒韦向股东提供的超额回报。

使用债务为收购融资 相比之下，如果一个管理团队使用债务来为收购提供资金，要小心它不会承担过多的债务。密切监测债务覆盖率，并模拟债务如何限制企业自由流动的各种场景，例如，创建一个场景建模，如果合并后企业的收入下降10%到40%，会发生什么情况，还需要确定自由现金流量在怎样的水平下，企业难以偿还债务。

例如，多年来，位于墨西哥的水泥制造商西麦斯，利用其强大的自由现金流量发行债务以收购全球其他水泥企业。此后，西麦斯削减了开支并改善了收购水泥企业的运营，从而产生了更多的自由现金流。然后，西麦斯利用这些增加的自由现金流来发行额外的债务以进行更多的收购。每当西麦斯收购一家企业时，华尔街分析师都质疑西麦斯是否承担了过多的债务。但是，西麦斯不断证明这些怀疑论者是错误的，并继续增加被收购企业的自由现金流量并偿还债务。

这一战略使用了20年，直到2007年西麦斯收购了澳大利亚水泥公司瑞科尔（Rinker）。2008年房地产行业崩溃时，这一崩溃压缩了西麦斯的自由现金流，西麦斯发现难以偿还来自瑞科尔收购的即将到期的债务。因此，在2007年6月11日至2008年11月17日不到18个月的时间里，西麦斯的股价从39.25美元下跌至每股4美元。换句话说，股票价格几乎是其一年前价格的十分之一，因为投资者担心西麦斯无法为债务再进行融资。

最终，虽然西麦斯能够为即将到期的大部分债务再融资，但它被迫接受更高的利率和更繁重的条款，这削弱了西麦斯的自由现金流。尽管西麦斯可能会继续运营，甚至可以扩大和发展，但大量的股东价值被债务推动的收购战略所破坏。

使用股票为收购融资 如果企业使用其股票进行收购，请确保股票未被低估，因为收购会稀释收购企业所有者的所有权利益。当企业付出太多时，它有效地将财富重新分配给被收购企业的股东。因此，你必须确定企业放弃股票而进行收购的百分比。

例如，当沃伦·巴菲特出任可口可乐公司董事时，他没有让可口可乐公司的管理人员购买桂格燕麦（Quaker Oats）（佳得乐（Gatorade）的所有者），因为"为了桂格燕麦公司而放弃可口可乐公司10.5%的股份，这对于我们的所得来说付出了太多"。巴菲特估计，佳得乐将增加可口可乐全球销售量的不到2%，但可口可乐要承担桂格燕麦的慢增长食品业务。

如果企业可以使用其高估股票进行收购，它将有利于收购的股东。例如，许多银行已经能够通过使用他们的高股价（例如账面价值的两倍）来创造价值，用账面价值的大幅折扣来购买银行，例如账面价值的0.5倍。

要记住的关键点

- 理解管理层如何考虑收购是投资者减少评估公司成功机会不确定性的少数具体方法之一。

- 尽管听起来很有希望，但是当你听到管理者在进行收购时说出"协同效应"这个词时，你应该怀疑他们所承诺的成本节约或收入增长是否会实现。

- 当两家合并后的企业为不同的客户提供服务或者处于不相关的领域时，收购最有可能失败。

- 在下列情况下，管理团队可能会为了收购而过多付款或购买运营不佳的企业：

- 企业使用自己的低估股票进行收购；
- 目标企业以拍卖形式出售；
- 管理层使用债务为收购融资；
- 管理层支付税息折旧及摊销前利润（EBITDA）溢价的几倍，例如10倍或更多，或者账面价值的溢价（两倍或更多）。

● 在以下情况下，管理层可能会收购成功：

- 管理层有成功收购的历史，并从过去的交易中表现出纪律严明；
- 收购融入了企业的核心竞争力；
- 管理层深入了解他们正在收购的企业；
- 客户和员工留在被收购的企业；
- 企业以优惠的价格得以收购；
- 管理层使用高估股票或现金为收购融资。

附录 1

建立人际情报网络

● APPENDIX 1 / 附录 1

在审阅了来自文章、证券交易委员会文件和行业资料的所有公开信息后，你可能仍然有未解答的问题。现在是时候外出采访与日常业务有关的人员了，这样做将帮助你填补空白，并让你深入了解企业。例如，如果你的成功投资取决于克服特定障碍的企业，那么可以采访具有直接经验或已经具体处理该特定业务的资源，并与具备行业知识的人员交叉检查你对企业做出的任何假设。这会让你对自己的假设更有信心，并最终帮助你正确评估企业。

一位朋友曾经听到一位分析师介绍关于一个投资芯片制造商AMD超微半导体公司（Advanced Micro Devices）的案例，经过深思熟虑，该分析师认为其被低估。这位分析师告诉观众中的投资者，AMD超微半导体公司刚刚开发出了一项新技术，该技术将为其带来战胜其主要竞争对手英特尔的直接优势。但在会议上被问及哪些计算机制造商将在他们的产品中包含新技术时，分析师只是一片空白的目光——他不知道答案。我的朋友对计算机行业了如指掌，知道制造商需要长达24个月的时间才能将新芯片整合到他们的产品中，从那时起，我的朋友就知道分析师确实不了解这家企业，他的投资建议也不可信。

这是一个很好的例子，说明了为什么在你做投资时，与那些掌握第一手行业知识的人谈话很重要，尤其是如果你正在做一个关于企业的大量假设，就像这位分析师所做的那样。在电脑前坐下来并为一家企业设想出不同的场景，这很容易，但你需要了解企业如何与有业务经营或处理业务的人员共同进行工作，所以，你必须首先与日常参与业务的人交谈。本附录描述了如何找到你可能与之交谈的各种信息来源，如何最好地接近这些资源以确保你能够获得所需的信息，以及如何正确记录信息，以便以后可以查找回顾。

■ 评估信息来源

首先，你必须区分你是从主要来源还是从次要来源寻找信息。主要来源是那些对企业有第一手知识的人，如管理层、员工、供应商或竞争对手。次要来源是那些从各种来源解读信息的人，如股票分析师或记者。依赖次要来源的问题是，你可能不知道他们用什么信息来形成自己的见解，或者他们可能只是表达了一个没有事实数据支持的观点。考虑这些观点没有错，事实上，次要的信息来源往往是进一步调查对立信息的重要来源，而错误通常在于接受和遵循别人的意见或建议，而不会调查有力的证据。

■ 如何查找人力资源

有很多类型的人可以提供有关你正在考虑投资的公司的宝贵信息和见解。尝试与公司客户、业界记者、行业会议人员、其他行业内部人员或同事、所调查公司附近的商学院教授和院长谈话，甚至是猎头公司。以下段落会详细说明。

● APPENDIX 1 / 附录 1

与客户交谈

在我职业生涯的早期，我研究的第一批企业之一是电视评级公司尼尔森媒体研究（Nielsen Media Research），这是过去以及将来继续会成为垄断的行业。尼尔森最近从邓白氏公司（Dun & Bradstreet）分拆出来，由于受到尼尔森客户资助的新竞争评级企业SRI研究（SRI Research）的威胁，股价出现下跌。

为了更好地了解这种威胁以及尼尔森业务的稳定性，我通过采访尼尔森80%以上的客户，来确认SRI研究是否构成了严重的风险。我联系了负责在这些车站销售广告时间的经理。我谈到的100多个来源中的大部分，都为区域市场中的多个电台管理广告。尼尔森在44个主要市场（每个市场平均有5到6个电视台）测量了54个有线和网络频道（例如Fox，CBS和NBC）。

采访过程花了我六个多月的时间，因为我每天花约30分钟时间联系这些消息来源。每次我采访一位客户时，我问客户是否认为我是一个很好的联系人。他们一遍又一遍地告诉我同样的事情："给诺曼·赫克特（Norman Hecht）打电话。"赫克特经营一家研究公司，帮助尼尔森的客户获得更公平的评级，并且曾经运营过尼尔森的主要竞争对手阿比创公司（Arbitron）。当我第一次联系赫克特时，他非常乐意与我交谈，并且在一个小时的交谈中，他总结了我从尼尔森80%的客户面试中学到的一切。当赫克特在一小时内总结我的研究和结论时，为什么我还要花费这么多时间面试这么多客户？因为通过访问这么多客户获得的唯一的好处，是我知道赫克特是一个可靠的消息来源。

我现在访问并与各种信息来源交谈，以确定谁是一个行业中的最佳信息来源。我正在寻找行业的诺曼·赫克特，或者那些与业内人士关系密切并且认识很多人的人。理想情况下，你的信息来源要靠了解该公司正在发生的事情来生活，并且你的信息来源将在很长一段时间内与公司开展业务。随时了解有价值的信息，以符合这些消息来源的自身利益。

与业内记者交谈

记者在报道好的信息方面享有特权。当你开始阅读关于企业的文章时，你可能会注意到，这些文章中的许多文章都是由同一名记者撰写的。你可以研究记者的背景，了解其一直在报道这个行业的时间，或者寻找那些几年来一直在报道某个行业的记者。与这些记者联系，询问他们相信哪些人是行业内最好的消息来源，或者更好的是，询问他们如何识别良好的消息来源。

参加行业会议

行业会议将整个行业汇集到同一个屋檐下，这是了解行业竞争格局的绝佳方式。你将能够从各种专业角度观看展示，从首席执行官到行业记者。寻找该企业参展的行业会议。你经常可以在企业网站上找到这些信息。

例如，如果你正在研究电视行业，那么参加全美电视节目专业协会（NATPE）会议将为你提供宝贵的见解，因为大多数与会者都参与了电视节目的制作、开发和发行。你可以挨个展位地与每家公司的代表交谈，询问为什么他们的产品或服务比竞争对手好。通过这样做，你将很快了解产品和服务的优缺点，否则，你需要很长时间才能获得这些信息，但你参加会议的话，可以在几天之内得到这些信息。

在我参加会议时，我也想看看高层管理人员和员工如何互动。当高层管理人员在身边时，员工有多舒服？他们改变了自己的行为吗？我喜欢问在展位的员工他们住在哪个酒店以及管理者住在哪个酒店。如果管理者住在如四季酒店这样的豪华酒店，而员工住在经济型汽车旅馆，这可能意味着企业不重视员工，或者至少管理层认为自己与一线员工不同或超过一线员工。

● APPENDIX 1 / 附录 1

询问其他业内人士或同事

你还应该搜索切向来源，而不仅仅是客户、竞争对手、员工和供应商。想想其他行业内部人士或同事，比如，与制造数据、交易数据或运营社交和专业中心的人员有关的人员。例如，当我的公司正在分析西联汇款时，我们与在世界银行工作的个人进行了交谈，他们的工作是收集汇款数据（当外来员工汇款回家时，它被称为汇款）。我们想根据现有数据来了解西联公司的增长潜力是高还是低，以及现有数据是否低估了市场的真实规模，而与这些数据密切合作的人能够给我们更多关于市场估计的细节。

例如，我们了解到，向国际组织和美国政府报告其数据的墨西哥银行（Banco de Mexico），收集了来自西联汇款的大部分数据，由于他们只积累了一些商业来源的数据，因此我们知道市场规模大于预期。这使我们更多地了解了大市场的运作方式，最终让我们更深入地了解了汇款如何运作，这也有助于我们理解西联汇款公司有比最初更多的市场增长机会。

与附近商学院的教授交谈

另一个很好的切向来源是询问企业所在区域的大学教授和商学院院长，因为他们可能在某种程度上与当地企业进行互动，此外，许多这些教授以前的学生可能在这家企业工作。可以向他们了解这些问题，比如，企业在社区的声誉如何？这是一个良好的工作地点吗？该地区的大学希望学生去那里工作吗？例如，我从一位大学院长那里了解到，公司的管理团队利用过客户，当我了解到许多以前的学生抱怨该企业不道德的文化后，我就出售了向这家公司的投资。

与猎头交谈

与在特定行业工作的猎头进行交谈，并询问他们认为哪些企业是招聘管理人员的最佳地点，以及为什么。猎头是一个非常宝贵的资源，因为他们的工作就是为企业找到有技能的管理人员，你可以通过查找企业所在地的较大招聘公司的当地办事处找到猎头公司。例如，如果一家企业位于佐治亚州的亚特兰大，那么你可以搜索亚特兰大前10名猎头公司的文章，然后，你可以开始寻找这些公司中的个人或文章中引用的个人。

■ 如何联系人力资源并获取想要的信息

联系撰写关于企业或行业的文章中所引用的来源，也是开始构建人际情报网络的方法。要做的最难的事情就是拿起电话，打电话给你从未见过的人，这被称为陌生来电者的诅咒，因为你感受到的压力是由对拒绝的恐惧产生的。但是，由于这些人已经向新闻界发表过言论，他们可能会和你谈话，这会增加你与其他消息来源接触的信心。这并不意味着你应该只和现成的来源对话，但它是寻找和联系最佳资源的有力起点。

在与他们交谈之前尽可能多地了解你的人力资源，然后写一封信，提到引用他们话语的文章。询问他们是否可以给你几分钟的时间来进一步阐述他们的意见。在信中，让他们知道你为什么给他们打电话，以及你将如何使用他们给你的信息，这时，你需要发送一封信件，而不是电子邮件，这样将会让你脱颖而出，并且你将显著提高与人力资源进行交谈的机会。

此外，提出分享你的研究结论。这有两个目的：首先，它给你一个良好的开始，保持与人力资源的定期联系；其次，你会获得好感。请务必定期与你最

● APPENDIX 1 / 附录 1

宝贵的资源保持联系，以便在你最需要他们时不会突然给他们打电话。你会发现开始这个过程非常烦琐，但你做得越多，你建立的动力就越多，它就会变得越容易。

当你联系人力资源时，你的目标是获得有关事情发生原因的信息。最好的问题是广泛的问题，而不是直接的问题。例如，一个直接的问题是"现在几点了？"因为你只能得到一个答案："现在是晚上8点。"相比之下，一个广泛的问题是："从客户的角度来看，你认为这家企业与其竞争对手相比如何？"提出广泛问题的最大好处之一是，你会发现许多关于企业的你不了解的信息，甚至是你没有意识到自己需要了解的事情。

在谈话结束时，询问你联系的人力资源你应该与谁谈话，或者哪些人被认为是一个行业中知识渊博的人才。你还应该告诉你寻找的人力资源，你不会在任何研究报告中引用他们，并且即使他们允许你引用他们的话，你也会保护他们的身份，因为你寻找的人力资源不应该有任何风险与你交谈，与他们建立信任是很重要的事情。

如果你寻找的人力资源不愿意和你说话，请不要失望。我发现那些不太愿意说话的人力资源无论如何都是最糟糕的消息来源，因为他们往往不那么活跃。那些愿意和你交谈的人通常对他们的学科领域充满热情，他们会对那些对他们的知识表现出真正兴趣的人进行深入的讨论。这个人越是热情，越会更加坦率地分享信息。

■ 创建你的访谈数据库以备将来参考

一定要记录你谈话中的所有细节，而不要添加你自己对人力资源的评论或想法。如果你不确定，请记录下来，这样你就不会陷入用你的假设理性化你的源头答案的陷阱，请记住，伟大的投资者可以看到事情的真相，而不是像他们希望的那样。此外，你还要注意你的人力资源是否陈述了假设、理论、事实、问题、想法或相关的观点，且其陈述时不要急于撰写对话摘要，并写下所有回复。通过这种方式，你可以创建一系列稍后可以进行的采访，你从采访中收到的许多答案似乎无关紧要或不重要，但这些信息稍后可能会有价值。

写一个简短的纲要来描述你寻找的人力资源。这个人是否友好、热情和愿意参与？或者其是否很快回答问题并想让你放下电话？如果你在笔记中包含此信息，则可能有助于为人力资源的评论提供上下文。

你会发现，通过拼凑大量的普通观察结果，你会得到意想不到的有意义的见解。当你采访越来越多的人时，你会开始找到帮助你了解更大图景的模式。

你希望培养你和人力资源之间的情感，并且每年至少保持两三次与他们的联系。保持与人力资源联系的主要优点是，只要有负面新闻报道导致股价下跌，你就可以向他们求助，这些人可以帮助你解释新闻的真实严重性。这些人力资源还可以提醒你消极的发展并告知你企业的变化。我的公司投入了很多年的时间来确定我们投资行业中的可靠人员，我们已经了解到，你需要提前深入地确定消息来源，并确定其可信度，因为如果有可能，要在短时间内做到这一点是很困难的。

了解自己能够与可信可靠的人交谈，会给我们带来回报。当我们在2008年经济低迷时期投资股票的价格突然下跌时，我们呼吁客户、供应商和管理层联系，以更好地了解在企业层面每一个股东都经历了什么，而不是依靠报纸和其他二手资料来获取信息。在与这些消息资源交谈之后，我们了解到情况并不像更有轰动性的新闻报道所暗示的那样糟糕。这有助于我的公司保持理性和机会主义，因为大多数一般新闻报道称美国经济有可能陷入萧条。

THE INVESTMENT
CHECKLIST

附录 2

如何采访管理团队

● APPENDIX 2 / 附录 2

我认为采访管理者是一门艺术，我很佩服那些做得好的人。当你想到阅读过或观看过的最好采访时，你可能会记得自己是如何被吸引到谈话中的，吸引你的部分原因可能在于，采访在某种程度上已经变成了一次有趣且有意义的谈话。最好的结果是，管理层访谈可以提供深入的个人见解，让你了解管理人员的想法。

如果你有机会见到管理团队的成员，请花时间了解他们如何做到现在的地步，并询问他们这一路走来都学到了哪些经验教训。这会让大多数管理者感到舒服，因为你在谈论他们最喜欢的主题：他们自己！你还会发现你收到的答案会更加透彻，你可以据此更好地洞察他们的性格，因为大多数华尔街分析师都不会提出这些问题，所以管理者的回应不太可能是脚本化的。

你想要进行的对话将集中在管理层对企业运营方式的看法上。请提出开放式而不是封闭式的问题：

- 开放式问题是，"你是如何决定雇用开发高级副总裁的？"这种类型的问题需要详细的对话式的答案。

- 封闭式问题是，"本季度的税率是多少？"这种类型的问题可以只用一个词来回答，它不会透露任何关于管理者如何思考或做出决定的信息。

作为采访者，你的工作就是倾听，然后继续提问以弄明白管理者说的话。

不要问一些假设的问题，比如"如果你遇到了某个问题，你会怎么做？"这些问题的答案不会产生很多见解，因为管理者认为他们会做的事往往与他们实际做的不同。相反，问一些开放式的问题可以帮助你了解管理者的想法以及他计划如何执行。

■ 询问开放式问题

以下是你可能会问的一些开放式问题（无特定顺序）。你应该专注于你认为能向你透露最多信息的问题：

- 你为什么加入这家企业？
- 你在该企业是如何晋升的？
- 哪些技能使你成为首席执行官？
- 你认为首席执行官的工作是什么？
- 你想让自己因为什么而出名？
- 你如何衡量自己是否成功？
- 如果你和一些潜在的长期投资者坐在一起，那么你会给他们两三个怎样的理由，让其注意你的企业？
- 该企业有可能在5到7年时间里达到现在规模的2到4倍吗？

- 如果你拥有一家私人企业，你将如何进行不同的运作？
- 是什么让你喜欢在这里工作的？
- 你目前和过去的导师是谁？他们对你的生活有什么影响？
- 你的工作需要什么样的性格特征？
- 你会寻找拥有怎样性格特征的继任者？
- 给自己一年的时间框架，你会做哪三件事来尽快摧毁企业？
- 你打算聘用什么类型的人？
- 你如何找到优质的候选人？
- 你如何培养未来的领导者？
- 你试图塑造的企业文化是什么？
- 如果我们已经认识3年，那么在这段时间里，发生了什么事情让你对自己的进步感到高兴？
- 你如何保持正确的大局观，而不陷入日常细节之中？
- 在拓展新市场之前，你考虑哪些因素？
- 企业最大的机遇是什么？
- 你需要聘请多少人才能帮助企业增长？
- 你如何保持与客户的密切关系？
- 你每周需要什么类型的信息？
- 如果你离开了一年，哪些关键指标最能告诉你企业运营如何？
- 为什么其他人做不到你正在做的事？

■ 注意面对面评估管理者的危险

大多数投资者高估了他们基于面对面的会面来评判管理团队的能力。他们相信自己有能力通过眼睛或看着肢体语言来判断一个人的性格。然而，依靠你的直觉有很多问题。

第一，你可能会受到管理者人格或个人信仰的不当影响。我们都喜欢和自己一样的人，倾向于不喜欢不像自己的人或不相信我们信仰的人。也许首席执行官的政治观点与你的观点不同，因此你忽视了他或她的能力。我们都高估了我们的理性能力，我们喜欢某人的程度往往影响我们的判断力。

另一个绊脚石是通过你自己的视角来看世界，而不是通过他人的视角。假设你是一位对冲基金经理，你喜欢逼迫你的下属每周工作6天，每天工作20小时。你认为你会钦佩什么类型的管理团队？你会欣赏那些逼迫员工长时间工作的企业吗？问题在于，这种文化类型可能不适用于某些企业（或者许多企业，就此而言）。

第二，管理者倾向于与你分享他们认为你愿意听到的事情。你可以和一位首席执行官一起坐下来，聆听一个看起来精心布置的计划，以创造价值，增加你对企业的信心。可能还有其他你没有听过的消极因素，事实上，这个计划可能会失败。其中一部分只是人性或乐观，而不是管理者有意欺骗你。事实上增加的问题在于，许多经理人对自己的能力过分自信。

第三，评估管理层的第三个错误是无视形势和环境。我们经常将行为归因于一个人的性格，而不是形势和环境。例如，如果一个人正在经历离婚，这种情况可能会使这个人看起来不稳定，即使他或她在正常的时候可能不会那样。

第四，我们都有不同的背景和经验，这会影响我们如何评估人。如果你大部分时间都在办公室工作，那么很可能你会对一个毕生都在公司内部工作的管理者，而不是在实地现场花费时间的管理者，产生共鸣。

第五，我们评估人的能力受到自己持有公司的影响。我们与具有良好品格的人交往越多，我们就越容易识别那些不具备良好品格的人。在我的职业生涯

● APPENDIX 2 / 附录 2

早期，我与一些具有严重性格缺陷的人密切合作过。我发现自己经常为他们找借口。我会说这样的话："我知道他们有一些缺陷，但我从他们那里学到了很多东西。"随着时间的推移，我开始在企业运营和个人生活中花更少的时间在这些人身上。我发现我的辨别能力很快得到改善。我与优秀的人联系得越多，我能识别那些可能影响企业的具有严重性格缺陷的人的速度越快。

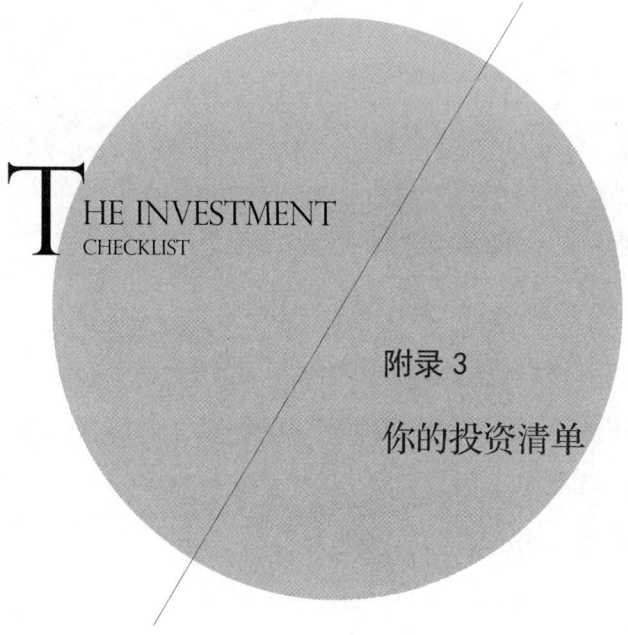

The Investment
Checklist

附录 3

你的投资清单

● APPENDIX 3 / 附录 3

了解企业——企业的基本要素

1. 你是否愿意花很多时间去了解这家企业？

2. 如果你是首席执行官，你会如何评估企业？

3. 你能用自己的语言描述企业的运作方式吗？

4. 企业如何赚钱？

5. 随着时间的推移，企业将如何发展？

6. 企业在哪些国外市场中运营？有何风险？

了解企业——从客户的角度

7. 企业的核心客户是谁？

8. 客户群是集中化还是多元化的？

9. 劝说客户购买产品或服务的企业，是否具备优势？

10. 企业的客户留存率是多少？

11. 企业以客户为导向的标志是什么？

12. 企业为客户解决了哪些问题？

13. 客户对企业产品或服务的依赖程度如何？

14. 如果某家企业明天消失，会对客户群造成什么影响？

评估企业和行业的优劣势

15. 企业是否具有可持续的竞争优势，其来源是什么？

16. 企业是否具备提高价格却不失去客户的能力？

17. 企业所在的行业是好还是坏？

18. 随着时间的推移，行业将如何发展？

19. 企业的竞争格局是什么样的？竞争有多激烈？

20. 企业与供应商之间建立了怎样的关系？

衡量企业运营和财务状况

21. 企业的基本面是什么？

22. 你需要监控哪些企业的运营指标？

23. 企业面临的主要风险是什么？

24. 通货膨胀会对企业造成什么影响？

25. 企业的资产负债表是强还是弱？

26. 企业的投入资本回报率是多少？

评估收益分配（现金流）

27. 管理层采用保守还是自由的会计标准？

28. 企业产生经常性收益还是一次性交易收益？

29. 企业周期性、反周期性和抗衰退性的程度如何？

APPENDIX 3 / 附录3

30. 经营杠杆影响企业收益的程度如何？

31. 营运资本如何影响企业的现金流？

32. 企业的资本支出需求是高还是低？

评估管理层素质——背景和类型：他们是谁？

33. 领导公司的管理者是什么类型？

34. 引进外部管理层会对企业产生哪些影响？

35. 管理者是狮子型管理者，还是鬣狗型管理者？

36. 管理者如何上升到领导整个企业的位置？

37. 高级管理者如何获得报酬和所有权？

38. 管理者是否曾经买入或卖出股票？

评估管理层素质——能力：管理层如何运营企业

39. 首席执行官管理企业时是否惠及所有股东？

40. 管理团队是日益改善运作，还是使用战略计划来引领企业？

41. 首席执行官和首席财务官是否就盈利问题发布指导意见？

42. 企业管理层是以集中还是分散的方式进行管理？

43. 管理层是否重视员工？

44. 管理团队是否了解怎样雇用好员工？

45. 管理团队是否关注削减不必要的成本？

46. 首席执行官和首席财务官在制定资本分配决策时是否纪律严明？

47. 首席执行官和首席财务官是否会适时回购股票？

评估管理层素质——积极和消极特质

48. 首席执行官爱钱还是爱企业？

49. 你能否识别管理人员是否诚实？

50. 管理者对股东的言行是否明确和一致？

51. 管理层是否会独立思考，并不受到同行业者行为的影响？

52. 首席执行官是否会自我推销？

评估增长机会

53. 企业是通过并购（M&A）增长，还是有机增长？

54. 管理团队发展企业的动机是什么？

55. 历史增长是否有利可图，是否会持续下去？

56. 企业未来的增长前景如何？

57. 管理团队是过快还是稳步发展企业？

评估合并和收购

58. 管理层如何做出并购决定？

59. 企业过去的收购是否成功？

CONCENTRATED INVESTING

剖析巴菲特、芒格等
广为人知的投资大师

以及几位很少出现在媒体与公众视野中的价值投资大腕们鲜为人知的**思维方式、决策过程、选股智慧**，带你领悟集中投资策略的精髓，实现资产安全复利增值。

众多顶尖投资大腕力荐

沃伦·巴菲特

集中投资……将很好地降低风险。如果你是一名专业的投资人，而且充满自信，那么我主张更多地进行集中投资。

查理·芒格

我们的投资风格有一个名称——集中投资。投资界有98%的人并不这么想，而我们一直以来都是那么做的，这给我们——也会给你们——带来许多好处。

菲利普·费雪

人的精力总是有限的，过于分散化迫使投资人买入很多并没有充分了解的公司股票。不要只顾持有很多股票，只有ZUI好的股票才值得买。

追随投资精英的成功之道　　获取集中投资的股市秘籍
—— 把握财富机遇，从打开这本书开始 ——

QUANTITATIVE VALUE

A PRACTITIONER'S GUIDE TO
AUTOMATING INTELLIGENT INVESTMENT
AND ELIMINATING BEHAVIORAL ERRORS, + WEB SITE

量化价值投资策略第一书和该领域的必读书

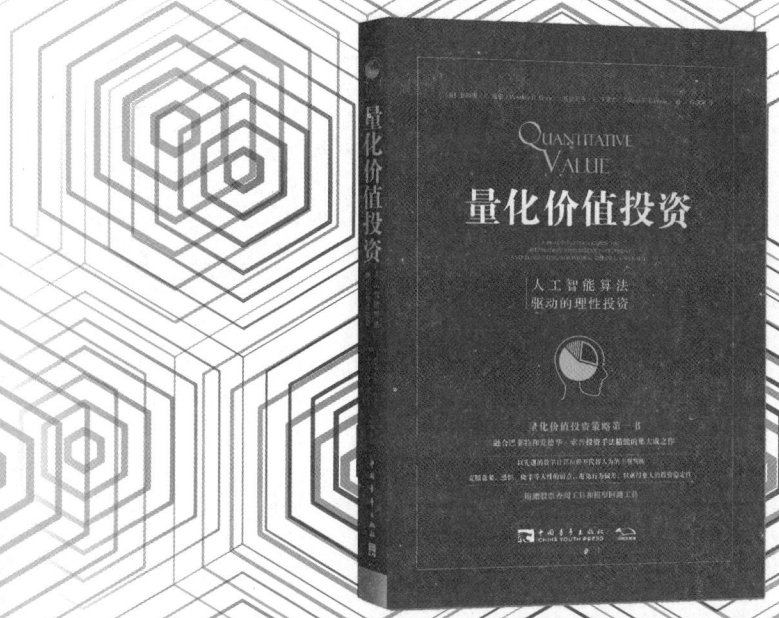

- 融合**巴菲特**和**爱德华·索普**投资手法精髓的集大成之作 -

人工智能时代的前沿投资方法,一个神奇而又神秘的高级投资方式

以先进的数学计算和模型代替人为的主观判断,克服贪婪、恐惧、侥幸等人性的弱点

实现资产配置最优化,获得可持续的未来收益/ 美国亚马逊众多明星基金经理读者五星好评与盛赞

本书配套提供:一个可靠的优质资源,一个提供月度更新查阅工具的网站
方便读者使用本书提供的模型查找股票,另外,还提供了模型回测工具

如果您想在当今复杂的市场中充分利用资源和工具,
那么本书绝对是不二之选